古代の三都を歩く

平安京の風景

人物と史跡でたどる千年の宮都

上田正昭 監修

井上満郎 著

文英堂

▲平安京復元模型（上）と豊楽殿復元模型（下）　いずれも京都市歴史資料館蔵

▲平安京の豊楽殿跡から出土した緑釉瓦（京都市埋蔵文化財研究所蔵）。

▲桓武天皇像（平安神宮蔵）

◀平安神宮応天門。大内裏朝堂院の正門である応天門を模したもの。
▼平安神宮大極殿。大内裏朝堂院の正殿である大極殿を少し縮小して復元したもの。平安神宮は、1895年に、平安奠都《てんと》1100年を記念して建立された神社で、京都市全体の氏神とされている。

▲京都御所の紫宸殿。内裏の正殿で、各種の儀式が行われた。京都御所は、南北町時代の光厳《こうごん》天皇の里内裏である土御門東洞《つちみかどひがしのとう》院《いん》邸が皇居になったもの。現在の建物は、1855年に、古式にのっとって再建されたもの。

◀京都御所の清涼殿内の昼御《ひのお》座《まし》。清涼殿は天皇の日常の居所で、昼御座は日中の居所。

▲冷然院跡(上京区猪熊通丸太町上ル)から出土した土器類。(京都市埋蔵文化財研究所蔵)

◄醍醐寺五重塔(伏見区)。951年に完成した京都市内に残る最古の平安時代の建物。

▼東寺五重塔。平安京造営当初とほぼ同じ位置にある東寺だが、建物はたびたび焼失した。現在の五重塔は、1644年に徳川家光が再建したもの。高さ約55メートルで、わが国で一番高い五重塔である。

▲平等院鳳凰堂。1053年に藤原頼通が建立。中央の扉の内側格子の上部に円窓が設けられているのは、堂の手前の阿字池を隔てて阿弥陀如来を拝むことが出来るようにしたもの。

▲平等院鳳凰堂内部。中央に本尊の阿弥陀如来像が安置されている。この阿弥陀如来像は、仏師定朝作の確証のある仏像。阿弥陀如来像背後の壁面を雲中供養仏が飾る。

▲「年中行事絵巻」(田中家蔵)。「年中行事絵巻」は、宮中の儀式を中心に、一年間の行事を描いたもの。写真の場面は、後白河法皇の御所の法住寺殿への朝覲行幸《ちょうきんぎょうこう》(年の始め〈普通は正月の二日〉に、天皇が上皇・皇太后の御所に行幸する行事)の際のありさまを描いたもの。威儀を正した貴族たちが、庭で行われる雅楽を見守っている。

▲「平治物語絵巻」(東京国立博物館蔵)。『平治物語』を絵巻にしたもので、写真の場面は、内裏の源義朝のもとを脱出して、六波羅の平清盛邸へ行幸する二条天皇と中宮。

▲葵祭の斎王代の行列。毎年５月15日に行われる。京都御所を出発して、下鴨神社を経て上賀茂神社へ向かう斎王代を中心とした一行は、葵の葉で飾られ、王朝の雅びを今に伝える。

▲祇園祭。毎年7月17日山鉾巡行が行われる。長刀《なぎなた》鉾を先頭に、32の山・鉾が四条通から河原町通・御池通・新町通を通過する。前日の宵山(右上)も巡行に劣らず盛り上がる。右下は鉾の辻回し。

▲「伴大納言絵巻」(出光美術館蔵)。866年に起きた応天門放火事件(応天門の変)に取材した作品。写真の場面は、炎上する応天門を、応天門北側の会昌門から見上げる役人たち。

▲「北野天神縁起」(北野天満宮蔵)。菅原道真の悲運の生涯と、没後に北野天満宮が創建される経過等が描かれた作品。写真の場面は930年に起きた清涼殿への落雷を描いた場面で、死傷者が出た。

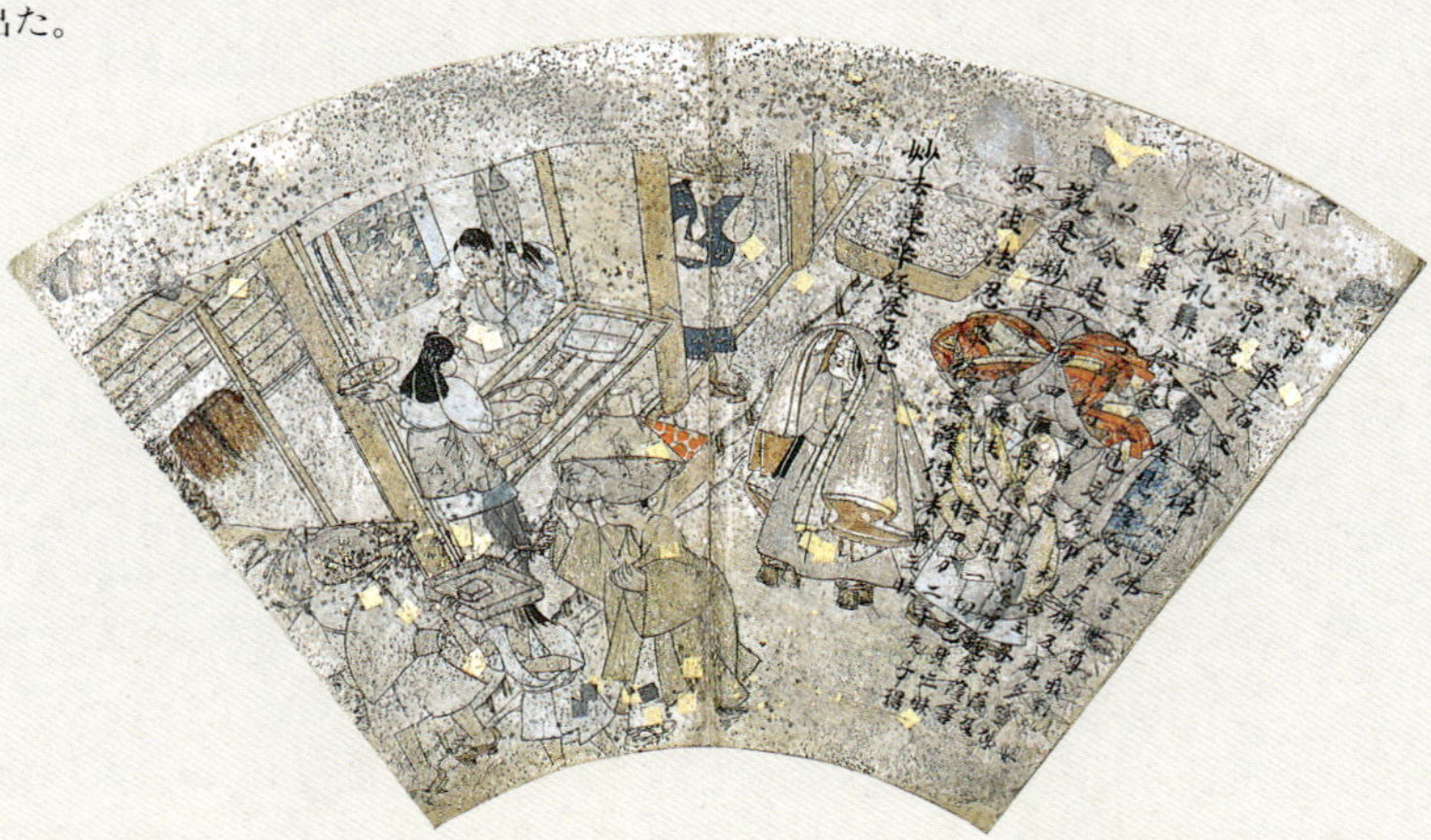

▲「扇面法華経冊子」(四天王寺蔵)に描かれた街なかの商店の風景。

1

平安京の史脈とその特色

京都大学名誉教授　上田正昭

平成六年(一九九四年)は、延暦《えんりゃく》十三年(七九四年)の十月に、都が長岡京から平安京に遷《うつ》されてから、数えて一二〇〇年の意義深い年にあたっている。

この年を記念して、「古代の三都(難波《なにわ》京・平城京・平安京)」を中心とする『古代の三都を歩く』シリーズが企画された。古代の宮都はこの三都に限らず、大和飛鳥《やまとあすか》の宮居・大津宮・藤原京・恭仁《くに》京・長岡京など、この三都のほかにも存在するが、その最も代表的な宮都としてまず平安京を取り上げ、ついで難波京・平城京を、それぞれの史跡にそくして編集することとした。当然のことながら、ほかの宮都も軽視するわけにはいかない。このシリーズでは「三都」を中心としながら、折にふれて他の宮都にも紹介と論述がおよぶ構成になっている。

平安京は十一世紀の末ころから(たとえば中御門《なかみかど》右大臣藤原宗忠《むねただ》の日記『中右記《ちゅうゆうき》』)、普通名詞としての「京都」ではなく、平安京にかわる都の地名として、「京都」が使用されるようになる。その平安京・京都には、他の都市には見いだすことのできない注目すべき特色があった。東京遷都の詔《みことのり》はついに出されなかったが、慶応四年(一八六八年)の九月八日、慶応が明治と改元されて、東京が事実上の首都になった折まででも、京都(平安京)は実に一〇七四年におよぶ都であった。このように長期間にわたる首都は、世界史においてもまれである。

平安京にはじまる京都の歴史のまず第一の特色は、すべての時代の歴史と文化に深いかかわりを持つ「全時代性」に見いだすことができよう。全国国宝の約二〇パーセント、全国重要文化財の約一五パーセントが京都に集中する。平安時代はいうまでもない。それらの国宝・重文は、平安京以前から近・現代に至るすべての時代を網羅《もうら》している。

その第二の特色は、朝廷・公家《くげ》の文化ばかりでなく、社寺の文化、有力な商工業者を中核とする町衆《まちしゅう》の文化、さらに差別され圧迫された被差別民衆《しゅう》の文化などによって、京都の歴史と文化が織りなされた点である。その「多様性・重層性」が、この都を特徴づけている。

第三の特色は、その「伝統性・創造性」である。平安京というけれども、その内実はけっして平安ではなく、そこにはむしろ非平安ともいうべき実相が内包されており、戦乱と兵火、洪水と飢饉《ききん》、疫病《えきびょう》と大火などのなかで、繰り返し変革と創生を続けてきた。その連続と非連続が、京都の歴史と文化を特色づける。

第四に注目すべきは、京都の歴史と文化の「国際性・世界性」である。内なる文化の集約にとどまらず、その展開のプロセスには、外なる文化の受容とまじわりがあった。

そうした特色は、平安京の成り立ちとその発展過程にもはっきりと見いだすことができる。ローマは一日にして成らず。平安京もまた一日にして完成したわけではない。平安京以前、すでにして京都盆地には、のちの平安京を成立せしめる歴史と文化が内在していた。

平安造都は「天下草創」の大事業であったが、それ以前の京都盆地の歴史とけっして無関係ではなかった。そして平安京の文化は朝廷・公家の文化のみによっていろどられたわけではなく、平安時代の前期、すでに一〇万人をこえた都市の居住者によって多彩にいろどられた。王朝貴族にとどまらず、戸主《へぬし》と呼ばれた人々をはじめとする一般の市民も、都づくりと変革のなかに暮らしを営んでいた。

延暦十三年(七九四年)の十一月八日の詔では、「此国《このくに》は山河襟帯《さんがきんたい》にして、自然に城をなす。斯《こ》の形勝に因《よ》りて、新号を制すべし、宜《よろ》しく山背国《やましろ》を改めて、山城国となすべし。又子来の民・謳歌《おうか》の輩《やから》、異口《くい》同辞して平安京と曰《い》ふ」と述べられている(『日本紀略』)。山代国《やましろ》(『古事記』)→山背国(『日本書紀』『続日本紀《しょくにほんぎ》』)が、遷都によって国の名が山城国と表記されるようになり、造都のはじめから平安京と称されていたことがわかる。

遷都によって、都の所在する国名がこのように改められた例は珍しい。遷都によって一挙に平安京が完成したわけではない。「軍事」(蝦夷《えみし》征討《えぞ》)があり、「造作」(造都)が続いた。鴨長明《かものちょうめい》が『方丈記』のなかで、「嵯峨《さが》の天皇(嵯峨天皇)の御時、都と定まりける」と記しているのは、正しい認識であった。遷都すなわち定都ではなく、遷都から定都への都づくりの歩みがあった。

「建郡」(新しい郡を設ける)の用語があるように、「建都」という用語もあった(『続日本紀』延暦七年九月二十六日の詔)。「建都」によって、都のたたずまいがすべてととのったわけではなかった。そこには血と汗のにじむ造都の軌跡が横たわる。

疫病が続いて御霊会《ごりょうえ》がさかんとなり、平将門《たいらのまさかど》の乱や治承《ちしょう》・寿永《じゅえい》の争乱が象徴するような、政争と兵火のあいついだ都であった。平安京の文化を王朝文化のみによって代表させるわけにはいかない。遣《けん》唐使《とうし》の廃止や日宋《にっそう》貿易の展開など、その歴史には国際関係の変化とその対応があった。平安京をめぐる国際性・世界性は、平安時代の前期、左京を「洛陽城《らくようじょう》」、右京を「長安城《ちょうあんじょう》」と呼び、その坊名が洛陽の坊名に倣《なら》ったもの八例、長安の坊名に倣ったもの五例であることなどにも反映されているが、『新撰姓氏録《しんせんしょうじろく》』によれば、平安京に居住した渡来系氏族は、一七四氏(ちなみに皇別系氏族は一八四氏、神別系氏族は一四七氏)におよぶ。

桓武《かんむ》天皇の母であった高野新笠《たかののにいがさ》が百済《くだら》の武寧《ぶねい》王の血脈を受け継いだ女人であったばかりでなく、百済の義慈《ぎじ》王の王族で、日本に渡来して活躍した百済王氏の平安遷都の折の役割などにも注目すべきものがあった。延暦九年の二月二十七日の詔で「百済王らは朕《ちん》の外戚《がいせき》なり」と述べられているのも偶然ではない。中国皇帝の郊祀(郊野に円丘を築き、天神と始祖をあわせ祀《まつ》る大礼)と同様の郊祀を実施した確実な最初の天皇も桓武天皇であった。

京都の歴史と文化を特色づける史脈は、平安時代にすでに内在していた。本書の叙述によってその実相が、今によみがえってくるはずである。

目次

目　次

目次

目　次

付　編

カバー・表紙・扉デザイン——山崎　登

序　平安京の歴史

・宮都の伝統

古代京都のキーワードはふたつある。ひとつは宮都の伝統であり、もうひとつは渡来の文化である。いずれもが平安京を考えるときの重要なポイントで、これなしには平安京は実現しなかったといってよい。

宮都の伝統についてまず考えてみよう。日本の宮都は、わたしの計算では合計五九か所になる。このうち平清盛《たいらのきよもり》が安徳《あんとく》天皇を擁《よう》して営んだ福原《ふくはら》京と、近代の東京は別として、古代の宮都は五七か所（下表参照）ということになる。地域として圧倒的に多いのは、古代歴史の中心地ともいうべき大和《やまと》（奈良県）で、四二か所におよぶ。ただしこれは、神武《じんむ》天皇の橿原宮《かしはらのみや》などといった実在するはずのない宮都のことも含めてのことだが、断然他をひきはなしている。

そしてこれに次ぐのが山城《やましろ》（京都府）であることは、あまり注目されていないが重要

《宮都表》

〈天皇〉	〈宮　都〉	〈推定地〉
神武	畝傍橿原宮（うねびのかしはらのみや）	奈良県橿原市畝傍
綏靖	葛城高丘宮（かつらきのたかおかのみや）	奈良県御所市森脇
安寧	片塩浮穴宮（かたしおのうきあなのみや）	奈良県大和高田市三倉堂
懿徳	軽曲峡宮（かるのまがりおのみや）	奈良県橿原市大軽町
孝昭	掖上池心宮（わきのかみのいけこころのみや）	奈良県御所市池之内
孝安	室秋津島宮（むろのあきつしまのみや）	奈良県御所市室
孝霊	黒田廬戸宮（くろだのいほとのみや）	奈良県磯城郡田原本町黒田
孝元	軽境原宮（かるのさかいはらのみや）	奈良県橿原市大軽町
開化	春日率川宮（かすがのいさかわのみや）	奈良県奈良市
崇神	磯城瑞籬宮（しきのみずかきのみや）	奈良県桜井市金屋
垂仁	纏向珠城宮（まきむくのたまきのみや）	奈良県桜井市穴師
景行	纏向日代宮（まきむくのひしろのみや）	奈良県桜井市穴師
	志賀高穴穂宮（しがのたかあなほのみや）	滋賀県大津市錦織
仲哀	穴門豊浦宮（あなとのとゆらのみや）	山口県下関市豊浦
神功	磐余若桜宮（いわれのわかさくらのみや）	奈良県桜井市池之内
応神	難波大隅宮（なにわのおおすみのみや）	大阪府大阪市中央区
	明宮（軽島明之宮）（あかるのみや）	奈良県橿原市大軽町
仁徳	難波高津宮（なにわのたかつのみや）	大阪府大阪市中央区
履中	磐余若桜宮（いわれのわかさくらのみや）	奈良県桜井市池之内
反正	丹比柴籬宮（たじひのしばがきのみや）	大阪府松原市上田
允恭	遠飛鳥宮（古事記）（とおつあすかのみや）	奈良県高市郡明日香村村内
安康	石上穴穂宮（いそのかみのあなほのみや）	奈良県天理市田町
雄略	泊瀬朝倉宮（はつせのあさくらのみや）	奈良県桜井市朝倉
清寧	磐余甕栗宮（いわれのみかくりのみや）	奈良県桜井市池之内
飯豊青皇女	忍海角刺宮（おしぬみのつのさしのみや）	奈良県葛城市忍海
顕宗	近飛鳥八釣宮（ちかつあすかやつりのみや）	奈良県高市郡明日香村八釣
仁賢	石上広高宮（いそのかみのひろたかのみや）	奈良県天理市石上
武烈	泊瀬列城宮（はつせのなみきのみや）	奈良県桜井市初瀬
継体	樟葉宮（くすばのみや）	大阪府枚方市楠葉
	筒城宮（つつきのみや）	京都府京田辺市
	弟国宮（おとくにのみや）	京都府向日市・長岡京市
	磐余玉穂宮（いわれのたまほのみや）	奈良県桜井市池之内
安閑	勾金橋宮（まがりのかなはしのみや）	奈良県橿原市曲川
宣化	檜隈廬入野宮（ひのくまのいほりののみや）	奈良県高市郡明日香村檜隈
欽明	磯城島金刺宮（しきしまのかなさしのみや）	奈良県桜井市金屋
敏達	百済大井宮（くだらのおおいのみや）	大阪府河内長野市太井（または奈良県北葛城郡広陵町百済）
	訳語田幸玉宮（おさだのさきたまのみや）	奈良県桜井市戒重
用明	池辺雙槻宮（いけのべのなみつきのみや）	奈良県桜井市阿倍
崇峻	倉梯宮（くらはしのみや）	奈良県桜井市倉橋

な事実だ。これが平安京の営まれる前提になったのである。平安京は、未開の原野を切り開いて建設されたわけではない。

山城の宮都の最初は、平安京より三〇〇年も前の継体《けいたい》天皇の筒城宮《つつきのみや》である。五一一年から七年間の宮都だった。ついで弟国《おとくにの》宮《みや》が営まれ、五一八年から八年間続いた。この一五年間は、まぎれもなく京都に宮都があり、日本の中心であった。

継体天皇は豪族の出身、つまり天皇(大《おお》王《きみ》)の地位を武力でもってうばい、新しく天皇になったのではないかと疑われる人物である。出身地も、近江《おうみ》(滋賀県、古事記)、あるいは越前《えちぜん》(福井県、日本書紀)といい、当時の政権の所在地から大きく離れた場所から天皇になった。大和に入るのは、天皇になってから二〇年後のことだった。いかに継体天皇の即位に抵抗があったかよくわかる。その継体天皇は、政権の中心地である大和を当然めざしたはずだが、長く入ることができなかった。この間に政権の運営の場所として筒城宮・弟国宮が営まれたのである。いってみれば、このような緊張した時代のなかで、宮都を営むのに最適な場所だったということであろう。交通はいたって便利だし、しかも継体天皇の基盤ともいうべき近江・越前方面には、いつでも帰還できる。京都の地理的位置が、このふたつの宮都を誘致したのである。

これに次ぐのは、奈良時代の半ばに営まれた恭仁京《くにきょう》で、七四〇年から七四四年まで続いた。聖武《しょうむ》天

推古	豊浦宮(とゆらのみや)	奈良県高市郡明日香村豊浦
	小墾田宮(おはりだのみや)	奈良県高市郡明日香村
舒明	飛鳥岡本宮(あすかのおかもとのみや)	奈良県高市郡明日香村
	田中宮(たなかのみや)	奈良県橿原市田中
	厩坂宮(うまやさかのみや)	奈良県橿原市大軽町
	百済宮(くだらのみや)	奈良県北葛城郡広陵町百済
皇極	飛鳥板蓋宮(あすかのいたぶきのみや)	奈良県高市郡明日香村岡
孝徳	難波長柄豊碕宮(なにわのながらとよさきのみや)	大阪府大阪市中央区法円坂町
	飛鳥川原宮(あすかのかわらのみや)	奈良県高市郡明日香村川原
斉明	後飛鳥岡本宮(のちのあすかのおかもとのみや)	奈良県高市郡明日香村
天智	近江大津宮(おうみのおおつのみや)	滋賀県大津市錦織
天武	飛鳥浄御原宮(あすかきよみはらのみや)	奈良県高市郡明日香村飛鳥
持統	藤原京(ふじわらきょう)	奈良県橿原市
元明	平城京(へいじょうきょう)	奈良県奈良市
聖武	恭仁京(くにきょう)	京都府木津川市
	難波京(なにわきょう)	大阪府大阪市中央区法円坂町
桓武	長岡京(ながおかきょう)	京都府向日市・長岡京市
	平安京(へいあんきょう)	京都府京都市
安徳	福原京(ふくはらきょう)	兵庫県神戸市兵庫区
明治	東京	東京都千代田区

皇が、大宰府《だざいふ》で起こった藤原広嗣《ふじわらのひろつぐ》の乱に恐怖して、平城京を棄《す》てて遷都した。状況が筒城宮・弟国宮とよく似ていて興味深いが、やはり緊張した政治環境のなかで営まれた。わずか五年間の宮都だが、大仏の建立《こんりゅう》、諸国国分寺《こくぶんじ》の建設など、重要な施策が多く出されている。天平《てんぴょう》文化というとだれでも奈良を思い出すが、その文化にかかわりの深いこれらの事業は、実は恭仁京でのことであった。いかにこの時代が重要かがわかろう。宮都の期間の短さと、その重要性とは必ずしも一致するものではなかった。

さらに長岡京がこれに次ぐ。平城京が首都であった奈良時代は七八四年に終わり、この年に山背国《やましろのくに》乙訓《おとくに》郡長岡村に遷都された。やはり地名をとって長岡京と名付けられた。

いったん中断があるとはいえ、七〇年間にわたる宮都であった平城京を棄てることは、当時の貴族たちにとって予想もできないことだった。そこでこの長岡遷都は、深刻な政治的対立を生み出すことになった。遷都を主導したほうはこれによって自己の勢力の強化をねらったわけだが、反対派は当然これに抵抗する。両派がぶつかって起こったのが、藤原種継《ふじわらのたねつぐ》暗殺事件である。種継は当時最も才能にめぐまれた政治家で、桓武《かんむ》天皇のブレーンとして、長岡京建設の中心人物だった。これを暗殺したのは、大《おお》伴継人《とものつぐひと》たち大伴氏で、直前に死去していた大伴家持《おおとものやかもち》までが処罰されるという前代未聞の展開を見せた。遷都の翌年の出来事だから、いかに遷都そのものが緊張状態のなかで行われたかがよくわかる。

京都に営まれた宮都は、以上の四か所と平安京の合計五か所ということになる。平安京だけが京都の宮都ではないのであり、ほこるべき宮都の伝統があったのである。

・渡来の文化

今ひとつのキーワードは、渡来の文化、つまり国際的環境という観点である。京都というと、なにかしら固定的で、動きの少ない、純粋性・固有性が特徴のように思われがちだ。たしかにその側面も重要であることはむろんだが、たえず外界、特に国際的環境のもとで京都の歴史と文化が発展していったことを忘れてはならないだろう。その象徴が、渡来の人と文化であった。

渡来人の京都への渡来は、五世紀後半の秦氏《はだ》が最も重要である。嵯峨野《さがの》・太秦《うずまさ》周辺に住みつき、地域開発に貢献した。従来は高燥《こうそう》で、水田農業には適さない土地に水路をひき、水を灌漑《かんがい》して稲作を可能にした。在来の、頭打ちになっていた技術水準を一気に向上させ、京都の古代は大きく発展する。秦河勝《はだのかわかつ》の邸宅が平安京の大内裏《だいだいり》になったというのは、こうした秦氏の実績から生まれた伝承であった。平安京も含めて、合計五か所もの宮都が京都に営まれたのは、こうした渡来の文化の伝統があずかって大きい。

平安京の地のみにとどまらない。南山城では、高句麗《こうくり》系の渡来人が滞在したという相楽館《さがらかのむろつみ》、さらには仁徳《にんとく》天皇の皇后の石之媛《いわのひめ》が訪れたという「筒木《つつき》(綴喜)の韓人」(古事記)の家、といくつもの渡来人の足跡を確認することができる。山城国一帯が、渡来人の里だったといってよい。

・長安《ちようあん》の都城制

平安京は中国の都市計画、すなわち都城制をモデルにしている。縦横に規則正しくはしる道路、甍《いらか》を聳《そび》え立たせる宮殿、中国風の都市景観がそこに展開していた。建物はないが、今でもこの都市計画のあり方は、京都のほとんどすべての道路に曲線がなく、東西南北に通じているという特色に名残をとどめている。

この中国風の都市計画が導入されるには、幾多の困難があった。迷うことなく採用されたわけではなく、戸惑《とまど》いながら受け入れていったのである。日本の国情から自然に出てきた要請ではないのであり、政治上の必要からの模倣であった。しかしその模倣は、日本の国際的位置と大きくかかわっていた。古代アジアの国際社会に生きる日本の、気概にあふれた積極性が読み取れる。

最初にこの都城制を取り入れたのは、推古《すいこ》天皇の小墾田宮《おはりだのみや》(六〇三〜六三〇、奈良県高市《たかいち》郡明日香《あすか》村)であった。後世の大極殿《だいごくでん》・朝堂院《ちょうどういん》に似た構造をとっていたようで、遣隋使《けんずいし》が派遣された時代であることを考えても、中国の都城制が模倣される理由はあった。日本文化全体が、中国に傾斜していたのである。だがこの小墾田宮のパターンは、次には放棄され、やがてふたたび都城制をとるのは難波長柄《なにわのながら》豊碕宮《とよさきのみや》(六四五〜六五五)でのことだった。しかしこれも飛鳥《あすか》へ宮都が還《かえ》ってからはまた放棄され、藤原京(六九四〜七一〇)以後は平安京まで継続的に採用された。この間の事情をこまかく考察する余裕はないが、大国中国の都城制を、ためらい、戸惑い、試行錯誤を重ねながら採用していったその熱意、つまり東アジアの国際的環境のなかへ飛び込み、これに伍《ご》して国家を運営していく意気込みを、都城制採用のプロセスに見いだすことができる。都城制を、ただの図形として見ていたのでは、平安京の占めた位置は正確には把握できない。平安京が都城制を採用したのは、こうした国際社会への積極的なアクセスをも考えてのことだった。

・平安京の建設

とまれ、こうして中国長安の都城制を採用して平安京の建設が始まった。だがこれも苦難の道であった。都市建設には、膨大《ぼうだい》な経費と人員が必要である。いかに理想が高く、こころざしがすぐれていても、国民に多くの負担を強《し》いたことは事実だ。経費においても、労働力においても。

八〇五年、桓武《かんむ》天皇は宮中に大臣たちを呼び、「天下の徳政」、つまり徳のある政治とは何かについて議論をさせた。そこで桓武は「軍事と造作」が天下を苦しめているという批判を受け、これを容《い》れて軍事＝蝦夷《えみし》《えぞ》との戦い、造作＝宮都建設の二事業を中止した。この直後に桓武は世を去る。いってみれば最晩年に、自分が半生をかけてやってきた業績を目の前で否定されたわけで、認めた桓武の政治家としての偉さもよくわかるが、それだけ負担を国民にかけ、疲弊《ひへい》をまねいていたことも事実だった。平安王朝の華麗な姿とは別に、都市平安京裏面史は、多くの矛盾にみちあふれていたことも見逃してはならない。

この議論が行われ、造作が中止されたのは、平安遷都から一〇年後のことだった。このときまで事業は継続されていたのであり、都市の建設がいかに長期にわたるものかがわかるが、それでも都市が完成したわけではなかった。平安京にとって、七九四年という年が重要であることは言を待たないが、それはあくまで遷都の時点なのであって、市民の生きる都市がその年にできたというのではない。

それは、九八二年に著された『池亭記《ちていき》』の記載から知ることができる。そこには、①右京(西京)が衰えたこと、②左京(東京)の四条以北が栄えたこと、③民家が平安京を越えて北野《きたの》・鴨川《かもがわ》周辺に進出したこと、が述べられている。七九四年に建設された平安京の規格性が失われ、自由な市域の発展が起ったのである。住みたい場所に住み、暮らしたい場所に暮らす市民が、自ら居住地を選択し、そこに自由に住宅を営み、子供の喧嘩《けんか》、主婦の井戸端《いどばた》会議、夏の夕涼み、秋の月見、日々の暮らしがそこにある、普通の意味での都市・京都がこのころに誕生した。

・よごれた都市

こうした都市平安京は、意外によごれた都市だった。後年頼山陽《らいさんよう》は、京都を「山紫水明《さんしすいめい》」、山は紫色で美しく、川は水がきれいだと表現したが、市民たちの都市平安京は、周囲の山々の木々は建築資材や燃料として伐《き》り出され、緑の多い景観とはいいがたかった。王朝のイメージだけで、平安京を考えてはならない。

街なかも、人々の生活の営み、たとえば糞尿《ふんにょう》のにおいで充《み》ちていたし、道路もゴミでいっぱいだったはずだ。飢饉《ききん》ともなれば、食を求めてさまよう浮浪者が発生し、放棄された死体もあちこちに見られた。鴨川も死体の捨て場所になり、また武士の時代には処刑場ともなったから、「水明」にはほど遠かった。平安京にその名を残した有名人たちの行動とは別に、市民の人生もこの都市・平安京で刻まれた。王朝の華麗な世界は、いってみれば光の部分であり、それと同じように影の部分をなす、普通の市民の生活のありようを見逃してはならないだろう。両者あいまって初めて平安京の実相はわかるのであり、人がそこに生まれ、暮らし、子供を育て、死んでいくという都市・平安京は、こうした雑多な生活の場所なのであり、けっして王朝の華やかさだけが特徴ではなかった。

活力のある都市とはそういうものであり、華麗な側面もよごれた側面も、ともに含み込んで展開するものだろう。火災や、飢饉・凶作の頻発《ひんぱつ》、また盗賊の横行、どれをとっても平安京住民には好ましいものではないが、こうした災害はいわば都市には宿命のもので、逆に都市の発展をはかるバロメーターである。それらの災害をさまざまな知恵で乗り越え、したたかに暮らす市民が平安京を支えていたのである。

『万葉集』にある「青丹《あおに》よし　奈良の都は咲く花の　匂《にお》うがごとく　今盛りなり」という歌は、平城京のことを詠《よ》んだ歌だが、青色(緑色)の瓦《かわら》、丹色《にいろ》(朱色《しゆいろ》)の柱で彩られ、まさに咲く花のような景観が奈良の都にはあったというのだ。平安京でも事は同じと思われることが多いが、実際はよごれた都市だった。しかしそのよごれは、文字どおり貴賤《きせん》の市民の醸《かも》し出す、雑多で、しかし活力にあふれた生活の営みの結果なのであって、そうしたよごれが、むしろ平安京のさまざまな文化を支える背景であったことに注目したい。

I　平安京の誕生

●平安京造営の立役者——秦氏《はだし》と広隆寺《こうりゅうじ》・蚕ノ社《かいこのやしろ》・蛇塚《へびつか》

聖徳太子《しょうとくたいし》と京都

六〇三年、一体の仏像[*1]を前にして、聖徳太子（五七四～六二二）は、「だれかこの仏を祀《まつ》る者はいないか」、と問いかけた。これに応じて進み出て、「私が祀ります」と答えたのは秦河勝《はだのかわかつ》（生没年未詳）であった（日本書紀）。河勝は仏像を下賜《かし》され、それを安置するために建立《こんりゅう》したのが広隆寺だ。

全国に聖徳太子が関係する寺院は多いが、確実なものは数少なく、十指にみたない。京都では、六角堂《ろつかくどう》[*2]（頂法寺《ちょうほうじ》）は太子が四天王寺《してんのうじ》[*3]建設の良材を求めて京都に来たときに建立したというし（六角堂縁起）、法観寺《ほうかんじ》[*4]も、やはり太子が如意輪観音《にょいりんかんのん》の啓示を受けて建立したと伝える（法観禅寺仏舎利塔記《ほうかんぜんじぶつしゃりとうき》）。いずれも伝承だが、広隆寺の例は、なかでも確実なもののひとつである。太子の子の山背大兄王《やましろのおおえのおう》は深草《ふかくさ》（伏見区《ふしみ》）に屯倉《みやけ》[*5]を持っていたといい（日本書紀）、飛鳥《あすか》時代の京都を考えるとき、聖徳太子一家のことには注意する必要があろう。

秦氏の実像

ところで、太子から仏像を下賜された河勝は、なぜ寺を京都に建立したのだろうか。答えは簡単である。

広隆寺の楼門（右）と、葛野大堰と思われる一ノ井堰の石碑（上）

そこが一族の居住地、いわば彼の郷里だったからだ。太秦《うずまさ》（右京区）は秦氏の有力な居住地であり、河勝はその出身だった。

太秦という地名も、考えてみれば奇妙な名である。太秦の「太」は「大」と同じで、「秦」は文字どおり秦氏のことなのだが、太秦という字は、どう読んでもウズマサとは読めない。このウズマサは朝鮮半島の地名で、秦氏の本家筋の出身地だったらしい。秦氏の本家筋だけは、ハダ氏と称さないでウズマサ氏と称していた。つまり秦氏は、朝鮮半島から渡来してきた一族なのである。

母国は新羅《しらぎ》*6で、相次いでやって来た人々が秦氏という氏族に組織され、集団を作った。いくつもの渡来の波があるが、特に五世紀後半の彼らの渡来は大規模で、そのもたらした文化・文明も豊富だった。ちょうど日本はヤマト王権の拡大期にあたり、その政権を支え、発展させるのに大きく貢献した。いわば頭打ちになっていた在来の文化・文明を向上させる起爆剤となったのである。

嵯峨野《さがの》の開発

秦氏の記念すべき業績は、葛野大堰《かどのおおい》の建設である。*7葛野川《かどの》（桂川《かつら》）に大きなダムをつくり、流域を灌漑《かんがい》して水田農業が可能な地にしたのだ。嵯峨野は、「野」という地名からも知られるように、高燥《こうそう》で水がかかりが悪く、多量の水を必要と

秦河勝像（広隆寺蔵）

＊1　聖徳太子が秦河勝に与えたという仏像が広隆寺に安置されている。国宝第一号となった弥勒菩薩半跏思惟像《みろくぼさつはんかしいぞう》がそれで、飛鳥時代の作とされるが、朝鮮半島からの渡来仏とする説もある。
＊2　六角通烏丸東入ル《ろっかくからすま》（中京区）にある寺で、正しくは紫雲山頂法寺《しうんざんちょうほうじ》という。本堂右手には〝へそ石（要石）〟と呼ばれる石があり、ここが昔の京都の中心に当たるという。
＊3　大阪市天王寺区にある寺。聖徳太子が物部守屋《もののべのもりや》討伐の際に四天王に戦勝を祈願し、寺塔建立を誓ったとされる。
＊4　八坂通下河原町東入ル《やさか》（東山区）にある寺で、〝八坂の塔〟で有名。
＊5　古代の大王家の直轄領《ちょっかつ》。
＊6　古代朝鮮半島南部にあった国。七世紀後半に百済《くだら》・高句麗《こうくり》を滅ぼして半島を統一した。
＊7　大堰《おおい》（井）川ともいう。上流を保津川《ほづ》、下流を桂川といい、桂川は鴨川《かも》・宇治川《うじ》・木津川《きづ》と合流して淀川《よど》となり大阪湾に注ぐ。

する水田にはむいていなかった。

このことは、嵯峨《さが》野の古墳《こふん》を検討してみると、よく理解できる。日本は、三世紀末から四世紀初めに古墳時代に入った。京都盆地でも、多少の時間差はあるが、このころから古墳が建設され始める。ところが同じ京都でも、嵯峨野は古墳の築造が遅れ、五世紀末から六世紀初めになってようやく築かれ始める。これは一体なぜか。

古墳とは豪族《ごうぞく》の墓である。だから古墳がないのは、そこに豪族が成立していない――つまり豪族の触手を誘わない生産性の低い土地だったということだ。そこに五世紀末に古墳が出現するということは、葬られた豪族の生きていた五世紀後半ころに豪族を成立させるだけの急激な変化が嵯峨野に訪れたことを示す。それが、葛野大堰《かどのおおい》の建設による嵯峨野一帯の灌漑《かんがい》である。朝鮮半島伝来の高度な土木・灌漑技術が、桂《かつら》川という巨大河川でのダム建設を可能にし、そこからの取水で嵯峨野は生産性の高い水田地帯となった。その結果、秦《はだ》氏は桂川流域に大きな勢力を築いたのである。[*1]小石舞台《いしぶたい》ともいうべき蛇塚《へびづか》古墳などは、まぎれもなく豪族・秦氏一族の奥津城《おくつき》である。

広隆寺《こうりゅうじ》は、こうした秦氏の歴史を踏まえて、太秦《うずまさ》に建立された。一族の京都盆地開発の輝かしい伝統の記念

蚕ノ社《かいこのやしろ》

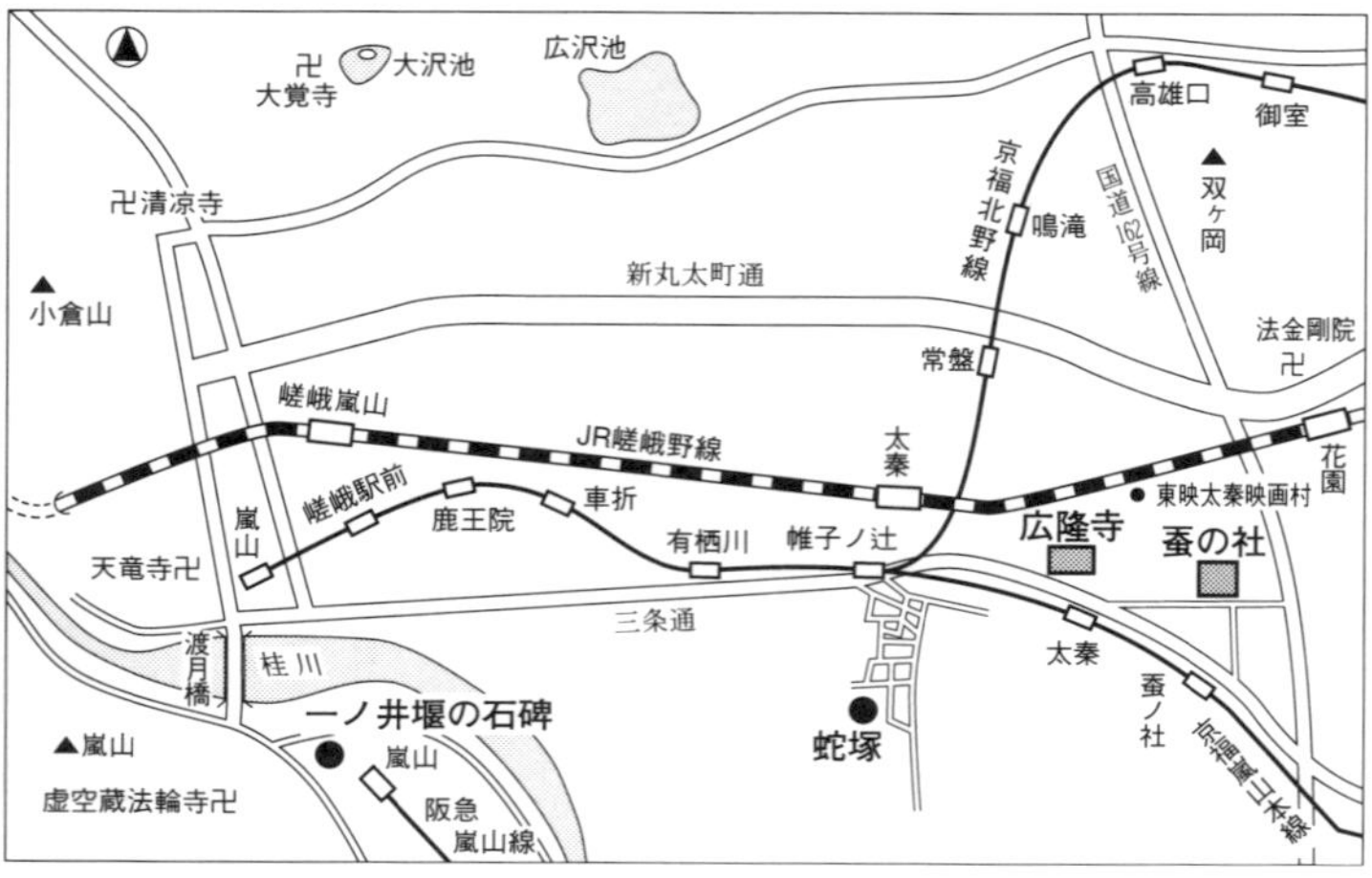

蚕の社▼右京区太秦森ヶ東町。京福嵐山線蚕ノ社下車徒歩5分。　広隆寺▼右京区太秦蜂岡町。京福嵐山線太秦下車すぐ。　蛇塚▼右京区太秦面影町。京福嵐山線帷子ノ辻《かたびらのつじ》下車徒歩8分。　一ノ井堰の石碑▼西京区嵐山上河原町。阪急嵐山線嵐山下車徒歩5分。
いずれも京都駅より京都バス71・72・73系統でも可。

碑が、広隆寺であるといってよい。

この寺の少し東に、蚕ノ社と通称される小さな神社がある。今も繊維業関係者の篤《あつ》い信仰を集めているが、蚕《かいこ》という名の示すとおり養蚕《ようさん》・機織《はたおり》関係の神だ。秦氏が朝鮮半島から養蚕関連のすぐれた技術を伝え、その技術を守り、向上させることを祈願する神として祀《まつ》った。だが、じつはこの神社の成り立ちはそう単純ではない。

蚕ノ社の正式名称は、木島坐《このしまにます》天照《あまてらす》御魂《みたま》神社という。「天照」の名が物語るように、本来は伊勢《いせ》神宮《じんぐう》などと同様に太陽神であったらしい。そうだとすると、秦氏が渡来するはるか以前から、この地に祀られていたということになる。

秦氏が朝鮮半島から渡来して桂川流域に住みつき、勢力を植えつけていく過程で在来の神を取り込み、その上に彼らの信仰を重ねたのである。自分たちの信仰を押しつけ、在来のそれを追放するのではなく、京都盆地のはるか太古からの信仰を彼らは上手に吸収した。

渡来人のことを考えるとき、在来・固有の文化との関係を対立的にのみ把握してはならない。しかしまた、無原則に融合したと考えることも正しくない。その間の関係は多様で、豊富な歴史を呈《てい》するのであり、まさに京都のもつ国際的環境をよく表している。

蚕ノ社本殿

蚕ノ社境内にある三柱鳥居

蛇　塚

＊1　奈良県高市《たかいち》郡明日香《あすか》村にある古墳。巨石で築かれた横穴式石室が露出した古墳で、蘇我馬子《そがのうまこ》の墓とする説が有力。

●平安最古の社《やしろ》——上賀茂《かみがも》・下鴨《しもがも》神社とカモ神・カモ氏

　七一三年に命令が出されて編纂《へんさん》された[*1]『風土《ふど》記《き》』だが、[*2]山城国のそれは散逸して現存しない。しかし幸いなことにいくつかの断片は、他の歴史書に引用されて残っており、のちに上賀茂・下鴨神社と呼ばれることになるカモ神社の成立についても、かなり詳しく知ることができる(釈日本紀《しゃくにほんぎ》所引)。

「山城国《やましろのくに》風土記《ふどき》」

「賀茂・鴨」、あるいは「加茂・可茂」などと書くカモの神は、もとは大和《やまと》の、それも西南部の葛城《かつらぎ》地方(奈良県御所《ごせ》市周辺)にあった神である。『風土記』によると、賀茂建角身命《かもたけつのみのみこと》が神武《じんむ》天皇に付き従って天上から日向国高千穂《ひゅうがのくにたかちほ》峰(宮崎県)に降り立ち、そこから東征に参加して一緒に大和国葛城に入る。さらに奈良盆地を北上し、奈良山《ならやま》を越えて京都の「岡田賀茂《おかだかも》」(京都府木津川《きづがわ》市)へ、ついで木津川を下り、桂《かつら》川・鴨《かも》川の合流点から鴨川のほうをさかのぼり、北端の「久我《くが》の国の北の山基《やまもと》」に落ち着いたという。これが現在の上賀茂神社である。

　ここには、平安京のみならず、京都の歴史と文化を考えるうえで、

上賀茂神社の楼門(右)と境内にある立砂(上)

大きなヒントが含まれている。

いうまでもなく神がひとりで移動するはずはない。神の移動の背景には、必ず人の移動がある。人が移動するときに、その一族が祀《まつ》る神を新天地でも祀るために連れていく。だから最初は人の移動があって、その移動をのちに神話として整形するときに神の仕業《しわざ》としたのである。

カモ氏の移動

カモ氏は、広く全国に分布している。しかしながら、それらを簡単に同族と決めてしまうわけにはいかない。「山城国風土記」の逸文では、大和・山城両国のカモ氏は同族としているが、その祀る神は、大和のは*3地祇《ちぎ》、山城のは*4天神《てんじん》と、神格が異なる。同じ氏族ならばこうした違いはないはずだから、同族ではない可能性も高い。

賀茂県主《かものあがたぬし》

山城のカモ氏は、賀茂県主と称した。県主とは、ヤマト王権の支配下にあって、経済的にこれを支えた豪族である。多様な存在形態があるが、賀茂県《かもあがた》からの物産や労働力を大王《おおきみ》に貢納《こうのう》する責任者だったようで、早くからヤマト王権と密接な関係を有していた。葛城にも県《あがた》が設置されており、また氏族の名も同じカモ氏だったので、両者が結びつけられたものではないだろうか。いずれにしても山城国の賀茂県主が、地元豪族

糺《ただす》ノ森から見た下鴨神社

*1 諸国の地名の由来・産物・伝承などを報告させたもの。現存するのは、出雲《いづも》・常陸《ひたち》・播《はり》磨《ま》・豊後《ぶんご》・肥前《ひぜん》である。

*2 山背国とも。現在の京都府南部に当たる。

*3 「くにつかみ」とも。天神に対する神で、地方豪族の守護神や産土《うぶすな》神のこと。

*4 「あまつかみ」とも。高天原《たかまがはら》系の神のこと。

として京都の歴史と文化を形成してきたことは疑いない。

興味深いことに、山城国《やましろのくに》の賀茂県主《かものあがたぬし》の本拠地ともいうべき愛宕《おたぎ》郡（左京区・北区周辺）は後世、下級ではあるが多くの中央官僚を輩出している。長岡京・平安京遷都以降ならいざ知らず、それ以前の時代に大和（奈良）の政権に多くの官人が出仕しているのである。むろん奈良までは遠いとはいえないが、だからといって通勤はとてもできない。それにもかかわらず、下級官僚としてどうして多くの人材が輩出したのかは不明だが、まちがいなくヤマト王権の県・県主時代からの伝統が背後にあった。

「北の祭り」

このカモ神社の祭りが、葵《あおい》祭である。京都文化を象徴し、王朝の雅《みや》びを今に伝える祭礼として多くの人々が見物する。五月十五日という青葉の映える季節に、京都御所、上賀茂《かみがも》神社・下鴨《しもがも》神社の間を結び、とりわけ鴨川の堤を静かに行進する斎王《さいおう》*1を中心とする祭列は、華やかで、また美しい。

葵祭は、「北の祭り」と呼ばれた。京都の北で行われる祭礼は多いが、こう呼べばそれは葵祭だと人々は認識した。「南の祭り」と呼ばれた石清水八幡宮《いわしみずはちまんぐう》（京都府八幡《やわた》市）の祭礼とならんで、京都文化を象徴するものである。

「年中行事絵巻」（田中家蔵）に描かれた葵祭

葵祭は、京都が都となるはるか以前から行われていた。むろん葵の葉を飾り付けに使い、そのために葵祭という名称ができるのは後世のことだが、神社の伝えでは遠く欽明《きんめい》天皇（在位五四〇～五七二）の時代に始まったという。確実な文献では六九八年・七〇二年のものが確認され、ともに祭礼の日に民衆が集まり、「騎射《きしや》」、つまり馬に乗って弓を射ることを禁止している（続日本紀《しよくにほんぎ》）。よく内容の把握できない記事だが、少なくとも政府が禁止しなければならないほど大規模な祭りであったことは疑いない。この祭りに発揮されるエネルギーは、見過ごしておけば騒乱になるほどのものだったのだ。

ところがこの禁止規定は、七三八年に至り解除される。禁止するより、そのエネルギーを取り込み、利用したほうが有利だと政府は判断したのである。

この動きは、平安京が営まれてからいっそう進む。というよりも、地元の祭礼だったカモの祭りを朝廷・皇室の祭りとしたのである。八一〇年、カモ祭りの中心ともいうべき斎王に内親王《*2ないしんのう》が任命され、ついに朝廷・皇室の祭りになった。葵祭は、こうして成立した。京都の地元で発生した土着的祭礼が、やがて皇室の祭りとなり、京都を代表する祭りとなったのである。

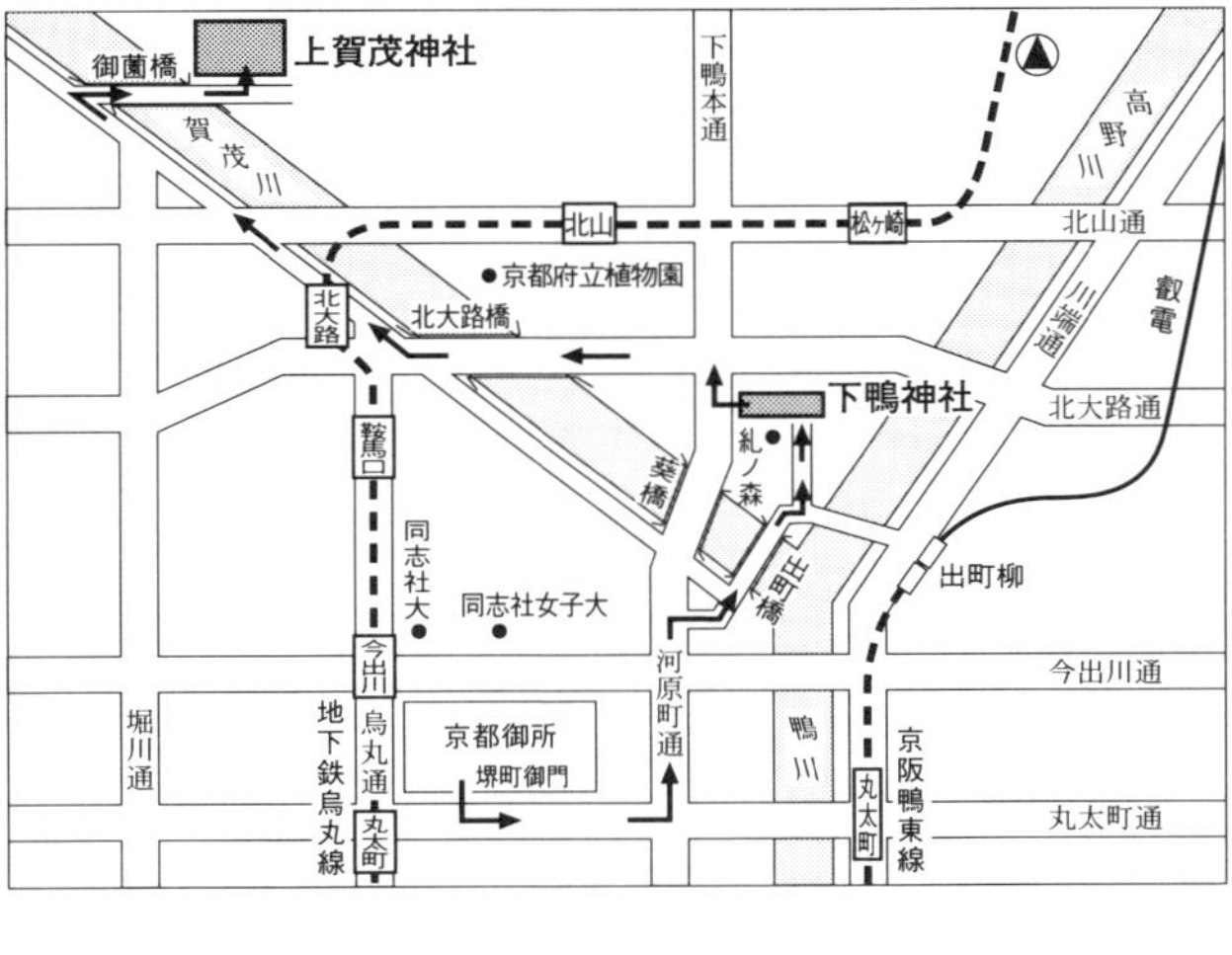

上賀茂神社（賀茂別雷神社《かものわけいかずち》）▼北区上賀茂本山町。四条河原町より市バス37・46・54系統上賀茂神社前下車すぐ。**下鴨神社**（賀茂御祖神社《かものみおや》）▼左京区下鴨泉川町。京都駅より市バス4・14・205系統下鴨神社前下車すぐ。葵祭は、毎年五月十五日。地図内の矢印はその順路。

＊1　「いつきのみこ」とも。特に賀茂神社の斎王を斎院と呼ぶこともある。

＊2　天皇の姉妹・皇女。

トピックス

地名の成立——山背・山城と平安京・京都

●古代京都の地名

地名がどうしてできるかについては、とても一言では言いつくせない種々のパターンがある。行政が付けるもの、市民が付けるもの、さまざまである。その地名ができる動機もいろいろで、わたしの家の近くに百円橋というのがあり、むろん通称だが通行料が百円だからそう呼ばれ、すでに定着してしまっている。地名は生きもので、いつも生まれ、また変わる可能性があるし、いつも一つとも限らない。

古代京都を示す「ヤマシロ」という地名は、「ヤマウシロ」、すなわち山の後ろということばがつづまってできた。山とは京都府と奈良県の境にある低い奈良山《ならやま》丘陵を指す。ここから後ろだから「ヤマウシロ」なわけだが、この地名が発生するメカニズムはこれではっきりするのであり、中心・視点は奈良盆地つまり大和国《やまとのくに》にある。

奈良盆地はヤマト王権が位置し、長く政権の中心地として君臨してきた。それは、平城京が廃止されて長岡京に移る七八四年まで原則的には続いた。多くの古代の歴史地名はこの時代に発生したわけだが、「ヤマシロ」についても同様であって、大和の政権の中心地から見れば、たしかに山の後ろだったからこの地名が生まれた。

●山代・山背から山城へ

日本には、カナが発生するまで日本独自の文字はなかった。だから日本語は、すべて漢字で表現せねばならないことになる。「ヤマシロ」もそうで、これをどう表記するかはいわば個人の好みだが、行政地名としてはいくつもの表記があっては困るから、統一する必要がある。

古くに使用された表記は「山代」であった。『古事記』はすべてこの文字を使っていて、その古さが推定できる。ところが『日本書紀』では、人名などを除いてすべてが「山背」で統一されている。『古事記』は七一二年、『日本書紀』は七二〇年とその成立の時期はあまり変わらないが、『日本書紀』のほうは新しい表記である「山背」を使用している。

「山背」の表記は、七〇一年制定の大宝律令《たいほうりつりょう》で「山代」に代わって採用され、公式表記となった。なぜ「代」が廃止されて「背」と改正されたのかはよくわからないが、七〇一年の首都は藤原京だから、奈良盆地を北上し、さらに奈良山の向こうにある国、というイメージに合ったものでもあろうか。

やがて平安遷都にともない、まさに都城にふさわしい「山城」という表記に改まった。今度は日本の中心となったわけだから、山の背では具合が悪いし、王の城という意味をこめて「山城」としたのである。平安遷都の翌月のことである。これ以後、山城国が廃されて京都府になるまで、「山城」の表記が正式の名称となる。

●「平安京」の誕生

この山城国という名称の成立は、平安京という名称の誕生とも時期を同じくした。「平安京誕生」とまでいうと大げさだが、この平安京という名は、従来の宮都の名称と比べると著しくその性格が異なっていた。

なにが異なっているのかというと、これまでの宮都の名称は、ことごとく地名を基本としていたのに対し、平安京は吉祥句というか、期待・理想を込めてつけた名であるという点である。長岡京や藤原京は、むろん山背国《やましろのくに》乙訓郡《おとくにぐん》長岡村《ながおかむら》や藤原《ふじわら》という地名をとってつけられた名だし、それ以前の宮都の名称は神武天皇の橿原宮《かしはらのみや》からはじまって、ほとんどすべてが地名ないしそれに準じるものによっていた。

そうした伝統があるにもかかわらず、平安京のみがその伝統を継承しなかったのは、いかにこの宮都に込めた期待が大きかったかということであろう。考えてみれば長岡京は、遷都直後の造営の責任者藤《ふじ》原種継《わらのたねつぐ》の暗殺など不穏な事件が続いたし、「平安」という語には、そうした事態をなんとか払拭《ふっしょく》し、新しい時代を切り開こうとする貴族たちの、切実な願いがその裏にひそんでいる。

●平安京から「京都」へ

やがて都市としての発展につれて、平安京というわば政治家がつけた名称はすたれていく。麗々しくはあるが、庶民にはやはりなじめなかったのではないか。「京都」という地名が、これにとってかわることになった。「京都」という語は、本来は首都を示す一般名詞だったが、平安時代後半ごろに固有名詞となって、今の京都を示すことばとなった。

この用語の成立は、ただ単に用語として「京都」が発生したというだけでない。その背景には、ますます発展してゆく都市としての京都があったことを忘れることはできない。政治都市から人間都市への転換が、背後にかいま見えている。

●平安京の心臓——大内裏《だいだいり》・内裏《だいり》と大極殿《だいごくでん》・豊楽殿《ぶらくでん》

七九四年十月、平安京は日本の首都となった。平城京の七〇年を経て、わずか一〇年間の長岡《ながおか》京から、千年の王城京都へと、都は遷《うつ》った。日本歴史上最長の首都・京都は、ここに誕生した。

平安京の型式

平安京は、よく言われるように中国の都・長安《ちょうあん》*1をモデルにしている。しかしそれだけではない。日本の首都の伝統をも受け継いでいるのであり、日本的形態をも継承していた。ともあれ、①南北方向の街づくりが基本である、②中心軸を持つ（朱雀《すざく》大路を中心にして左右対称である）、③城壁を持つ、の三点を特徴とする。相違点としては、①長安は東西に長いが、平安京は南北に長い、②長安は周囲に城壁がめぐらされているが、平安京は南端にしかない、③広さが平安京は長安に比して狭い、などがある。

平安京の広さは、東西一五〇八〇尺・南北一七五三〇尺である（延《えん》喜式《ぎしき》）。この一尺が現在の何センチにあたるのかはまだ不明な部分もあるが、大体三〇センチとしてよい。だから、東西四五〇〇メー

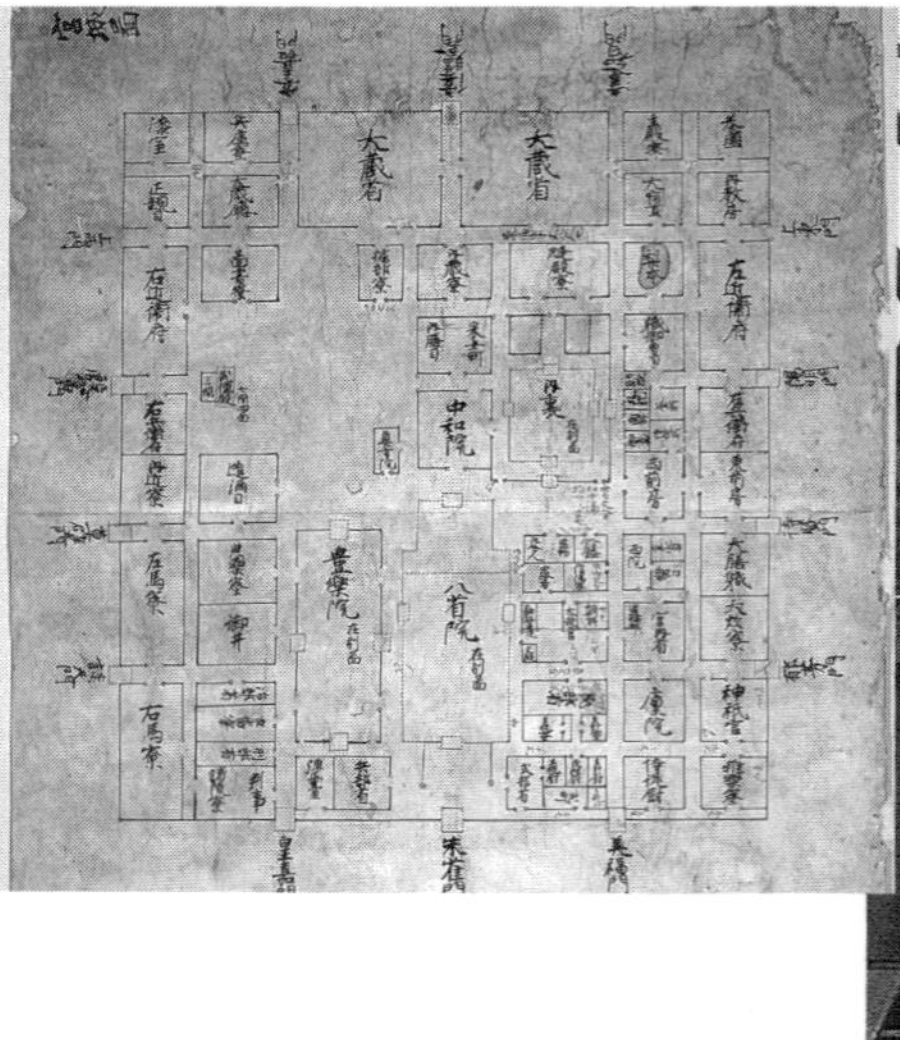

大極殿跡の石碑（右）
平安京大内裏図（陽明文庫蔵・左）

トル・南北五三〇〇メートルくらいになる。いっぽうこれに対して長安は、東西が九七〇〇メートル・南北八二〇〇メートルだから、平安京は面積的には約三分の一にしかならない。人口百万人を誇る東アジアの中心都市・長安と、小列島日本の首都とでは、規模の上で比較にならないのは当然のことでもあった。

南北に長いという平安京の特徴は、日本都城制の発展の影響を受けたものであり、日本的形態といってよいだろう。城壁もそうで、長安は周囲に城壁[*2]がめぐらされているが、中国とちがって外敵の侵入を想定しなくてもよい日本では、城壁は実質的には不用で、ただ威容《いよう》を整えるためだけに南端に形式的な城壁を作ったのであった。

長安の影響だけで平安京を説明するのは誤りだ。受け継いだ部分もあるが、受け継がなかった部分も多かった。国際的影響と国内的伝統との、両方を吸収して平安京は成立した。

宮と京

平安京は、宮域と京域とに分かれる。宮域はいまで言えば、政府・官公庁街と皇居、京域は市街地である。この両者は、四本の大路で囲まれた範囲で、外の地域とは歴然と区別されていた。宮域は特別区域、京域は東半分が左京職《さきょうしき》、西半分が右《う》京職《きょうしき》という別官庁がこれを統括し、京の外側の地域は山城国《やましろのくに》の管《かん》

豊楽殿跡

*1 中国の旧都(現、西安)。紀元前二〇〇年に前漢の首都となって以来、九〇四年までたびたび首都となった。特に唐(六一八〜九〇七)の都の時期に栄えた。

*2 「羅城《らじょう》」という。中国は多民族国家であり、しばしば異民族(匈奴《きょうど》など)の侵入に悩まされた。古代日本において異民族と認識されたのは蝦夷《えみし》であるが、反乱などによって平安京などの首都が侵されたことは一度もなかった。

轄《かつ》下であったというように、その行政は完全に分かれていた。

これは長安の制度とも異なる。長安では、京域は京域外とあわせて長安県・万年県としてひとつの行政区画を形成しており、宮・京だけが特別区域というわけではなかった。つまり中国の場合は、京と京外の農村とが一体となって行政区画を形成していたのである。日本はこれを歴然と区別し、宮と京だけは特別地区として扱われた。

平安京の京域は、大体において市街地であった。部分的に官庁が置かれ、広大な庭園もあったが、基本は市民の住む場所だった。

市民といっても、多様な人々がいた。①皇族・後宮《こうきゅう》の人々とその関係者、②貴族とその家政関係者、③定住官僚、④非定住官人(衛士《えじ》・仕丁《じちょう》など農村から一時的に上京している人々)、⑤商工業者などの一般市民、⑥一時的流入者(いわば流民)、⑦僧侶・神官、⑧外国人、などが想定できる。

大内裏《だいだいり》と内裏《だいり》

一国の首都としての平安京の心臓部は、大内裏である。政府・官公庁、皇居などが集中していた。だから、平安京全体は城壁を持たなかったが、この大内裏は一四の門と、築地塀《ついじべい》で厳重に囲まれていた。

大内裏のあり方も、長安とは違っていた。長安は皇帝の住居であ

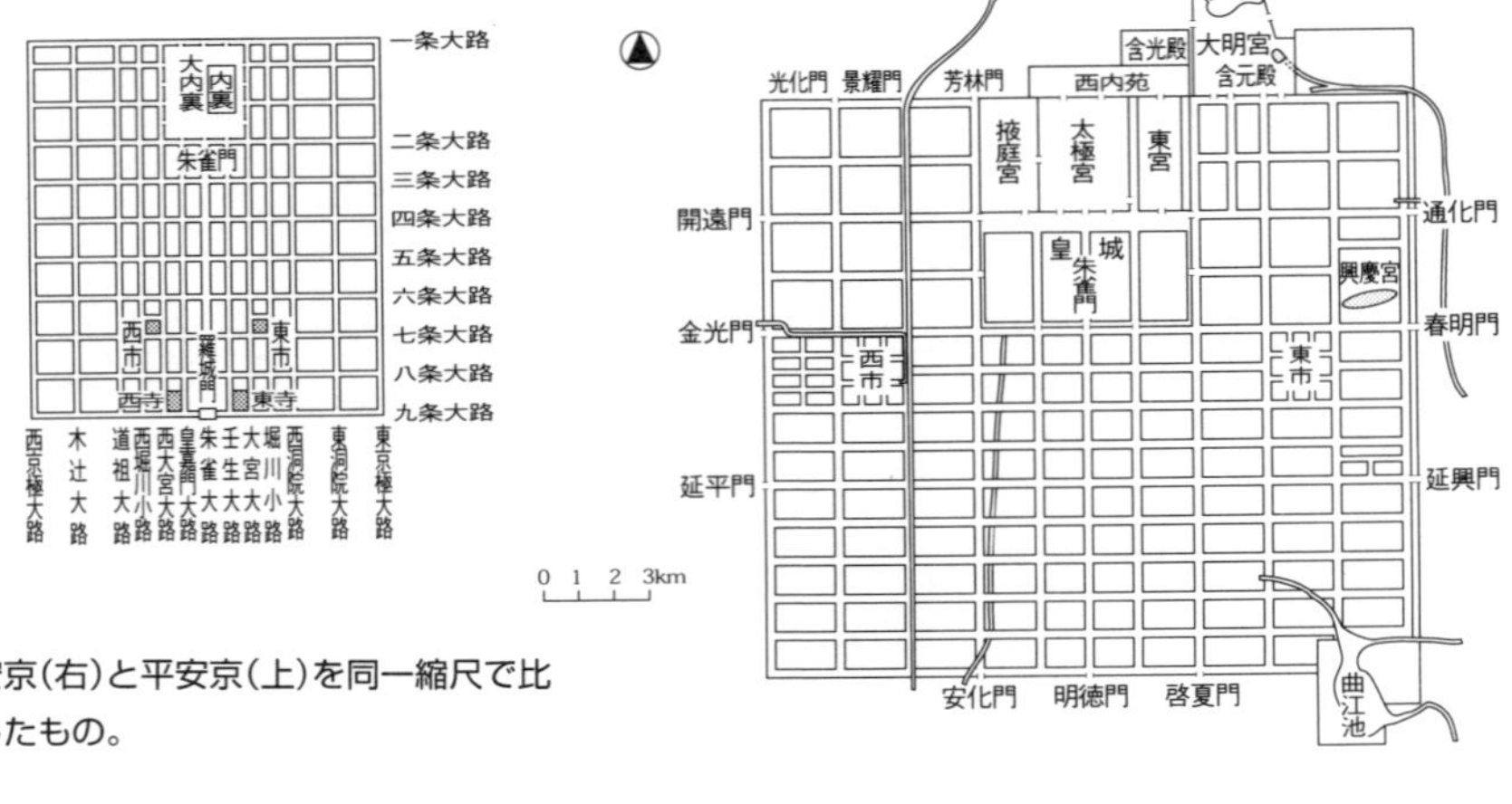

長安京(右)と平安京(上)を同一縮尺で比較したもの。

る宮城と、政府機関の所在地である皇城とに分かれていたが、平安京の場合、両者は大内裏のなかに含みこまれていた。政府機関と天皇家政機関が、截然《せつぜん》と分離されていなかったのである。中国では国家の政治と皇帝の家政とは完全に分かれていて、政治的には進んだ関係にあった。その意味では日本は遅れており、天皇の家政と、国家の政治が癒着《ゆちゃく》した段階にあったということであろう。平安京と長安は、似ているように見えても異なる面が強かったのである。類似している面ばかりに目を奪われがちだが、相違する側面にも正確に光を当てねば、歴史の正しい把握はできない。

政務が執行される最も重要な場は大極殿*1《だいごくでん》だ。平安京のその位置は不明だったが、千本丸太町のすぐ北で、一九九四年六月にはじめてその遺跡が確認された。ただ、皇居である内裏の姿とあわせて、そうはっきりわかっているとはいいがたいのだが。

大極殿のすぐ近くにあった豊楽殿*2《ぶらくでん》は調査がなされていて、その位置と規模は確定されている。字のとおりに公式の宴会場ともいうべきもので、鴻臚館《こうろかん》とともに、いわば迎賓館《げいひんかん》にあたる建物である。名は有名だが、具体的な遺跡となると確認されたものが極端に少ない平安京にとって、豊楽殿は貴重な遺跡といってよい。

*1 朝堂院《ちょうどういん》の正殿。天皇が政務を行ったところ。一一七七年焼失後再建されず、紫宸殿《ししんでん》が代わりに用いられるようになった。

*2 豊楽院の正殿。豊楽院は天皇の宴会所で、大嘗会《だいじょうえ》・競馬・相撲などが催された。十一世紀半ばに焼失後は再建されなかった。

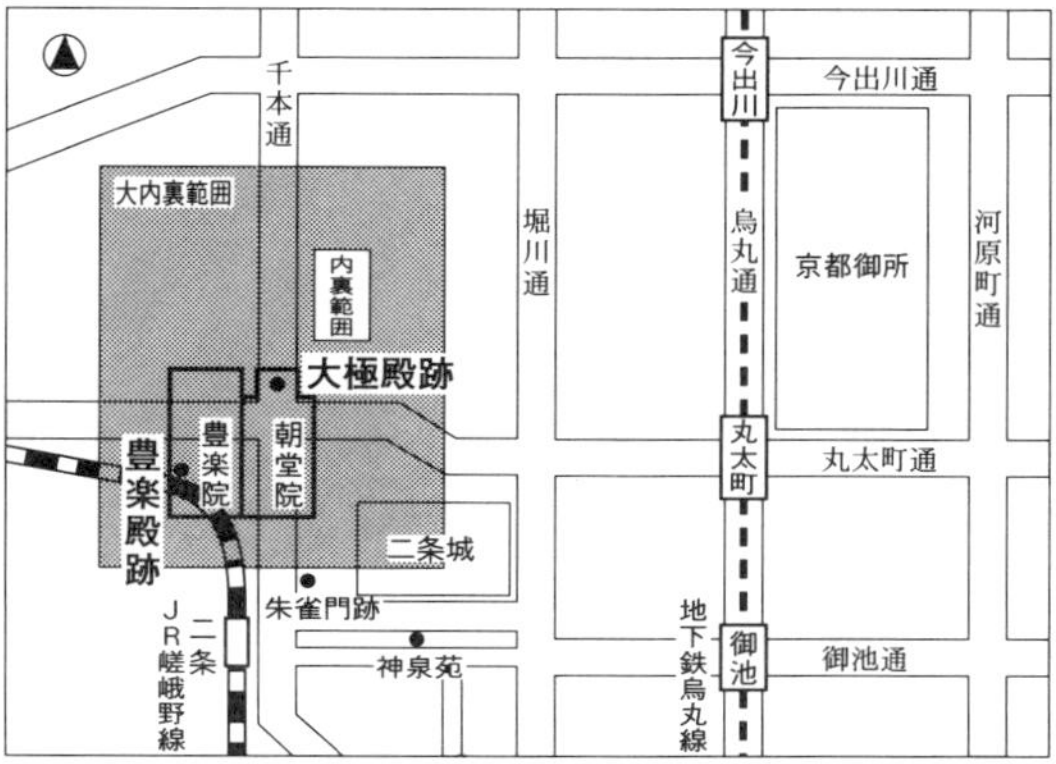

大極殿跡の石碑▶上京区千本通丸太町上ル西入ル、内野児童公園内。京都駅より市バス6・206系統にて千本丸太町下車すぐ。
豊楽殿跡▶中京区聚楽廻西町。市バス丸太町七本松下車徒歩2分。

トピックス

平安京の人口──古代京都に暮らした人々

●住民の階層性

平安京は、巨大な都市である。今からみればどうということはないが、当時としてはいうまでもなく日本最大の都市だった。ほかに地方都市といったものはほとんどなく、かろうじて九州全体を統括する大宰府《だざいふ》(福岡県太宰府市)と、地方各国の国府《こくふ》(いわば都道府県庁)がそれに該当するが、それとても人口規模はたいしたものではない。だから、平安京だけが日本で唯一の都市といっても過言ではなかった。

都市というのは、古来世界中どこでもそうだが、さまざまな人々がそこに住んだ。定住性の高い農村とはちがい、雑多な階層の人々がたえず出入りした。まずはどういう階層の人々がいたのか、というところから、人口にせまってみたい。

●長安《ちょうあん》の人口

ちなみに、平安京の祖型とされる中国の首都長安の人口を見ておこう。これもそう明らかとはいいがたいが、とりあえずはその推定は行われ、数値が出されている。

長安に居住していた階層も雑多で、①一般住民、②官吏《かんり》とその関係者、③兵士、④寺院・道観(道教の寺院)に住む人々、⑤出世をめざして集まった人人、⑥旅行者や浮浪者など、がいたという。一般住民と官吏の家の戸数は約八万戸だったらしく、一戸は家族一〇人として、これだけで八〇万人、これに③以下を加算すると、合計で約百万人ということになる。国家の成り立ちも都市の規模も異なるから、さほど参考にはならないが、面積的には長安は平安京のほぼ三倍だということを念頭においておきたい。

●雑多な構成内容

本文でも触れたが平安京には、①天皇・皇族、そして皇后たち以下の後宮、その生活をささえる関係者、②貴族と、その生活をささえる従者たち、③定住していた官僚たちと、その家族、④定住していない、どちらかといえば下級の官僚・官人たち(たとえば宮廷の警備にあたる衛士《えじ》、雑務にたずさわる仕《じ》丁《ちょう》、など。農村に本拠があって、一時的に平安京に滞在している人々)、⑤いわゆる一般市民の商工業者たちと、その家族、また徒弟たち、⑥完全な一時的流入者、いわば流民、⑦僧侶・神官などの宗教関係者、⑧外国人、などがおおよそ想定できる平安京住民である。実にさまざまな人々が、平安京には住んでいた。

では、これらの人々が数の上でどれくらいだったかということだが、頼りになる史料はほとんどなく、ただ推定するしかない。

●平安京の人口は?

まず①は、まったくデータがない。ちなみに、平安時代初期の八一四年の天皇・親王・内親王は四一人で、これにその他の皇族や家政関係の人々が加わることはいうまでもない。

この①は主として内裏《だいり》域に居住していたが、市街地に住んでいた②・③は、平安遷都少し前の七八五年の例では五位以上の貴族たちの数が二六三人で、これに家族や従者などを加えて八五〇〇人余りになる。六位以下は約三七〇〇人で、合計は一万二千人ほどということになる。

これに⑤一般市民だが、これは居住地域、つまり平安京全体から①・②・③の居住区を減じ、残った地域が一般市民居住区と考えて、そこにどれだけの人が住んでいたかを推算するしかない。一般市民の居住区は約四五〇町(約六五〇ヘクタール。一町はほぼ一・四四ヘクタール)で、ここにほぼ全体的に市民が住んでいたと仮定すると、約九万人が推定できる。

これだけがいわば平安京の定住人口ということになるが、次に④・⑥・⑦・⑧の非定住ないし半定住者について考える必要がある。④の地方から上京している非定住人口については、単身赴任だろうが、約一万五千人というのがわたしの推定値である。あとの⑥・⑦・⑧は計算できず、またそう多くの人数になったと考えられないから、以上を合算した一一万七千人が基礎数で、これに①・⑥・⑦・⑧をおおよそ三千人くらいと考えて、平安京の人口はだいたい一二万人というのがわたしの試算ということになる。

平安京は、長安と比べると面積的には三分の一にしかならない。その面積に住んでいる人口は八分の一だから、長安よりも相当に人口密度は低かったと考えてよいだろう。

当時の日本の総人口は約六百万人、平安京への都市集中度は二・一パーセントということになり、もちろん現在の首都東京へのそれと比べて格段に少ないが、それでも国土のほんの一部分に、一二万人もの人々が住んでいたのである。

●平安文化の源——鴨川《かもがわ》の流れ

一〇八六年、白河《しらかわ》上皇（一〇五三～一一二九）は院政[＊1]と呼ばれる政治を開始した。退位した天皇が、現天皇を後ろから操り、国政を左右したのである。

「天下三不如意《てんかさんふによい》」

この白河上皇は、強烈な個性の持ち主で、強力な権限を持って政治を推進したが、その上皇が、

賀茂《かも》川の水、双六《すごろく》の賽《さい》、山法師《やまほうし》、これぞ朕《ちん》が心に随《したが》わぬもの。

といったという（源平盛衰記《げんぺいじょうすいき》）。しばしば洪水を起こし、人々を困らせた鴨川、どの目が出るかわからないサイコロ、強引に暴力でもって主張を押し通そうとする比叡山《ひえいざん》の悪僧、この三つだけはいかな権勢人の白河上皇をもってしても、どうしようもなかったというのである。

たしかに鴨川は東山山麓の少し等高線の高い位置を流れており、洪水を起こせば川をあふれた水は西側、つまり平安京域に一気に流れこむ。そうなれば皇族・貴族であると庶民であるとを問わず、住宅は浸水して、大きな被害をもたらす。鴨川は、平安京に住む貴賤

鴨川と高野川の合流点。正面の森の向こうが糺《ただす》ノ森

＊1　退位した天皇（上皇・法皇）が実質的に国政を行う政治形態。院宣《いんぜん》や院庁下文《いんのちょうくだしぶみ》などは、詔勅・宣旨《せんじ》と並び重要な意味をもった。白河上皇後、堀河《ほりかわ》・鳥羽《とば》と三代にわたって全盛を誇り、その後も江戸時代まで断続的に行われた。

の人々にとって、災いを運んでくる、厭《いと》うべき川であった。

聖なる川

古来、水は神聖なものと考えられてきた。今でも正月には井戸や水道の蛇口に注連縄《しめなわ》を飾るのは、その伝統が生きていることを示す。飲料水はむろんのこと、下水、農業用水と、水は人間生活にとって重要な意味を持つ。だからその水を神聖なものと思い、神に祀《まつ》るのは当然の行為でもあった。

平安京にとっていちばんなじみが深い水は、市街地の東に沿って流れる鴨川の水だ。氾濫《はんらん》を起こし、市民に迷惑をかけることも事実だが、その反面、生活にも密着していた。源流には、水の神の貴船《きぶね》神社（左京区）が祀られているし、鴨川の水で産湯《うぶゆ》を使うと美人になるという伝承もある。神の加護によって、その子の将来が明るくなることをいったものであり、鴨川と京都との関係の深さを示している。京都の人々は親しみをもってこの川と接してきたのだ。

また伊勢神宮《いせじんぐう》へ行く斎宮《さいぐう》も、まずこの川で禊《みそ》ぎをして、伊勢の神への奉仕を誓った。上賀茂《かみがも》・下鴨《しもがも》両神社へ出仕する斎院《さいいん》も、鴨川で禊ぎをした。いずれの場合も、どの川でもよいというものではなく、神聖な鴨の流れに身を清めてこそ罪や穢《けが》れが払われると考えられ、鴨川での禊ぎがすんで初めて神への奉仕が許されると認識された。

鴨川流域図

貴船神社の参道

*1防鴨河使《ぼうかし》という特別の官職が設置されて川の保全が図られたのは、単に鴨川が洪水を起こすからだけでなく、神聖な川である鴨川の神聖性を守らなければならなかったからである。

境界の川

鴨川はまた、境界の川でもあった。京都盆地の地形に影響された結果だが、平安京は東と南に交通が開けている。西も山陰道《さんいんどう》につながり、北も若狭《わかさ》街道を経て北陸道《ほくりくどう》へ通じているが、平安京の死命を制したのは、東山《とうさん》・東海《とうかい》・北陸道の三道に通じる東と、山陽《さんよう》・南海《なんかい》・西海《さいかい》道に通じる南であった。

南の境界は、平安京のメインゲートである羅城門《らじょうもん》だが、東のそれは鴨川だった。鴨川を越えれば、そこはもう京都ではなかった。洛中《らくちゅう》という言葉も、この川の内側（西側）のことをいい、外側（東側）は洛外《らくがい》であり、農村であった。いくつかの橋がありはしたが、少し雨が降ればすぐに流れてしまうものだったし、実際の生活の上でも鴨川が境界であると認識される実態があった。

処刑の川

鴨川はさらに、処刑の川でもあった。*2関白豊臣秀次《かんぱくとよとみひでつぐ》の妻子が三条河原《がわら》で処刑されたことは著名だが、その伝統は遠く平安時代にまでさかのぼることができる。

平安時代の死刑の執行は、八一〇年の*3薬子《くすこ》の変を最後として、長

葵祭の斎王代の禊《みそ》ぎ（右・上賀茂・下鴨神社内の御手洗川《みたらしがわ》で一年交替で行われる）。四条通大和《やまと》大路東入ル（東山区）にある目疾《めやみ》地蔵（仲源寺・上）。1228年の鴨川増水の際に雨止《あめや》みの祈願を行い、氾濫からまぬかれたことから「雨止み地蔵」と呼ばれた。現在は「あめやみ」から転じて「めやみ」地蔵と呼ばれ、眼病平癒の信仰が篤い。

く廃止されていた。死刑の種類は法律では首を斬《き》る「斬《ざん》」と、首を絞める「絞《こう》」があって、ともに貴族的発想では残酷《ざんこく》と意識され、平安の王朝が始まるとともに、これらの刑は廃止された。といっても犯罪全般について正式に死刑廃止という法令が出されたわけではないので、実質は中断にすぎないが、安定した平安王朝の時代とあいまって、廃止に等しい状況が長く続いた。

　ところが武士の登場とともに、政情が不安定となるにしたがい、死刑が復活した。それは、一一五六・五九年の＊4保元《ほうげん》・平治《へいじ》の乱においてであり、この乱の敗者たちが三五〇年ぶりに死刑となったのである。この死刑の執行が、鴨川の河原で行われ、平忠正《たいらのただまさ》・藤原《ふじわらの》信頼《のぶより》といった人々が、六条河原で処刑された。

　六条河原は、六条大路と鴨川とが交差する場所で、どうしてこうしたところで処刑が行われたのかはよくわからないが、河原は場所も広く、いわば見せしめの公開処刑には適当な場所だったのだろう。

　鴨川は、たしかに平安文化の源で、豊富な歴史と文化をとどめている。しかしその陰に隠れた鴨川の姿にも、正しく目を注いでおく必要があろう。歴史はいつも光の部分と、影の部分とを兼ね持って進んでいくものなのである。

豊臣秀次とその妻子の菩提を弔うために、京都の豪商角倉了以《すみのくらりょうい》（一五五四〜一六一四）が建立した瑞泉寺《ずいせんじ》内に建つ秀次の墓。中京区木屋町通三条下ル。

＊1　鴨川の堤防修理などを行う役職。

＊2　豊臣秀吉の甥。秀吉の養子となり関白を嗣《つ》ぐが、秀吉に実子秀頼《ひでより》が生まれると追放・切腹させられ、妻子も処刑された。

＊3　嵯峨《さが》天皇即位の後、既に退位していた平城《へいぜい》上皇が、その権勢再興のため重祚《ちょうそ》と平城京還都を謀《はか》って、藤原薬子《くすこ》・仲成《なかなり》とともに乱を企てたが、嵯峨天皇方に鎮圧された。

＊4　皇室と藤原摂関家の内部紛争。崇徳《すとく》上皇側と、後白河《ごしらかわ》天皇側に、それぞれ源氏や平氏の武士が付き、また源氏と平氏が対立して争った。

●平安遷都の推進者――和気清麻呂《わけのきよまろ》と神護寺《じんごじ》・護王神社《ごおうじんじゃ》

清麻呂登場

和気清麻呂（七三三〜七九九）は、少し年配の方ならご存じだろう。臣下であり僧侶である道鏡《どうきょう》（?〜七七二）が、身分をわきまえずに皇位につこうとした。その皇位横領事件を未然に防いだ忠臣、ということで歴史上著名な人物であり、明治以来、歴史教科書のなかの有名人として親しまれてきた。この事件は、実際には道鏡の持つ、今でいえば超能力とでもいおうか、強い呪的《じゅてき》能力に期待した称徳《しょうとく》女帝がむしろ積極的に彼を皇位につけようとしたものであったとわたしは考えている。

そのことにはこれ以上ここでは触れないが、和気清麻呂は貴族としては完全に成り上がりで、もとは地方豪族であった。郷里は備前《びぜんの》国藤野郡《くにふじののぐん》（のち和気郡《わけぐん》・岡山県）で、彼より早く朝廷に出仕していた姉（広虫《ひろむし》）を頼って平城京に出る。政治的能力は取り立てていうほどのものを持たなかったようだが、性格は温厚で人望が篤《あつ》く、地方豪族としてはきわめて珍しい例だが、最終的には参議《さんぎ》*1・従《じゅ》三位にまで昇進する。そのきっかけが道鏡が皇位につこうとした事件への関与

神護寺山門と、神護寺境内の鐘楼から北へ約三〇〇メートルの山中にある和気清麻呂の墓

であり、当時の政治に大きな影響力を持っていた藤原氏の援助もあって、政界に不動の地位を築いた。

長岡京《ながおか》遷都

清麻呂が最初に京都とかかわったのは、長岡京（向日《むこう》市《し》・長岡京市ほか）へ遷都《せんと》の折である。この遷都は、七〇年間続いた平城《へいじょう》京を放棄するという、当時の貴族たちが考えもしなかった大事件であり、＊2筒城宮《つつきのみや》・弟国宮《おとくにのみや》・＊3恭仁京《くにきょう》という首都の伝統と前例を踏襲《とうしゅう》してのものではあったが、政界に大きな衝撃を与える。そこで登場したのが清麻呂である。

奈良時代は、天平《てんぴょう》文化や正倉院《しょうそういん》、また大仏建立《こんりゅう》といった華やかな面ばかりが目につくが、実はこの七〇年間は政争のうずまく混乱の時代でもあった。その中心は藤原《ふじわら》氏で、結局はこの政争を勝ち抜いて勢力を築くのだが、長岡京への遷都でもこの政争が噴出する可能性があるために、氏族としても個人としても奈良時代の政争と関係していない、いわば中立的立場の人物である清麻呂が登用されるところとなった。

七八四年五月、摂津職《せっつしき》（摂津国《せっつのくに》と難波津《なにわつ》を統括する官庁）から、蛙《かえる》二万匹が四天王寺《してんのうじ》まで行進したという奇妙な報告がもたらされた（続日本紀《しょくにほんぎ》）。むろんそんなことが実際にはあろうはずはないが、

長岡京大極殿跡

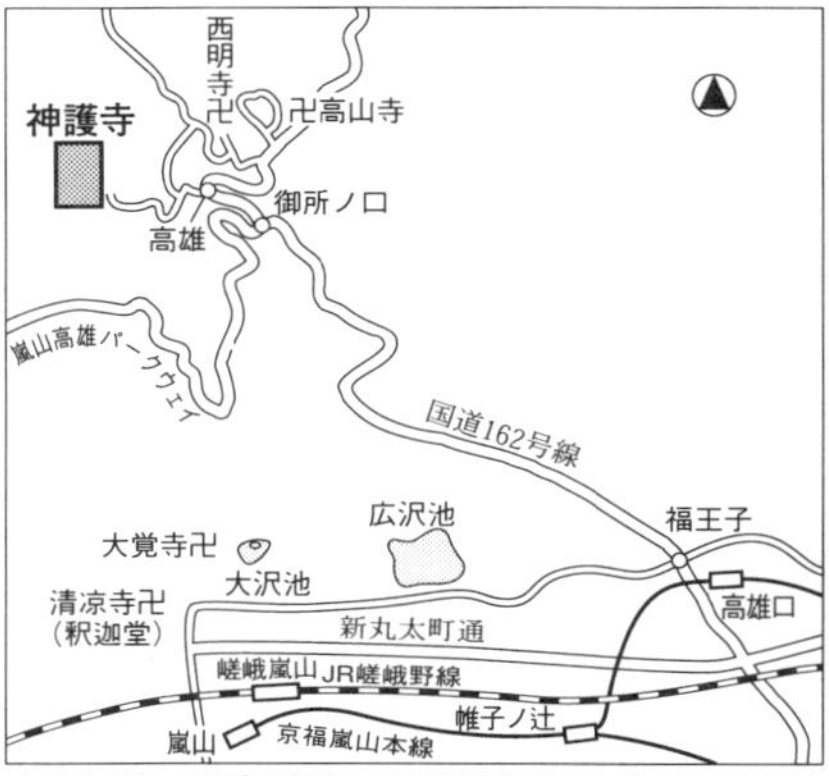

右京区梅ヶ畑高雄町。京都駅よりJRバスにて山城高雄下車、四条河原町より市バス8系統高雄下車徒歩20分。

＊1 宰相とも。大臣に次ぐ重職。
＊2 継体《けいたい》天皇は、五一一年に筒城宮（京都府田辺《たなべ》市）、五一八年に弟国宮（京都府向日《むこう》市）にそれぞれ遷都した。
＊3 聖武《しょうむ》天皇は、七四〇年に平城京から恭仁京《きょう》（京都府木津川《きづがわ》市）に遷都した。

その三日後に新京の長岡京の土地視察が行われていて、この蛙の大行進が遷都の予兆として設定された話であることは明白である。遷都に先立っての動物の奇妙な行動があったという報告の例は、古く＊1大津京《おおつきょう》にもあったが、ともかくこのときの摂津職《せっつしき》の長官が、清麻《きよま》呂《ろ》であった。遷都推進派の意をうけての報告であったことはいうまでもなく、これ以後彼は長岡京建設へ参加し、重要な役割を果たす。その功績で褒賞《ほうしょう》されてもおり、中心人物のひとりであった。

平安京への道

周到な準備と根回しの末の長岡京遷都であったが、やはり政争は収まらず、遷都を主導した＊2藤原種継《ふじわらのたねつぐ》が暗殺される。桓武《かんむ》天皇(在位七八一〜八〇六)最大の腹心で、優秀な政治家種継の死去は、長岡京の生命をも閉じてしまうことになる。

その状況を見た清麻呂は、「長岡新都、十載を経ていまだ功をなさず。費《ついえ》あげて数うべからず」として平安京への遷都を桓武にすすめた(日本後紀)。十年たっても完成しないし、また費用も膨大なので新しく都を造り直してはどうか、というのである。費用の節約ならそのまま長岡京建設を続けるのが合理的で、どうも論理が整合しないのだが、清麻呂が平安遷都に重要な役割を果たしたことは事実と考えてよい。七九六年には造宮大夫《ぞうぐうたいふ》という、平安京建設の最高

護王神社本殿と狛犬の代わりの猪(→p.43＊3)

責任者になっている。

　桓武天皇が平安京遷都の筋道をつけた人物とするなら、平安京の都市としての具体的な建設を担当したのが、和気清麻呂だといえる。平安京の恩人といってよいだろう。

文化の建設

　清麻呂は、文化にも高い理解を示した。地方豪族としての前半生が、地についた文化的素養を身につけさせたのでないか。京都でのその足跡は、まず神護寺《じんごじ》に見ることができる。神護寺は、河内国《かわちのくに》に建設したものを、子の真綱《まつな》の時代になって移築したものだが、最澄《さいちょう》・空海《くうかい》がこの寺で修行しており、平安新仏教誕生の場ともなった。清麻呂死後のことではあるが、彼の築いた伝統が、新しい文化の発祥の地となったのである。

　一八八六年、清麻呂を護王《ごおう》善神として祀《まつ》っていた神護寺から京都御所の西に移されたのが護王神社である。平安京造営に尽力した清麻呂の功績が顕彰《けんしょう》されてのことで、当然のことであった。清麻呂の忠臣ぶりを讃《たた》えるところに目的があり、祭神は清麻呂とその姉広《ひろ》虫《むし》(法均《ほうきん》尼)、彼を庇護《ひご》した藤原百川《ふじわらのももかわ》、道鏡《どうきょう》の師ではあったがその即位に反対した路豊永《みちのとよなが》である。清麻呂と平安京・京都との関係を考えれば、護王神社の京都市中での存在は見逃せない。


上京区烏丸通下長者町下ル。三条京阪より市バス51系統にて烏丸下長者町下車すぐ。地下鉄丸太町下車徒歩5分。

＊1　六六七年に近江大津宮《おうみおおつのみや》に遷都する直前、ねずみが飛鳥から近江へ行進したという。
＊2　七八四年、長岡京造宮使として遷都を敢行したが、翌年、遷都反対派の大伴継人《おおとものつぐひと》らに暗殺された。
＊3　清麻呂が道鏡と対立して流罪にされた際に、猪がどこからともなく現れて危機を救ったという伝説に基づく。

トピックス

平安京交通事情——京内と地方への道

●交通の重要性

交通は、社会にとってはたいへん重要な意味を持つ。なにをするにしても、交通手段がなければ社会関係は成立しない。まして国家にとっては、税ひとつをとっても交通手段がないと収納することができない。

平安京は一国の首都である。全国に交通網が発達していなければ、国家支配は不可能だ。政治・経済や軍事にとって交通は、不可欠の国家機能だった。古代の日本には六十数か国があって、それらはおおまかに五畿内《ごきない》(山城《やましろ》・大和《やまと》・河内《かわち》・摂津《せっつ》・和泉《いずみ》の五国)と七道《しちどう》(東海《とうかい》・東山《とうさん》・北陸《ほくりく》・山陰《さんいん》・山陽《さんよう》・南海《なんかい》・西海《さいかい》の七道)に区分されていた。七道は道そのもののことではなくて、今でも北海道がそうであるように、行政区域をいう。ただし、行政区域だからそこへの道がはしっており、結果としては道路・街道と考えてもよいことにはなるが。

五畿内はいわば首都の周辺であったが、七道は地方諸国であって、ここへの交通路の確保は必須のものだった。かなりに整備もされていたのではないか。その具体的なありさまはよくわからないが、並木も植えられ、それは果樹だっただろう。果樹はおおむね落葉するが、夏期には実がなり、また日陰をつくるから、旅人にはずいぶんと役立った。

●交通網のありさま

平安京と地方のアクセスは、これらの七道への交通路が中心をしめた。時期によってもルートは違ったようだから一概には論じられないが、上に見た七道への街道が発していた。これらは当然、平安京からの放射状の道であって、国家的に企画され、敷設されたから、かなりに画一的なものだったようだ。

たとえば、平安遷都以後、京都が首都となってから敷設されたことが確実な、通称は久我縄手《こがなわて》と呼ばれている道がある。平安京を南下して、羅城門を出てすぐに折れて西南方に直線的にはしる。それ以前の計画的土地区画である条里プランを、完全に無視して造られている。基本的に平安京から西日本地方にむかう道であって、陸路で山陽・南海・西海道へ行くにはかならずこの道を通ることになる。

道幅は、ほぼ二〇メートルくらいと推定されている。平安京内の基準道路である大路の幅と、そう変わらないように計画されたらしい。ただ道路は、人間と車(荷車、牛車・馬車など)が通行できればよいわけで、二〇メートルは広すぎる。必要ないのであり、やがて狭まり現在の久我縄手は、場所にもよるがとてもそれだけの広さはない。

東に延びるのは、今の国道一号線にほぼ該当する道である。粟田口《あわたぐち》を通って東山を越え、逢坂関《おうさかのせき》から近江《おうみ》へ抜け、そこから分岐して東日本へとむかう。

これに対して山陰地方への道は、平安京からすぐに西に出て、今の国道九号線で老ノ坂《おいのさか》から丹波《たんば》方面へ抜ける。この道は山陰道一道のみにしかアクセスしないから、あまり頻繁《ひんぱん》に用いられることはなかったようだ。

●平安京内の道

では、平安京内の道路と交通はどうなっていたか。道路は、最大の朱雀大路《すざくおおじ》が幅二八丈(約八四メートル)で、これは現在の京都にもない広いものだった。これ以外は大路が幅八丈(二四メートル)、小路が四丈(一二メートル)というのが基準の数値だった。それでも小路で一二メートルだから、相当に広い道路幅といえる。

普通、人間が生活し、人間や車馬が往来するにはこれだけの幅は必要ない。やがてこれも狭まってくることになり、一条通・二条通といった平安時代の大路の名残の道路は、いずれも四、五メートルの幅しかない。そもそも平安京の大路・小路の幅は、計画者が政治的必要に応じて決めたものだ。そこに生きる人間たちの生活スケールに合わないのは当たり前で、つまりは人間・車馬の通行に必要な部分を残して両側から侵食され、宅地や農地に転用されていくことになる。

京内の並木は、柳だった。道路に面した家々が植栽や管理にあたることになっており、広い意味で市民がメンテナンスを担当していて、平安京と市民との関係の深さが理解できる。

●市民の小径《しょうけい》

これについては、実態はまったくわからない。宅地割りから考えて、今でいえば路地にあたる生活道路があったはずで、それは可能なかぎり狭い道幅で、たぶん真ん中には下水にもなる溝があり、軒を接して家々が並んでいたと思われる。推測だが、江戸時代やまた数十年前までの町内のさまと変化はなかったのではないか。子供たちが遊び、喧嘩し、また婦人たちがうわさ話をする、生きた街がそこにはあった。

●平安京の〝御池《おいけ》〟――市中の庭園・神泉苑《しんせんえん》

湖水の下の京都

京都盆地は、太古は湖の底だった。やがて湖底が隆起し、現在の京都盆地ができた。信じられないことだが、たかだか今から数千年前のことである。氷河期が終わり、日本列島がアジア大陸から分離したのが約一万年前だから、その前後に京都はほぼ現在のような地形になったと思われる。

だから、京都はそれまでは湖の底であって、今人々が住んでいる大部分の地域は、湖だったことになる。歴史の区分では*1旧石器時代と呼ばれるこの時代の遺跡は、すべて山中にあり、現在は山である場所が、かつては人々の住む適地だったことがわかる。

洛北の*2深泥池《みどろがいけ》(北区)はその名残、つまり隆起した湖の底にあったくぼみに水が残ったものだ。普通の池は、堤防を築き、水を貯める。堤防を切ってしまえば水は流れ出してしまって残らないが、深泥池は堤防を取りはらっても、水は残る。もともとそこはくぼみだったからだ。

今は干拓《かんたく》で消滅してしまったが、広大な湖であった巨椋池《おぐらいけ》(一九

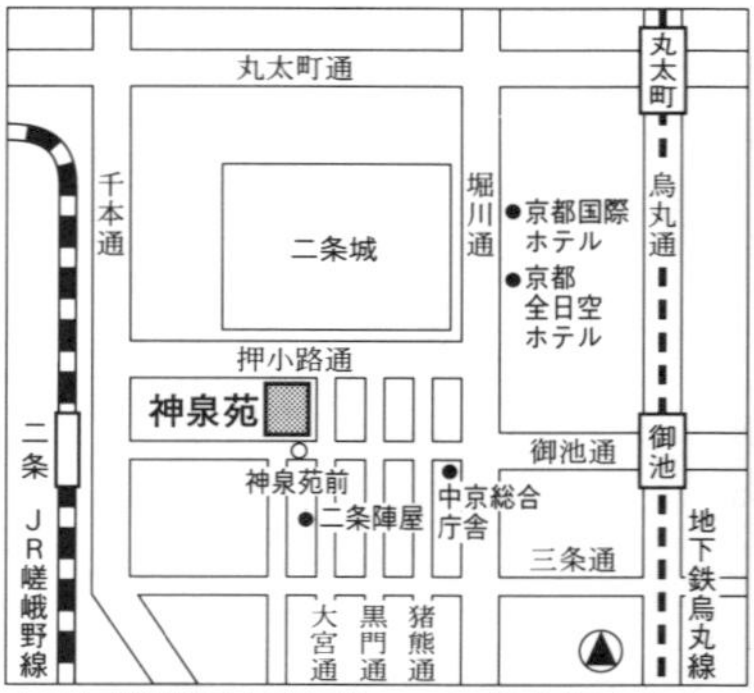

中京区御池通大宮西入ル。三条京阪より市バス15系統にて神泉苑前下車すぐ。JR二条駅より徒歩6分。

神泉苑に残る放生池

四一年干拓終了。近鉄小倉《おぐら》駅西一帯）もその一部である。夏には蓮《はす》の花が美しかったと聞いているが、太古の京都の姿を伝えるものであった。

神泉苑の池も、そのひとつだ。今は小さな池にすぎないが、湖底に残った池を利用して造られた神泉苑は、かつては現在のほぼ八倍もあった。つまり湖底のくぼみで、完全な排水の困難だった低湿の池をうまく使って、これを平安京の庭園としたのである。日本人の融通無碍《ゆうずうむげ》な性格を端的に表すものとわたしは考えるが、いずれにせよ埋めたてられそうにないこの池を、庭園化するということでかえって自分たちのものとしたのである。

平安京の禁園

禁園とは、特別の人々のみが入ることができて、一般人が立ち入ることのできない園池をいう。特別の人々とは、天皇・皇族のことだ。こうした特権階級のみが、この禁園に入場することができた。神泉苑は、そうした人々が日常生活や政務から離れ、ひとときの楽しみの時を過ごす場所であった。池にはときに詩歌《しいか》・管弦《かんげん》の船が浮かべられ、華やかな風景が繰り広げられた。皇族・貴族にとっては、神泉苑はなじみ深い、親しまれたスペースであった。

深泥池

＊1　土器が製作・使用される以前の石器だけを使っていた時代で、無土器時代ともいう。約一万年前以前の時代。
＊2　周囲約一キロメートルの池で、深泥池生物群落として国の特別天然記念物に指定され、保存がはかられている。

平安京の、特に政府・官公庁の集中する大内裏《だいだいり》地域は、鴨川《かもがわ》・高《たか》野川《のがわ》といった河川の形成した扇状地《せんじょうち》の上にあった。だから、土地は高燥《こうそう》で、住むには適した場所だったが、憩いの時を持つには何だか味気なかった。水の風景がなく、庭園を営むこともできなかったからだ。そこで自然の池を利用して神泉苑《しんせんえん》が造られた。政務に疲れた皇族・貴族が、疲れを癒《いや》すために折にふれてここを訪れた。魚釣り・鷹狩りも行われたというのだから、その広大さがよくわかる。

だが神泉苑は、ただ皇族・貴族といった支配者階級のためにだけ歴史に登場したわけではない。そこに神泉苑の、平安京・京都の歴史と文化に刻んだ重要さがある。

空海《くうかい》の請雨祈禱《せいうきとう》

八二四年、天下に干害《かんがい》が続いた。疫病《えきびょう》も流行し、庶民《しょみん》のみならず、人々は困り果てた。なんとか雨が降らないものかと思案した結果、「空海に祈禱をさせよ」という淳和《じゅんな》天皇（在位八二三〜八三三）の命令が出された。空海の霊力がいかに期待されていたかを示す興味深い例だが、九日間の祈禱の後、たちまちにして大雨が降り、天下をうるおしたという（江談抄《ごうだんしょう》）。多少の誇張があることには注意しなければならないが、平安京で水を湛《たた》えた本格的な池があるのはここだけだし、市民全体の利益でもあった雨乞いが神泉苑で行われたのは

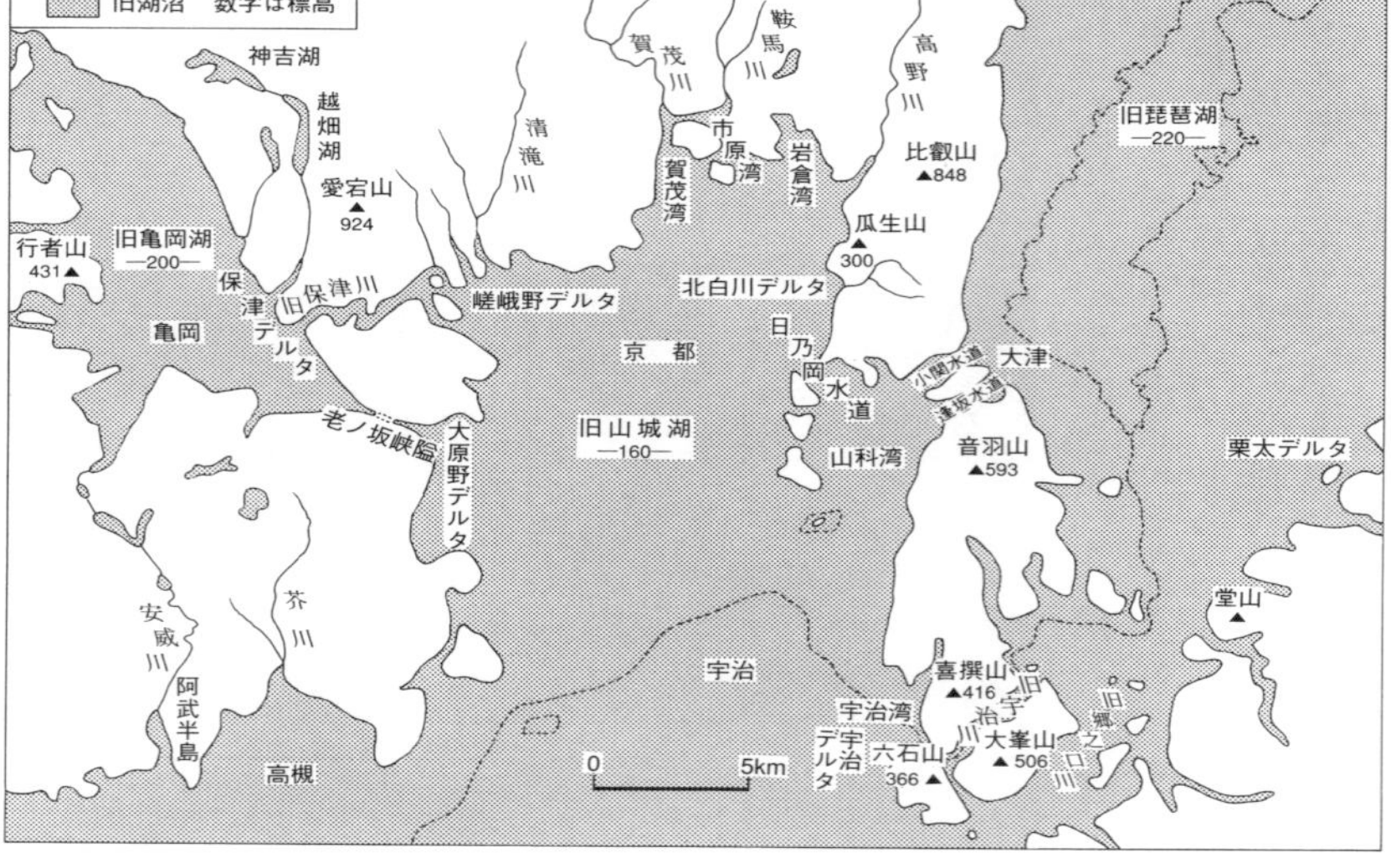

太古の京都図（上治寅次郎氏作成）

当然でもあった。八六三年、大流行した疫病の鎮圧《ちんあつ》を祈禱する御《ご》霊《りょう》会《え》[*1]がやはりここで行われたのも、理由のあることだった。市民にとってもここは、たしかに容易に入場することはできなかったが、親しみやすい庭園だったのであろう。

池水の灌漑《かんがい》

このことをさらに端的に示すのは、池水の灌漑である。何度か干害に見舞われた平安京の市中や、また近郊にこの池の水が灌漑された。巨大な池であったから、多少の水を灌漑しても枯れることはなかったし、なによりも頼りうる水源はこの池しかなかった。八六二年、干害が平安京の街を襲ったが、このとき神泉苑の門が開放されて、市民が水を汲《く》むことを許された。八七五年にも池は開放され、また八七七年には平安京の南郊にまで農業用水として池水の放出が行われた。このようにして、貴賤《きせん》の人人にあまねく神泉苑はその名を知られるようになったのである。

御池《おいけ》通の名は、本来は三条坊門小路《さんじょうぼうもんこうじ》が正規の名称だが、神泉苑の東門にこの道が突き当たり、そこが大池の中心でもあるところから発生した。その後の市街の発達や、二条城[*2]の建設で大幅に規模は縮小されたが、平安京創設時の記念すべき遺跡で、発掘調査によってその一部の貴重な遺構が検出された。

「神泉苑絵巻」に描かれた神泉苑で祈禱する空海(右下の人物・神泉苑蔵)

*1　政治的陰謀の犠牲者の霊は、疫病を広めたりたたったりすると信じられていた。早良《さわら》親王など六人を御霊として祀《まつ》った。

*2　一六〇三年、徳川家康が創建。

●王城の守護神——坂上《さかのうえの》田村麻呂《たむらまろ》と清水寺《きよみずでら》・墓

坂上田村麻呂（七五八〜八一一）は、教科書にも必ず取り上げられている有名人だ。歴史の価値観が大きく変化した戦前と戦後の転換をも切り抜け、依然としてヒーローの評価を与えられている。

田村麻呂は、政治家としてはどうということのない人物で、功績らしい功績も残していない。彼の本領は、ひたすら武人として律《りつ》[*1]令《りょう》国家の支配地を広げたことにある。

征夷大将軍《せいいたいしょうぐん》田村麻呂

たしかに、武人としての功績は大きい。五世紀以来苦しんできた関東以北、特に東北地方の経営は、奈良時代後半期に大きな転機を迎える。強烈な蝦夷《えぞ》[*2]《えみし》の抵抗があって、律令国家の支配は危機に瀕《ひん》したのだ。

「蝦夷とはなにか」という問題はまだ解決されていないが、異民族ではなく、律令国家に服従しない集団・社会、というのが一般的理解で、とするとただ単に政治的・軍事的に支配下に入っていないだけの勢力ということになる。律令国家は「夷狄《いてき》」視したが、それ

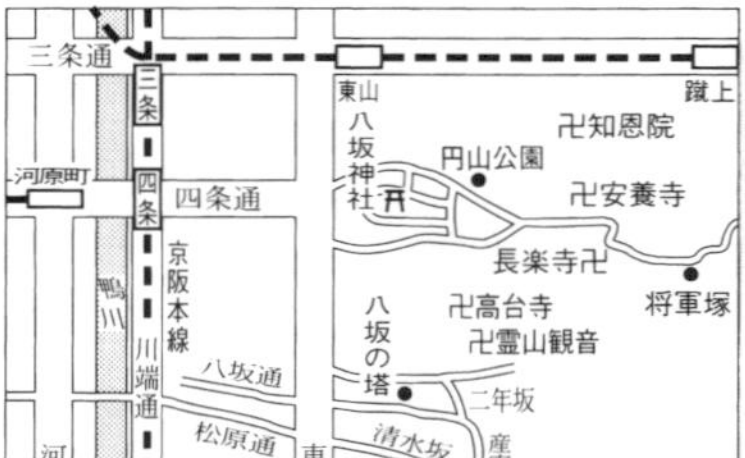

東山区清水一丁目。京都駅より100・206系統にて清水道下車徒歩15分。将軍塚は、坂上田村麻呂が葬られたとする伝説が残る。

清水寺本堂

とは裏腹《うらはら》に自立し、独立した歴史と文化を持った存在であった。

それはともかく、律令国家に服従せず、そのために敵対勢力として把握されていたことはたしかであった。そこでこれを鎮圧した人物は英雄ということになる。古代というのはそういう時代で、服従させられる蝦夷の側のことなど考えもしない。田村麻呂は律令国家の最前線に立って、多賀城《たがじょう》（宮城県多賀城市）あたりにしか及ばなかった国家の支配を、志波城《しばじょう》（岩手県盛岡市）にまで北上させている。八〇三年のことで、これでおおよそ律令国家の考えた版図は制圧したことになり、だからその実現に大きく貢献した田村麻呂は英雄ということになる。

清水寺の建立

京都最大の観光地ともいうべき清水寺は、この田村麻呂が建立《こんりゅう》したものだ。むろん当時の建物は残っていないが、基礎を築いたのは田村麻呂である。

もっとも、清水寺創建の正確な時期はわかっていない。八〇五年に公式に政府から公認されているから（扶桑略記《ふそうりゃっき》）、この直前に完成したものと思われる。創建は七八〇年説（清水寺縁起）と七九八年説（扶桑略記）とがあるが、おそらくは後者が正しいのではないか。都も平安京に遷《うつ》っているし、前年には征夷大将軍*3に任命されるなど田村《たむら》

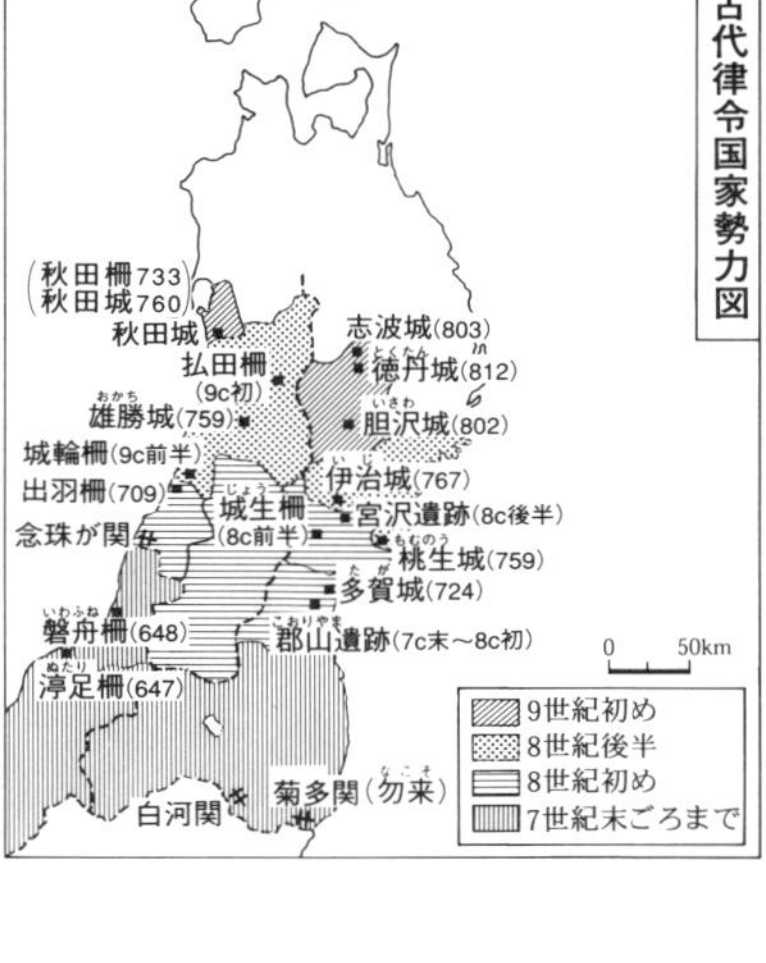

古代律令国家勢力図

＊1　律（刑法）・令（刑法以外の法）・格（律令の追加法令）・式（律令の施行細則）に基づいた公地公民制を基本とする中央集権国家。
＊2　七七四年に端を発し、以後繰り返された。
＊3　蝦夷進攻の総大将に任ぜられた臨時の官（令外官《りょうげのかん》）。のち、幕府の長の職名とされた。

麻呂《まろ》の地位も向上している。この当時の寺院は、国家から公認されないことには成立しない。公認されたのは八〇五年だから、正式な成立はこの時以外にない。だがそれ以前に、私的に草庵《そうあん》のような小規模なものを営んでいたこともありうるので、実質的な創建がこれ以前にあったということは考えられる。

　この公認は、実は大きな意味があった。というのは、当時はすべての寺院の建設が凍結されていたからである。既存の寺院はその継続を認められてはいたが、新設・移転はすべて禁止であった。この政府命令は七八三年に出されており、平安京でも奈良の寺院の移転は禁止され、国家公認の東寺《とうじ》・西寺《さいじ》以外の寺院はなかった。寺の街・京都の今からはとても考えられないことだが、事実である。

　だから清水寺の公認は、画期的なことなのだ。寺の建設は認めないといったその国家が、この寺だけは公認したのである。公認した背景は、田村麻呂の国家への功績、つまりは蝦夷《えぞ》《えみし》鎮圧における軍事的貢献があったからと考えるほかない。例外を認めさせるほど、彼の国家的働きが大きかったということであろう。死去したとき、立ちながら、また甲冑《かっちゅう》を着けたまま葬られたというが(田邑麻呂《たむらまろ》伝《でん》)、平安京の守護神として尊敬を集めていたことがよくわかる。

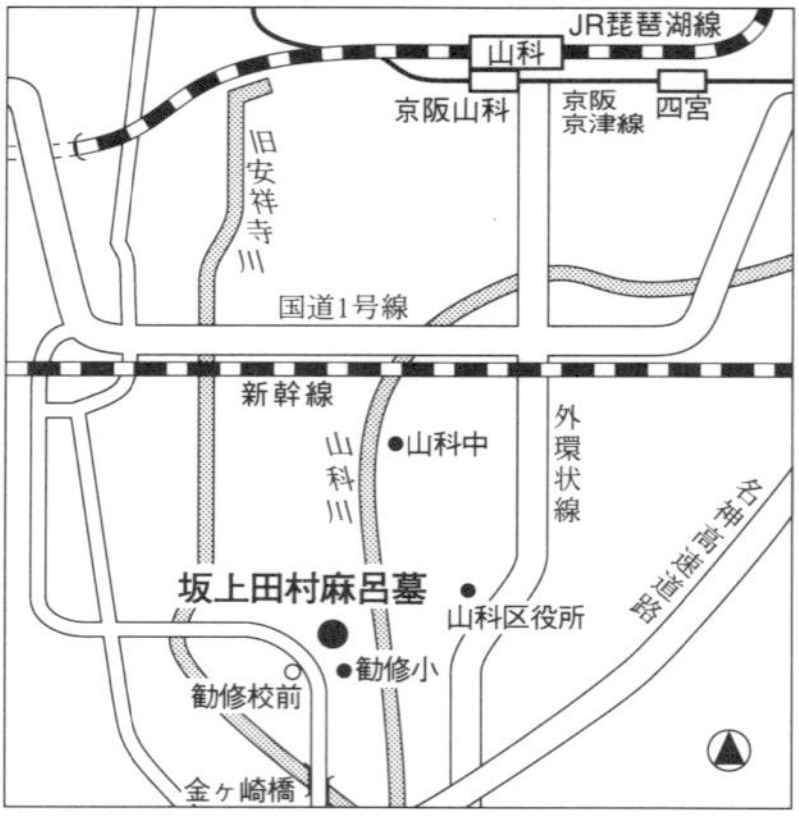

山科区勧修寺東栗栖野町。四条河原町より、市バス東4・5系統勧修校前下車すぐ。

坂上田村麻呂の墓

田村麻呂の墓

田村麻呂は、自邸の粟田《あわた》別業《べつぎょう》(東山区粟田口《あわたぐち》周辺)で死去し、墓地として宇治《うじ》郡に三町*1の土地を賜った(日本後紀)。これが栗栖《くるす》村(山科区《やましなく》勧修寺《かんしゅうじ》)に営まれた田村麻呂の墓と考えられている。宇治郡というのは現在の山科盆地・宇治市あたりをいい、地理的にはこれと一致する。

だがこの田村麻呂の墓は、どうも六世紀ごろの古墳の可能性があって、そうだとすると田村麻呂の時代と合わない。古代の墓は、天皇の陵墓がその典型だが、被葬者と伝えられている人物と、墓の年代が合致しない場合が多い。田村麻呂の墓も同様で、西野山《にしのやま》古墓(山科区川田《かわだ》)がそれだとする説も強い。

いずれにしても、三町の土地が墓地として朝廷から与えられるという破格の条件をもって、田村麻呂は遇された。いかに彼の功績が当時の国家から重要なものとして意識されていたかがわかる。

坂上田村麻呂は、当時の国家にとっては功績を残した人物だったことは確かだが、一方で蝦夷との戦争による財政負担や人的負担で国民に大きな疲弊をもたらしたことも見逃してはならないだろう。平安時代という王朝の平和は、いくつもの影の歴史で支えられていたのである。

田村麻呂の葬送風景(清水寺縁起・東京国立博物館蔵)

*1 約二九七〇〇平方メートル。一町は、一〇反(約九九アール)。

トピックス

平安京寺院事情――寺院のない都市

●寺の街・京都

京都には現在、合計一六八二の寺院がある（二〇〇六年調べ）。お寺の街といってもよいくらいだが、京都といえば寺、というのは日本国民のほとんどが納得できる京都の特徴といえよう。最近、多くの寺が郊外に移転してしまったが、それでもまだ京都のそこここを歩けば、かならず寺にぶつかる。繁華街の喧騒《けんそう》から離れた、たとえば裏寺町《うらてらまち》に、思いがけずひっそりとした寺があって、ほっと心のやすらぎを感じることがある。

むろんこれらの寺の多くは平安時代まではさかのぼれず、江戸幕府の強力な宗教政策によってできたものだ。しかしそれらの寺院が伝える文化財は、京都の文化環境の最も重要な部分を占めている。

それはともかく現代の旅行者は、京都駅に着いた時点で、まず東寺《とうじ》のそびえたつ五重塔が目にとまる。付近にはまだまだ高層の建造物はないから、平安時代の昔を十分に偲《しの》ぶことができる。

観光名所といえば清水寺《きよみずでら》、また金閣寺《きんかくじ》・銀閣寺《ぎんかくじ》などだが、これも寺院である。さらに多くの寺々が人人を待っていて、しかもそれらはともに歴史と文化を伝えている。寺は、ミヤコ京都の華《はな》である。

●寺のない平安京

ところが平安京には最初、寺がいっさいなかった。建設が、ときの政府によって厳重に禁止されていたのである。

この寺院建設禁止令は、七八三年六月に発布された。まだ平城《へいじょう》京の時代のことで、①寺院の新設禁止、②寺院の移転の禁止、の二点からなっている。平城京放棄の予定はすでにこの時には立てられていたから、それを見越しての政策であった。結果的に新京の長岡《ながおか》京にはいっさい寺院は建設できないし、また平城京からの移転もむろんできず、この政策を引き継ぐことになる平安京でも、寺は設けられなかった。平安京は、寺のない街からの出発を余儀なくされたのである。

もっとも、実はこれは私寺についての規定であって、官営のものは別物であった。だから東寺と西寺《さいじ》が存在しえた。奈良でそうだったように、寺院という教団が政治に介入することを防止するのが目的だから、仏教禁止というわけではなかった。いってみれば国家・政府に都合のよい仏教は、当然奨励されることになる。東寺・西寺や、天台宗《てんだいしゅう》・真言宗《しんごんしゅう》がそれである。またこの法令の発布以前からあった寺院、たとえば平安京周辺でいえば、法観寺《ほうかんじ》(東山区)・広隆寺《こうりゅうじ》(右京区)などは別あつかいだから、寺がまったくなかったというわけではないことにも注意しなくてはならないが。

ただこの寺院建設禁止令は、僧侶の活動までも禁止したものではなかった。つまり法令発布の主旨である教団の政治への介入を防止するという目的からすると、不十分だった。奈良から長岡京・平安京はたしかにけっこう距離はあるが、しかし行けないほどのものではない。その気になれば半日もあれば移動できるし、寺院は長岡京・平安京にはなかったが、教団の活動は僧侶によって担われるから、かれらが移動すればよいことになる。

そこで、七八五年、僧侶が民間に布教することが禁止された。寺院の中だけの修行に限定され、外へ出て人々と接触することが禁止されることになった。これで仏教教団の活動が大きく制限されることになり、奈良仏教の性格は変わり、天台・真言宗が出現する地平を開くことになった。

●なし崩しの創建

では、一六八二もの寺はいったいいつ、どうして出現したのか。七八三年の禁止令は廃止されたふしはないから、極論すれば今でも法律としての有効性を持っている。この法があるかぎり、京都には絶対に寺院は建設できなかったはずだ。

いってみれば、この法令はなし崩し的に有効性を失っていった。目に見えるかたちでの寺院はたしかに建設できないが、たとえば邸内に小さな仏殿を造ることは法に反しないし、また外からは見えないわけだから自由にできる。それが徐々に拡大していく方向をとれば、禁止しようにもしようがない。

またこの禁止令を出した国家、つまり律令国家が変質し、禁止令に当初期待されていた内容が、政府にとって現実的な意味を持たなくなってしまえば、たとえ法令違反があったとしても禁止する必要もなく、黙認されるようになってくる。

十世紀中ごろから後半にかけてそうした傾向が現れ、平安京が都市としての変質を遂げる時期と一致することも、たいへん興味深い。民間にも末法《まっぽう》思想の展開と浄土《じょうど》信仰の広がりがあったし、貴賤のあらゆる階層に寺院建設への欲求が生まれ、現実の意味をもたなくなった禁止令は崩壊していったのだ。

●渡来人《とらいじん》の神々——高野新笠《たかののにいがさ》と平野神社《ひらののじんじゃ》

古代というと、動きが少なく、固定的で、静的な社会と考えられがちだが、実際はそうではない。古代へのそういうイメージは、江戸時代の鎖国《さこく》下の日本社会の状態を基準にしたものであり（鎖国下でもそう固定的だったわけではないが）、それより古い古代ではよりいっそう固定的・静的だっただろうと考えられたのである。

京都の国際的環境

古代京都の歴史と文化は、①日本列島の各地からもたらされた文化、②中国大陸・朝鮮半島からもたらされた文化、というふたつの他地域からの文化を吸収することによって発展してきた。むろん京都独自で、純粋に育成された歴史と文化があったことは事実だが、それだけでは歴史に残るような、豊富で、奥深い文化は形成されはしない。京都文化は多様なものなのであり、その成り立ちは複雑であった。京都に育まれた文化、日本列島内の他地域から流入した文化、列島以外から渡来した文化の三者によって織り成される、色彩感にあふれた、豊かな文化が京都文化の特色といってよい。

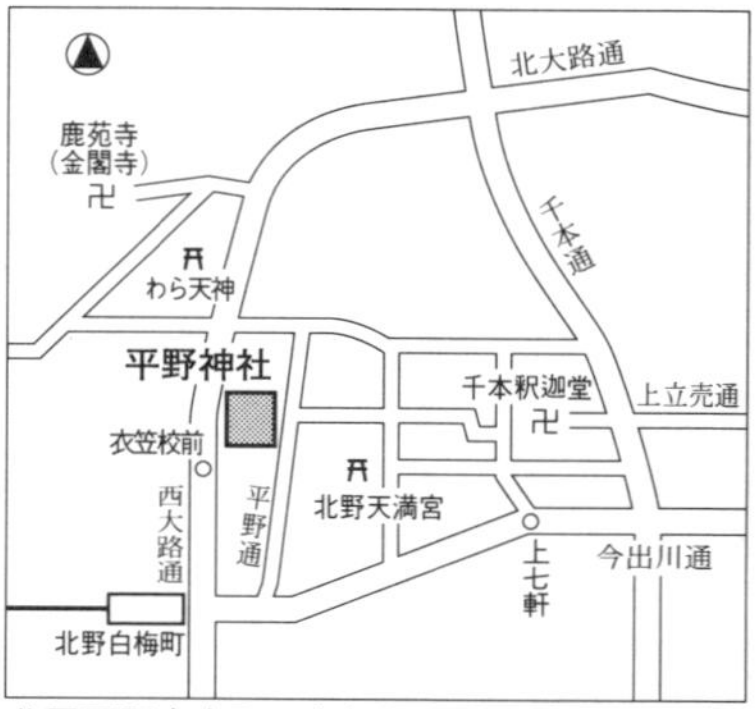

北区平野宮本町。京都駅より市バス205系統、三条京阪より市バス15系統にて衣笠校前下車徒歩3分。境内は桜の名所で、4月10日は桜祭。

平野神社

桓武《かんむ》天皇と渡来人

国際的環境ということで注意されるのは、渡来人と渡来文化のことである。中国や朝鮮半島からやってきた人々が、豊富な文化・文明をもたらし、日本列島の歴史を大きく発展させた。

平安京を創建した桓武天皇は、渡来人の血縁に連なる。平安京をあまり桓武天皇に引き付けすぎて考えるのは問題だが、桓武が平安京に大きく関与したことは事実で、その桓武が渡来系氏族出身者を重く用いたことを見過ごすわけにはいかない。平城京をすてて、ほかでもない山背国《やましろのくに》の長岡京・平安京に遷都するのは、近辺に住んでいた、秦氏《はだし》などの渡来人を頼りにしてのことであることは、学界の有力な説である。

桓武が渡来人を重用したのは、自分が渡来人の血を引いていたからだが、母方の祖父が渡来系氏族の出身だった。つまり母の高野新笠の父が和氏《やまとし》で、この氏族は「百済武寧王《くだらぶねいおう》の子純陀太子《じゅんだたいし》より出ず」と『新撰姓氏録《しんせんしょうじろく》』にあるように、明白に渡来系である。つまり、桓武は渡来系氏族の血縁に四分の一連なるということになる。

渡来人の公卿《くぎょう》

八一五年に編纂《へんさん》された氏族リストである『新撰姓氏録』には、合計一一八二の氏族名が記載さ

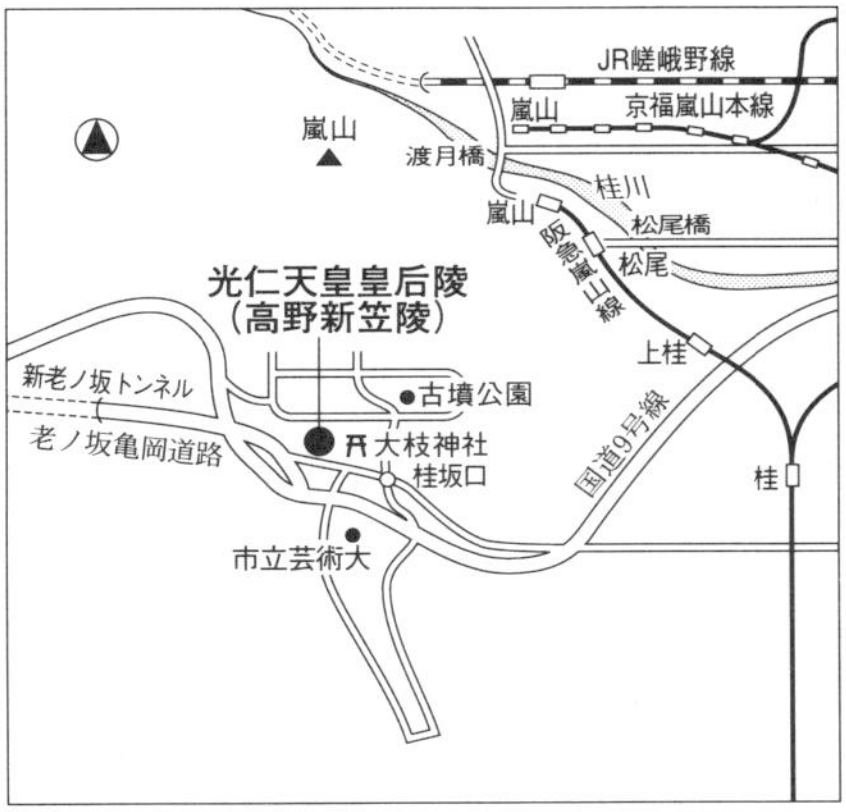

西京区大枝沓掛町。桂駅より市バス西5系統にて桂坂口下車徒歩15分。

高野新笠陵と、陵に至る参道

れている。それらは[*1]皇別《こうべつ》・神別《しんべつ》・諸蕃《しょばん》に区分され、この諸蕃が中国・朝鮮、特にその王族を祖先と伝える渡来系氏族である。三者の比率は、畿内で三三五氏・四〇四氏・三二六氏（その他に未定一一七氏がある）で、ほぼ均等になる。

ところで、政権の中枢にいて、国政を運営するのが公卿[*2]である。今でいう大臣・閣僚だが、藤原氏が圧倒的な数を占める平安時代以前は、いろんな氏族から公卿が出ている。ところがその公卿はすべてが皇別・神別氏族で、諸蕃氏族は皆無なのだ。なぜそうなのかはここでは触れないが、一、二の特例はあるにしても、歴史上一度だけ諸蕃系氏族から公卿が出たのが桓武の時代だった。

八〇四年、桓武天皇のいとこにあたる和家麻呂《やまとのいえまろ》が死去した。そのことを記した『日本後紀《にほんこうき》』は、「人となり朴訥《ぼくとつ》なるも、才学無し。帝の外戚なるをもって特に擢《ぬき》んじ進めらる。蕃人、相府に入るはこれより始まる」と述べている。性格はよかったけれど、才能も学識もない人物で、「帝《みかど》」＝桓武天皇の外戚《がいせき》という血縁上の関係だけで引き立てられて「相府」＝公卿になったというわけである。桓武の渡来系氏族重視の方針をよく示す記述であり、この場合、かなり悪口をいわれているように、そう好感を持たれていないこともわかる。

松尾大社

伏見稲荷大社の千本鳥居と稲荷山にある眼力大神

しかも、前例がないにもかかわらず公卿に登用されているのだから、桓武の方針がなければ実現しなかったことも確かであろう。

今木《いまき》の神

この桓武の渡来系氏族重視の方針が平安京に現れたのが、今木神《いまきのかみ》と称された平野神社《ひらのじんじゃ》の創建だ。「今木」とは「今来」、すなわち新たに渡来してきたという意味で、渡来人の集住した飛鳥《あすか》地方が今来郡(のちに高市《たかいち》郡と改称)と呼ばれたように、渡来人を示す用語である。

その渡来人、特に「今来」と称された百済《くだら》系渡来人の祀《まつ》る神が、今木神である。飛鳥から平城京へ、次いで平安遷都に伴い現在地へと移転された。桓武が、外家である渡来系氏族の神を移転したものであり、強く自分の血縁を意識していたということである。皇室ばかりでなく、のちには「八姓の祖神」とも(公事根源《くじこんげん》)、「本朝の宗《そう》廟《びょう》」ともいわれるように(江都督納言願文集《ごうとくなごんがんもんしゅう》)、有名氏族や国家全体の神ともなった。いかに大きな崇敬を集めたかということであり、単に桓武の血縁を祀る神という範囲を超え、同じように渡来人と深い関係のあった*3松尾大社《まつおたいしゃ》・*4伏見稲荷大社《ふしみいなりたいしゃ》とならんで、京都に住む人人に信仰されたのである。やがて最高位の正《しょう》一位になるのは、そうした背景があったからだ。

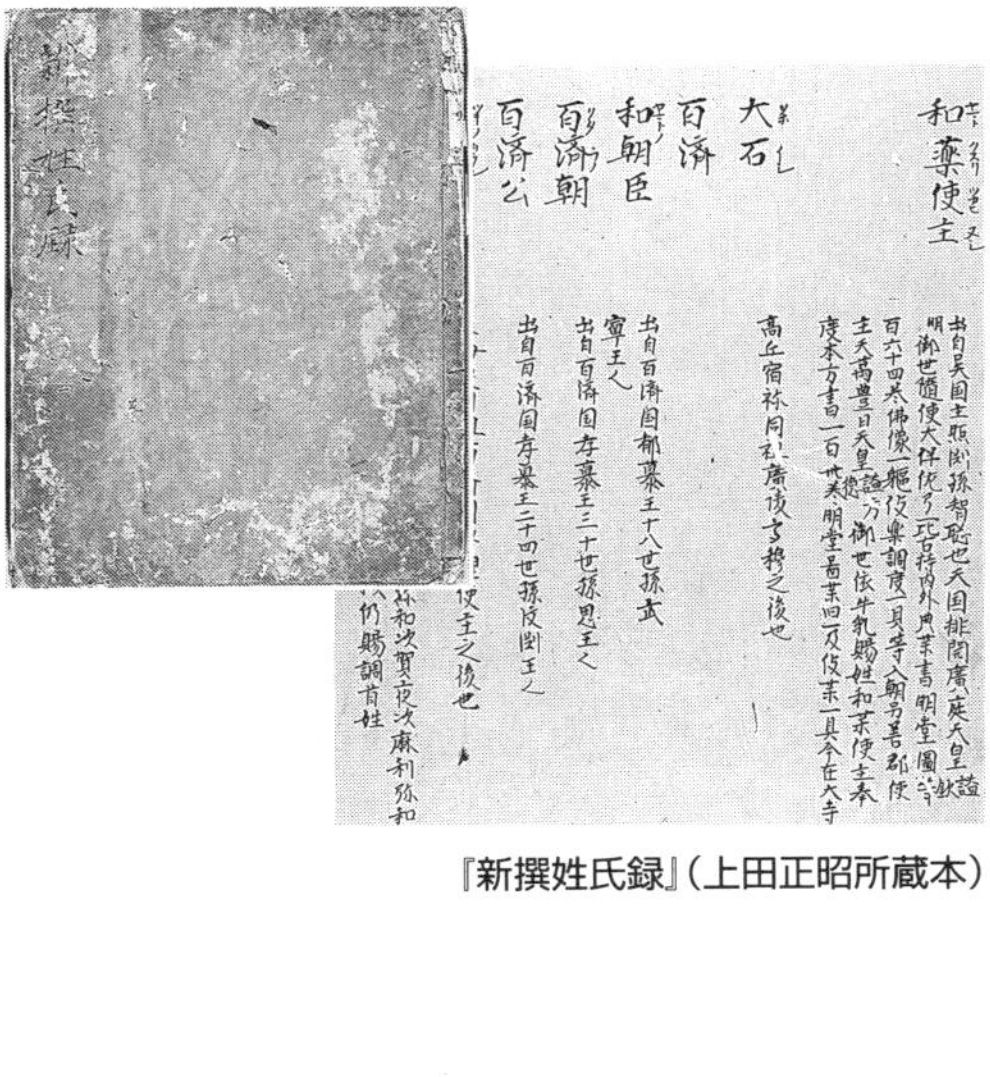

『新撰姓氏録』(上田正昭所蔵本)

＊1　皇別は天皇・皇子から出た氏族、神別は神の子孫とされる氏族、諸蕃は中国・朝鮮からの渡来人の子孫の氏族。

＊2　関白・摂政と太政大臣・左右大臣を「公」、大納言・参議・三位以上の朝臣を「卿」といい、両者をあわせて「公卿」という。

＊3　七〇一年、秦氏によって創建されたと伝える西京区にある古社。

＊4　全国最大数を誇る稲荷社の総本社。七一一年、秦氏によって創建されたと伝える伏見区にある古社。

大師《だいし》の代名詞——空海《くうかい》と東寺《とうじ》

大師とは

大師というのは、特別の僧侶にだけ与えられる名誉ある称号である。元来は八四八年に中国で始められた制度で、日本ではあわせて二九人（重複があるので実際は二四人）が大師号を贈られている。いずれも天皇の宣下《せんげ》によってこの称号を名乗ることを許されるが、その最初は最澄《さいちょう》の伝教大師《でんぎょうだいし》と円仁《えんにん》の慈覚大師《じかくだいし》（七九四〜八六四）で、八六六年に宣下を受けている。これ以後、一九四〇年の証誠大師《しょうせいだいし》一遍《いっぺん》（一二三九〜八九）まで及んでいる。

八四八年からこの八六六年までに遣唐使《けんとうし》の派遣はないが、民間の僧侶たちの往来はあるから、大師の制度は彼らを通じてもたらされた知識であろう。特に朝廷にも大きな影響力をもった円珍《えんちん》（八一四〜八九一）の帰国が八五八年で、あるいは彼が伝えたものかとも思われる。中国の場合もむろん皇帝の宣下によって任じられており、日本でも大師号を与えるのは天皇であった。しかも諡号《しごう》（死後におくられる称号）だから、生前の業績が重要なことは当然だが、後世、つまり大師号を下賜《かし》される時点での評価が大きいことが条件となる。

東寺と弘法大師像（東寺蔵）

お大師さん

日本で最初に大師号をもらった伝教大師最澄と慈覚大師円仁は、八六六年、同時に宣下された。八四四年に死去した円仁への下賜にともなって最澄も大師となったわけで、主体は最澄ではなかった。右に述べた、下賜される時点での評価が中心となるというのはそういうことであって、円仁は最澄の弟子であり、宗教者としてもどう考えても最澄の方がすぐれていると思うが、天台宗《てんだいしゅう》教団と朝廷との関係ということで円仁が初めて大師号を受けたのである。

だが、「お大師さん」といえば、それはただちに弘法大師空海《こうぼうだいしくうかい》(七七四〜八三五)のことだ。二九人もの大師がいながら、弘法大師はその代名詞ともなったのである。いかに空海が深い尊敬を受けていたかが知られるというものだが、空海が大師号を受けたのは、最澄からかなり遅れた九二一年であった。真言宗《しんごんしゅう》教団との関係で遅れたが、にもかかわらず、お大師さんといえば弘法大師だった。

空海が人気のある理由は、やはり単なる宗教者ではなく、京都市民とかかわる祈雨の修法を行ったことであろう。八二四年の神泉苑《しんせんえん》でのうちつづく日照りへの祈雨はみごとに成功し、天下に空海の名は知れわたった。また、容易に完成しなかった満濃池《まんのういけ》(香川県満濃

書の名人で三筆《さんぴつ》の一人・空海が最澄に送った書状「風信帖《ふうしんじょう》」(東寺蔵)と、空海ゆかりの乙訓寺《おとくにでら》。

町）の修築にもあたり、この地方の灌漑《かんがい》用水を確保するのに多大の貢献をした。付近の農民たちは大師を「父母のごとく」に慕って作業に参加し、たちまちにして完成させたという（弘法大師行化記）。こうした民衆に深くかかわる祈禱《きとう》や救済事業をも行ったことが、空海を大師の代名詞としたのだ。

東寺の下賜《かし》

空海は、新宗派の真言宗《しんごんしゅう》を創立した。八〇四年入唐して、長安で修業ののち八〇六年に帰国、京都近郊の高雄山寺《たかおさんでら》（のちの神護寺《じんごじ》）に入った。しばらく乙訓寺《おとくにでら》（長岡京市）に留住したが、八一六年に高野山《こうやさん》（和歌山県）に移るまでを高雄で過ごしている。以後八三五年の死去まで高野山を本拠とするが、八二三年から八三二年の間は東寺《とうじ》にいた。このときが空海の最も華やかで、充実した時代であった。

東寺は、いうまでもなく平安京の守護のための寺院である。その性格はまだ解明されていない部分も多いが、皇族・貴族、また庶民の信仰を集めるためならば、もっと人家の密集していた平安京の北部に建てられたはずだ。わざわざ不便な南端に建立されたのは、都の正面を守るためであった。＊1西寺《さいじ》も同じ意味を持つが、一切厳禁だった平安京での寺院建立の唯一の例外だったのは、そうした役割が

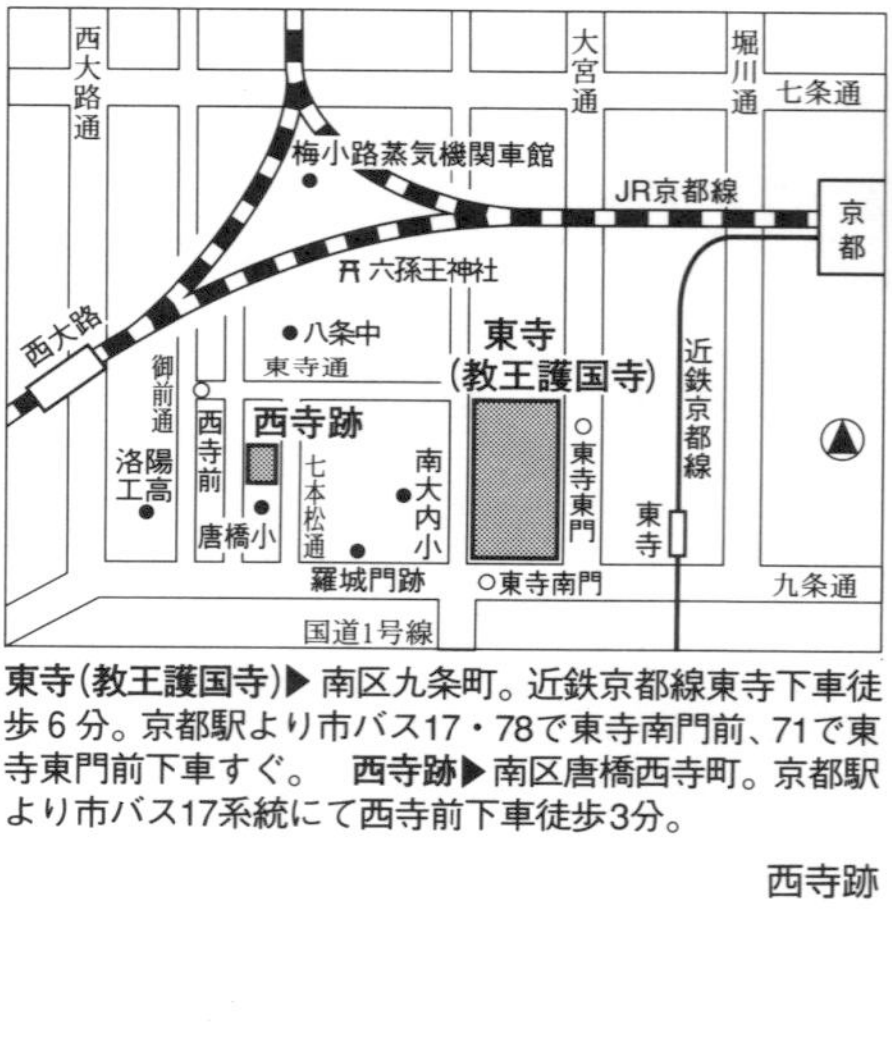

東寺（教王護国寺）▶南区九条町。近鉄京都線東寺下車徒歩6分。京都駅より市バス17・78で東寺南門前、71で東寺東門前下車すぐ。　**西寺跡▶**南区唐橋西寺町。京都駅より市バス17系統にて西寺前下車徒歩3分。

西寺跡

あったからだと考えてよいだろう。国家にとって、きわめて重要な寺だったのである。

この東寺が、八二三年に空海に下賜《かし》された。平安遷都から三〇年後のことである。空海の持つ法力が、東寺ばかりか平安京の守護をも果たすと意識されたのであろう。空海に絶大な信頼を寄せていた嵯峨《さが》天皇（在位八〇九〜八二三）によって下賜され、密教の道場となった（御遺告）。唐から持ち帰った多くの仏具類も、東寺に収蔵された。真言宗の密教は、皇族・貴族たちにとっては、まったく新しい仏教であったにもかかわらず、たちまちにして彼らの支持を得た。奈良時代のいわゆる＊2南都六宗《なんとりくしゅう》とは異なる、難解で深遠なその思想は、都の皇族・貴族の心をとらえた。とりわけ秘密の言葉（真言）を重視し、近寄りがたいところが魅力となり、しかも現世利益《げんせりやく》と即身成《そくしんじょう》仏《ぶつ》を説いたことが、爆発的な流行を招いた。

空海と彼の開いた真言宗は、空海の持つ法力とあいまって、貴賤のあらゆる人々の信仰を獲得した。その人柄も魅力的だったらしく、たちまちにして日本全国に広がった。各地に空海の創建と伝える寺院は多いし、特に京都では、東寺で毎月二十一日に開かれる縁日は＊3〝弘法さん〟と呼ばれるなど、現在も大きな人気を保っている。

人々でにぎわう“弘法さん”

＊1　南区にあった寺。平安京造宮の際に東寺とともに建てられた。羅城門《らじょうもん》の西側に東寺とほぼ同じ規模で建てられたが、九九〇年に焼失。以後再建されなかった。八二四年の神泉苑での祈雨で空海と法力を争い破れたという守敏《しゅびん》に八二三年、嵯峨天皇より与えられた。

＊2　奈良時代に栄えた三論《さんろん》・成実《じょうじつ》・法相《ほっそう》・倶《く》舎《しゃ》・華厳《けごん》・律《りつ》の六つの宗派のこと。

＊3　二十一日は弘法大師の命日に当たり、飲食を初め、骨董《こっとう》品・雑貨などのたくさんの露店が境内に立ち並ぶ。一月二十一日を〝初弘法〟、十二月二十一日を〝終《しま》い弘法〟と呼び、特ににぎわう。

●王城守護の道場——最澄《さいちょう》と延暦寺《えんりゃくじ》

空海《くうかい》と並んで著名な宗教者は、最澄（七六七～八二二）であろう。帰国の時期は異なるが、遣唐使に従って一緒に唐に渡ったし、仲のよい友人で、同時にライバルでもあった。

最澄登場

最澄は、空海と違った環境の出身である。まず、①空海が讃岐国《さぬきのくに》（香川県）出身であるのに対し、最澄は平安京に隣接する近江国志賀《おうみのくにしが》郡（滋賀県大津市）の生まれだった。②入唐して修行したのが空海は唐の都・長安《ちょうあん》だったが、最澄は都市の喧騒《けんそう》をさけて天台山《てんだいさん》で仏教を学ぶ。③空海は初め官僚の道をめざし学問に励んだが、最澄は最初から僧侶の道を選んだ。

いってみれば最澄は、世の中の矛盾や汚いところをあまり知らないで仏教界に入ったといってよい。空海は讃岐のいわば地方の出身で、官僚になろうとするが挫折《ざせつ》していることから知れるように、苦労というか、悩んだ末の仏教への傾倒だったが、最澄は一二歳ですでに仏道に入り、生まれながらの僧侶だったといってよい。いつも正論を吐き、妥協を嫌った最澄、上手にあわせながら自分の

延暦寺根本中堂と最澄像（一乗寺蔵）

道を貫く空海、という両者の対照的な人物像は、ふたりの前半生の生い立ち、環境が影響したものであろう。

「悉皆成仏《しつかいじょうぶつ》」

最澄の主張としてよくいわれるのは、人間はみんな成仏できる、つまりだれでも仏の境地に達することができるのだという思想である。たしかにこの考えは純粋で、人間だれしも仏性《ぶっしょう》を所有しているというのは、納得できる、また希望を持たせる宗教思想ではあった。天台宗が基本経典とした*1「法華経《ほけきょう》」に記す思想だが、最澄の仏教の根本でもあった。*2行基《ぎょうき》以来とり残されていた民衆の宗教的救済をめざしたのだ。

だが最澄は、性格的に妥協を好まない人物で、自分にも他人にも厳しい人柄だったようだ。それはときには長所であるが、ときには敵を作りやすい。実際にその思想を実現するには、理想論だけではどうにもならない。教団の独立には、大きな困難が待ち受けていた。彼がいくら正しく、そうでなければならないと考えていても、人を説得できなければ社会的な存在となることはできない。結局、最澄の死後にしか天台宗教団は独立できなかった。

延暦寺の創建

七八五年、最澄は比叡山《ひえいざん》に草庵を営む。まず近江《おうみの》国分寺《こくぶんじ》へ入り、ついで二〇歳にして東大寺《とうだいじ》*3具足《ぐそく》

*1 「妙法蓮華経」の略。聖徳太子以来重視された経典で、天台宗のほか、日蓮宗《にちれん》の基本経典でもある。

*2 奈良時代の僧。民間布教に従事し、各地に道や橋などを築いた。のちに東大寺大仏建立に協力した。

*3 僧・尼の守らなければならない戒律。具足戒を受けた僧・尼を比丘《びく》・比丘尼《びくに》と呼ぶ。

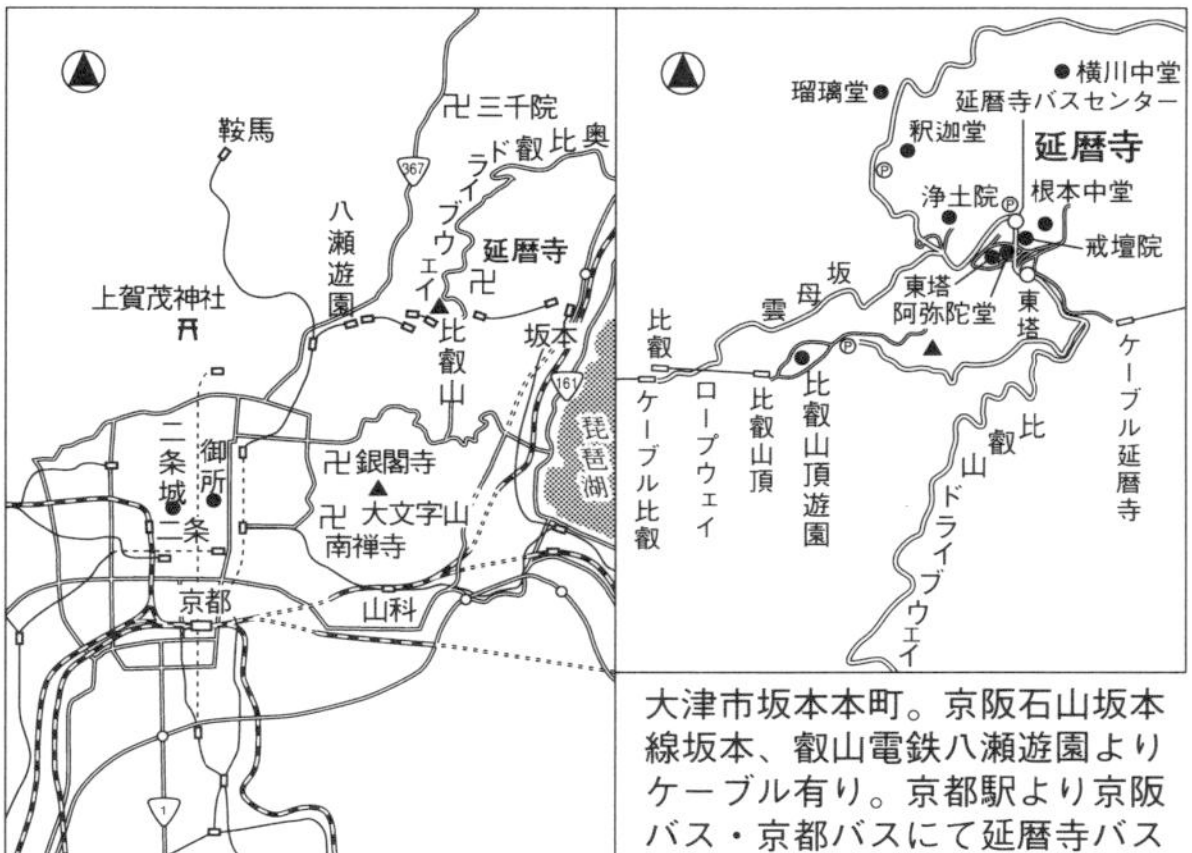

大津市坂本本町。京阪石山坂本線坂本、叡山電鉄八瀬遊園よりケーブル有り。京都駅より京阪バス・京都バスにて延暦寺バスセンター下車。

戒《かい》を受けたのちのことだ。まだ長岡《ながおか》京時代で、出身地の近くということが影響したものだろう。奈良仏教に飽き足らず、新鮮で、真に宗教的な信仰を求めてのことであった。

比叡山《ひえいざん》は、かなりの山岳であり、どの寺にも属さない聖《ひじり》[*1]的な修行者が厳しい修行を続けていた場所だった。厳しくはあるが、俗世間の波に毒されない真実の信仰の姿が希求されており、最澄を受け入れ、新宗派の創立を誘う下地はあった。ただそこが山だったというだけではなく、そうした歴史と伝統があったのだ。

八〇四年、最澄は空海と同じ遣唐使に従い、唐に渡った。おもに天台山《てんだいさん》で修行し、長安《ちょうあん》には立ち寄っていない。帰国は八〇五年で、桓武《かんむ》天皇（在位七八一～八〇六）の信頼を一身に集め、宗教活動に専念した。しかし桓武が崩御《ほうぎょ》し、庇護《ひご》者を失った最澄は苦難の道を歩まざるを得なくなる。翌年に帰国した空海が密教を伝え、時流に乗って人気を博したのに対し、最澄と天台宗教団は対照的に落ち目となる。

天台教団の独立

最澄は、桓武の庇護などによって天台宗の僧侶[*2]を出家させる権限を公認されていた。宗派としてはこれが天台宗の成立といえるが、まだ独立した教団とはいい難かった。天台宗独自の僧侶は、出すことができなかったからである。

京都市内（賀茂川）から望む比叡山と、最澄生誕の地に建つ生源寺（滋賀県大津市）

そこで最澄は、八一八年に天台宗独自の僧侶を出家させるべく計画する。宗派の創立には一応は達したものの、教団としてはまだまだ奈良の旧仏教勢力は強大で、最澄の理想とする仏教的環境にはほど遠かった。関東への布教活動で見た現地のありさまは、取り残された民衆の救済の必要をも強く感じさせた。仏教を一部皇族・貴族の独占的状況に置くのではなく、民衆にも開放しなければならない。

最澄がめざしたのは、まったく独自に天台宗教団が僧侶をつくり、布教することだった。最澄の思想と行動は、それまでの仏教界の常識とは著しく異なる。旧仏教から強烈な反発を受けたのは、その意味では当然ともいえた。延暦寺《えんりゃくじ》での*3大乗戒壇《だいじょうかいだん》設立の運動がそれで、これが実現すれば旧仏教はむろん、国家の介入を受けずに天台宗は僧侶をつくりだすことができるのである。しかしそれは最澄の生前にはかなわず、失意の死後七日目に至って朝廷からの許可が下りた。

延暦寺は新しい日本仏教誕生の記念碑であり、真の仏教の息づく場でもあった。日本の宗教的環境は、ここに一変した。だからこそ鎌倉時代に成立し、今に多くの日本人の信仰を得ている浄土宗・浄土真宗・日蓮宗などの宗祖は、すべてここで修行し、新しい宗教的境地を開いたのだ。

延暦寺戒壇院と消えずの法灯

*1　仏教諸宗の修行に不満を抱き、正規の寺院から離れて山岳などで修行した僧。

*2　当時、勝手に出家して僧侶になる（得度《とくど》する）ことはできず、朝廷の許可を必要とした。得度すると税が免除されたから、許可を得ないで僧形になる者も現れた。これらの僧を私度《しど》僧と呼んだ。

*3　得度すると受戒せねばならなかったが、そのために必要な戒壇は東大寺・下野薬師寺《しもつけやくしじ》・筑《ちく》前観世音寺《ぜんかんぜおんじ》の三か所にしかなかった。

●王朝の迎賓館《げいひんかん》——東西の鴻臚館《こうろかん》

平安京と遣唐使《けんとうし》

平安京・京都を取り巻く国際的環境が、遣唐使を中心とすることは確かである。*1遣隋使《けんずいし》の時代から数えれば約二百年、日本は中国とさまざまな外交関係を結んできた。しかしそれは、かなりに一方的なところがあって、中国の文化・文明が日本に流入するほうが主で、その逆はほとんどないのだが、この使節が日本の歴史に残した影響は大きい。

ところで、平安時代の遣唐使は、実は二度しかない。合計一八回の任命のうちの一六次・一七次である。一六次は八〇一年に任命されており、最澄《さいちょう》・空海《くうかい》たちが渡っている。一七次は八三四年任命で、円仁《えんにん》が同行した。次の一八次*2は八九四年のもので、任命はあったものの派遣はなく、これで遣唐使は廃止となる。意外と平安京と遣唐使とのかかわりは浅いのだ。九世紀は、〝国風暗黒《こくふうあんこく》時代〟と称されることもあるように、中国風の文化が全盛だったが、こと遣唐使に関していえば、たった二度の往来にすぎない。だからといって重要でないというわけではないが、遣唐使が日本文化のすべてを支

遣唐使船（唐大和上東征伝絵巻・唐招提寺蔵）と東鴻臚館跡に建つ石碑

えていたのではない。それは同時に、遣唐使が廃止されたからといって日本文化のありようが根本的に変化して、日本独自の国風文化が成立した、という考え方が正しくないということでもある。

平安京の外国

鴻臚館《こうろかん》は、外国からの使節が滞在する施設である。しかし、平安時代に中国(唐)から日本を訪問した公式使節はないから、鴻臚館を利用した中国人(漢民族)はいないことになる。では平安京の鴻臚館は、だれが利用したのか。

平安時代の日本がかかわった外国は、唐だけではない。遣唐使のイメージが強くてついそう思いがちだが、*3渤海《ぼっかい》・新羅《しらぎ》とも外交関係を持っていた。

渤海国は中国大陸東北部に位置し、ほぼ奈良時代の開始と同じ七一三年から、遼《りょう》によって滅ぼされる九二七年まで続いた。この間、実に二七回にわたって交流があった。新羅国は六六八年に朝鮮半島を統一し、九三五年に高麗《こうらい》に取って代わられるまで続いた。新羅との国交も、八回にわたる。中国だけが日本の唯一の交流国だったわけではないのであり、中国大陸・朝鮮半島の文物はこれらの国との国交を通じて不断に日本にもたらされていたのだ。渤海・新羅の二か国からの公式使節が、鴻臚館に滞在するところとなった。

土佐光吉《とさみつよし》筆「源氏物語画帖」(京都国立博物館蔵)に描かれた鴻臚館。高麗《こま》の相人《そうにん》に光源氏を見せる場面。

*1 六〇〇年に第一回の派遣があったと『隋書』に記載されている。小野妹子《おののいもこ》が派遣されたのは、六〇七・六〇八年。

*2 遣唐使に任命された菅原道真《すがわらのみちざね》の建議によって廃止された。

*3 ツングース系民族の国家。

鴻臚館とは、要するに、公式の外交施設であり、まさに迎賓館《げいひんかん》といってよい。国際的に恥をかかないように、立派に、贅《ぜい》をつくして造られたはずである。

鴻臚館《こうろかん》の実態

鴻臚館の意味は、こうした鴻臚館の果たした役割から明白になる。平安京の正門は、羅城門《らじようもん》である。ここを通って、公式使節は都に入る。政府・官公庁は北の端にあるから、そこまでは朱雀大路《すざくおおじ》を北上する。道幅が二八丈（八四メートル）もある大路で、両側には街路樹が植えられ、舗装《ほそう》こそしてないが、手入れの行き届いた、まさに平安京のメインストリートであった。その朱雀大路に面して鴻臚館はあり、方二町（二四〇メートル四方）の広さを占め、朱雀大路を挟んで東西に二館があった。そこに建てられた建造物の詳細がどのようなものであったかは不明だが、外国の使節をもてなすのに十分な、華麗で豪華なものだったことだろう。

鴻臚館は、特定の目的にそって使用された施設である。だからその目的が変質すれば、鴻臚館も必要でなくなってくる。また外国の使節といってもそう頻繁《ひんぱん》に利用するわけではないから、どうも荒れがちだったようで、八一五年には早くも荒廃していたようだ（日本《にほん》後紀《こうき》）。特に渤海《ぼっかい》の滅亡は鴻臚館の必要性を著しく減じ、十世紀後

東西鴻臚館模型（京都市歴史資料館蔵）

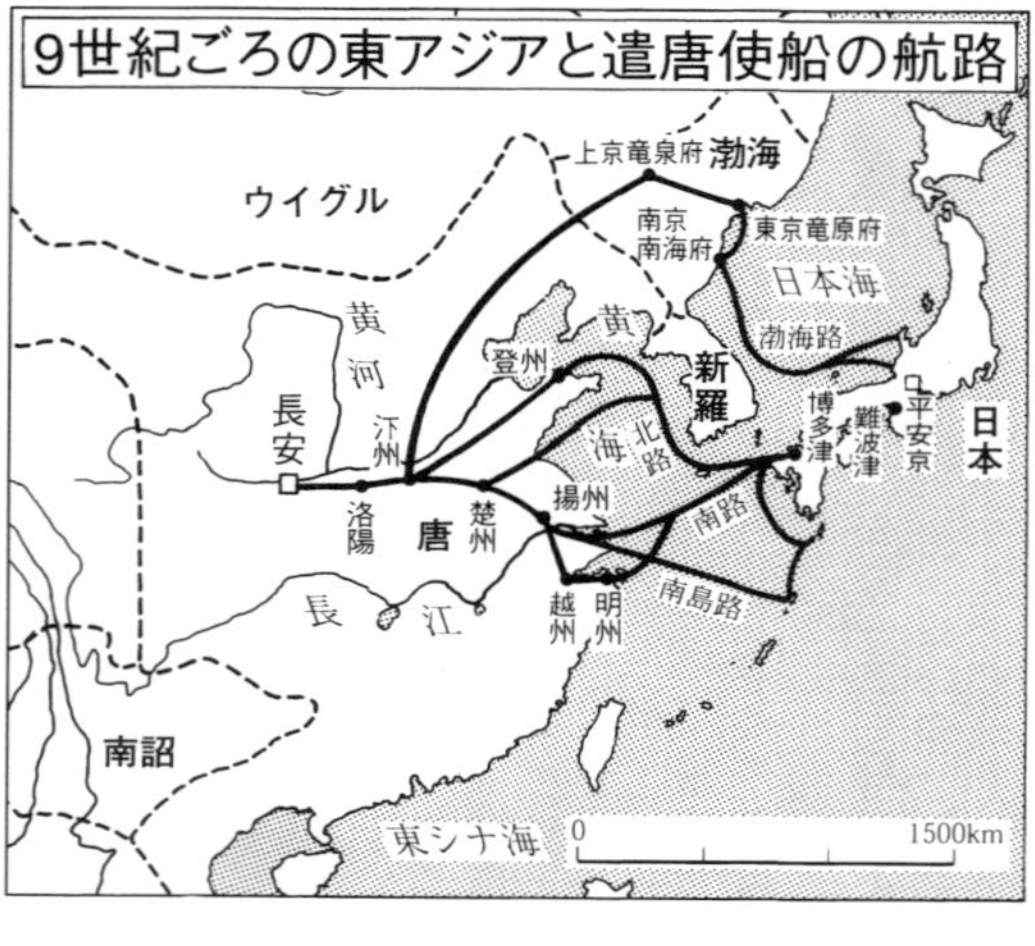

半には衰退してしまった。国際関係のありかたは、平安京の平面形態にまで影響を及ぼしたのである。

国際関係の継続

唐に続き渤海・新羅が滅亡し、十世紀中ごろ、日本の国際関係は一変する。これ以後、日明《にちみん》貿易の開始される一四〇一年まで、公式の国交や貿易は途絶える。しかしそれは、国際交流のなくなったことを示すものではない。遣唐使の廃止は、日本独自の国風文化の発達をもたらした原因だと説明されることが多いが、遣唐使廃止後も、それ以前にもまして中国との交流は盛んに行われている。渤海・新羅とも同様であり、国家・王朝の滅亡・交替とは無関係に、民間の私貿易は頻繁に重ねられていた。さまざまな文物が日本に流入し、また外国に持ち出された。

人間の交流も同様だ。日本・中国・朝鮮の商人の往来はもちろんのことだが、僧侶もひっきりなしに行き来した。

特に注目されるのは、平安京跡から出土する陶磁器の類だ。中国各地の窯《かま》で焼かれ、はるばる貿易商人を通じて日本に運ばれ、貴族たちに使用された。これらは遣唐使時代よりもはるかに多量なのであり、国際関係は絶えることなく続き、平安京・京都の歴史と文化を支えてきたのである。

下京区朱雀正会町・堂ノ口町近辺。東鴻臚館跡の碑は、角屋北側。京都駅より市バス6・206系統にて島原口下車徒歩7分。JR嵯峨野線丹波口下車徒歩3分。

平安京から出土した日宋貿易の遺品（青白磁水注）

トピックス

平安京市民の経済——東市と西市

●日本最大の都市

平安京には、膨大《ぼうだい》な人数の市民が住んでいた。天皇・皇族・貴族・役人といったいわば政府・国家の運営にあたっていた階層の人々、天皇・皇族や貴族の家政を支えていた人々、民間の商人や手工業者、農村から流入してきた人々など、多くの人口が集中していた。

これは、都市平安京が膨大な消費人口をかかえていたということであり、その消費物資をどう調達するかが、重要な問題だということである。食料問題はその中心であった。平安京内での耕作はかなり厳しく禁じられていたから、いっさい農業生産物は作ることができない。完全に外部からの供給に頼るほかないのだ。

では、いったいどのようにして平安京市民の経済は成り立っていたのか。

●公設の市場——東市《ひがしのいち》と西市《にしのいち》

平安京に限らずどの都も、システムとしてかならず市民の食料消費を支え、生活を成り立たせるための施設をもっていた。それが市《いち》である。民間の市も多く、また古くからあったことが『日本書紀《にほんしょき》』などの文献に見えているが、都市ではとくに欠かせないものだった。

平安京には東市と西市とがあって、食料に限らず、さまざまな市民の生活物資を供給していた。

これは今でいえば公営の商店ということになるが、管理・運営はもちろん、営業時間、販売物資の種類、店舗《てんぽ》の配置など、すべては官僚によって決められた。実際に取り引きにあたる商人も、政府の役人であった。たぶん市民からみれば愛想が悪く、買う気のしないこともしばしばあったのではないか。

しかし、市民にとっては、そこで物を買う以外に生きていく道はない。人々がその日の糧《かて》や、四季の

現在の西市跡付近(下京区七条西大路)

生活に必要な食料・衣料、また時にはささやかなぜいたく品などを求め、行き交ったはずである。

この東市・西市は、どこかは正確にはわからないが、だいたいそうと思われる位置で発掘調査が行われ、各種の遺物が発見されている。

●民間の商業

それでは、こうした公営の商業施設だけが市民の生活を支えたかというと、そうではない。民間においても、生活物資を供給する手段はあった。どの時代でもそうで、堅苦しいというか、お仕着せの市場だけでは人々は満足しなかった。ほしいものをなんとしても手に入れたいのは、いつの時代でもやはり同じだ。

こうした市民の欲望を満たしたものは、まず民間の店舗で行われた商業である。ここではいろんな品物を売っていた。各種の絵巻物などに、その姿は描かれている。具体的な品物の種類や数まではあまりよくわからないが、今とそう変わらなかったと思う。

●販女《ひさぎめ》

店舗で売られたものだけが、市民生活を支えたわけではない。ほかにも市民が物資を手に入れる方法はあった。

それは、行商である。もう最近は見られなくなったが、わたしの少年時代には白川女《しらかわめ》・大原女《おはらめ》たちが街を売り声をあげて歩いていたし、かつては桂女《かつらめ》もいた。主として女性であり、平安京の時代には「販女」と呼ばれていた。近郊から、野菜や薪炭、また花などを都に売りにきた。

現代の白川女。毎月中旬と月末に、仏前に供える花を売りに歩く。昔ながらに頭に品物をのせる姿はもう見られない。

かなり遠方から来る商人もいたはずだ。有名なのは金売吉次《かねうりきちじ》だが、彼が源義経《よしつね》を奥州に連れていったのは、奥州と京都を結ぶ遠隔地商人だったからで、この場合は金売というところからもわかるように金《きん》が主商品だったが、それに伴いさまざまな珍しい東北地方の産物をも、平安京市民にもたらしたであろう。むろん京都のきらびやかな工芸品などが、逆に東北地方に京都文化の香りを伝えた。

日本全国の文化・文物が平安京に流入していたし、また平安京のそれが各地にもたらされたのである。そうした頻繁《ひんぱん》な地方との交流・接触をもち、いつも新しい空気を吸収していたからこそ、平安京は日本の首都としての役割を果たすことができたのだった。

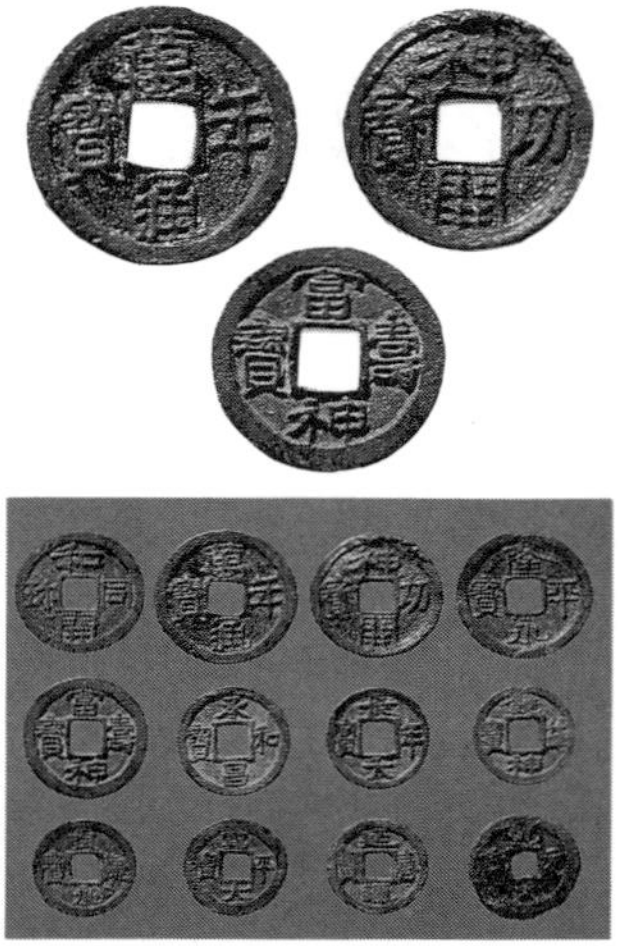
西市跡から出土した皇朝十二銭
（京都市埋蔵文化財研究所蔵）

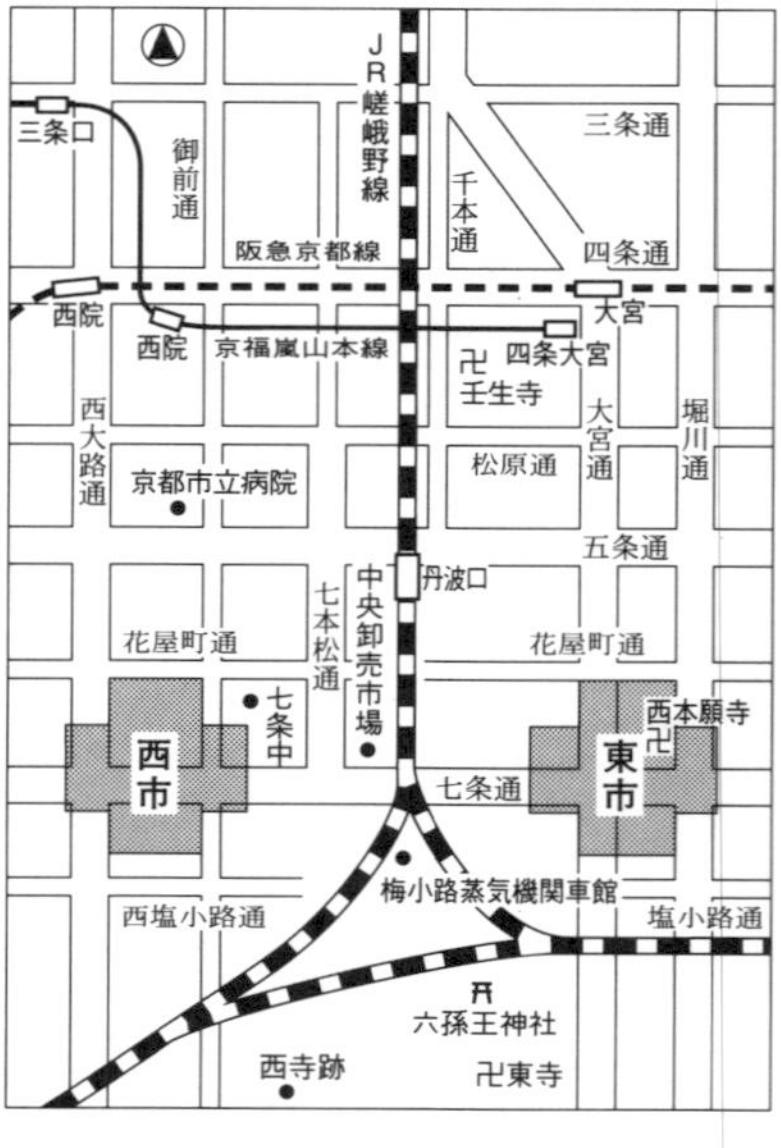

市の風景（「扇面法華経冊子」四天王寺蔵）

II 平安貴族の興り

●観月の宴――広沢池《ひろさわのいけ》と大沢池《おおさわのいけ》

古代人と月

古代人と月とのかかわりは、きわめて深い。カレンダーはあったけれども、一般人が手にできるものではなかったから、ふつうは月の動きをもって日時を計った。幸いなことに月は、およそ一五日間を周期として新月から満月になる。注意深く見ていれば、ある日からその日までが何日目にあたるかがわかる。古代日本が太陰暦《たいいんれき》を採用したのはそのためだ。

しかし、月の動きだけを基準にしたのでは季節の移り変わりと一致しないので、農業国の日本には不都合がおきる。そこで、正確にいえば太陽の動きを加味している＊1太陰太陽暦《たいいんたいようれき》ということなのだが、日常の時間の経過を計るには月の動きが基準になった。むろん晴れていればという条件があるが、日時を計るには月の動きは最も適切なものだった。これは、貴族であると庶民であるとを問わない。

だから、月を愛《め》でて宴《うたげ》を催すことはしばしばあった。今でもそうだが、特に空気が澄み、冷気のただよう秋には、天体が観測しやすいせいもあってか月への愛着が増す。庶民の例は知ることができ

広沢池

ないが、貴族たちは頻繁《ひんぱん》に観月の宴を持った。なかでも、八月十五日(旧暦)の十五夜、つまり中秋の名月に宴を持つことは、すでに同じ農業国の中国に例があり、その風習が取り入れられたものである。

収穫感謝祭

庶民の観月の宴の例は、たしかに史料上に知ることができない。しかし八月——むろん旧暦。新暦では九月下旬ころ——は、まさに中秋、つまり秋(七月・八月・九月)の中ほどで、収穫の季節であった。後世、お月見に団子《だんご》・茄子《なす》・芋《いも》といった収穫のあかしを供えるのは、こうした収穫祭の伝統が継承されたものだ。単に月を見て、楽しむだけではなかった。

収穫への感謝は、当然その収穫をもたらしてくれた神への感謝である。種々の芸能が催され、神へ奉納される。やがて収穫への感謝は、自分たちの楽しみにもなる。神への感謝が忘れられたわけではないが、神とともに享受する娯楽となった。農業生産とは直接の関係を持たない貴族であったから、観月の宴も、農事とは遊離して娯楽の面が強くなるのである。

光源氏《ひかるげんじ》の観月

『源氏物語』の主人公・光源氏は、都を追われて*2須磨《すま》に行ったが、都に心を残し、しばしその思い出にふける。おりしも八月十五日、満月が天空にのぼった。

庶民の宴会(「年中行事絵巻」田中家蔵)

*1 中国から伝えられた。一年の間に、適当に(ほぼ五年に二回、一九年に七回)閏月《うるうづき》をはさんで一年を一三か月とし、季節とのずれを調節した。

*2 神戸市須磨区。

月、いと花やかにさし出《い》でたるに、「今夜《こよい》は十五夜なりけり」とおぼし出でて、殿上《てんじょう》の御遊《おんあそ》び恋しう、「所々、ながめ給《たま》ふらんかし」と思ひやり給《たま》ふにつけても、月のかほのみ、まぼられ給ふ。

と『源氏物語』は述べている。京都朝廷での月見の宴を思い出し、じっと月に眺めいったというのだ。須磨でのさびしい月と、京都での華麗な宴が対照的で、物悲しい場面である。宴の機会はいくつもあったはずだが、彼にとって観月のそれは最もなじみ深い宴だったということであろう。

嵯《さ》峨《が》野《の》の日々

観月は、月さえ見えればどこでもできた。九六六年には、＊1清涼殿《せいりょうでん》で行われた。しかしこの場合は＊2前《せん》栽《ざい》が植えられ、また花・＊3遣水《やりみず》などが絵画に描かれ、虫も放されて、自然のなかで行うかのような月見の情景が人為的に作り出された（栄花《えいが》物語）。本来は月見は、野や山でするものだったということがよくわかる。

一〇九四年には当時の院政の拠点の洛南鳥羽《とば》殿でも催された。ここは水石風流の地だったので、池には船が浮かべられ、多くの公《く》卿《ぎょう》・侍臣《じしん》が参加した。琵琶《びわ》・笛《ふえ》・琴《こと》などの音楽、また雅楽《ががく》も演じられた（中右記《ちゅうゆうき》）。

広沢池▶右京区嵯峨広沢町。京都駅より市バス26系統にて山越下車徒歩7分。　**大沢池・大覚寺**▶右京区嵯峨大沢町。京都駅より市バス28系統大覚寺下車すぐ。広沢池から徒歩約10分。大沢池では毎年中秋の名月に観月会を催す。

大沢池から見た大覚寺

なんといっても観月は、嵯峨野がふさわしい場所だった。右に引用した九六六年の例では、「大井《おおい》(堰)に逍遥《しょうよう》したるかたを書きて、鷁船《うぶね》に篝火《かがりび》ともしたるかたを書きて」とあって、大井といい鷁船といい、桂《かつら》川(大堰川)の風物を模したものである。月見が山、川、野といった情景をそなえた場所で行われるものであったことが予想される。月が月そのものとして観賞されたのではなく、宇宙に広がる自然の一部として初めて、美としてとらえられたのである。

ということになると、平安貴族にとってそういう情景に最も近しいのは、嵯峨野だった。特に山麓《さんろく》に位置し、広沢池《ひろさわのいけ》の風物が美しいこのあたりは、観月の名所だ。『平家《へいけ》物語』は、伏見《ふしみ》とともに広沢をあげている。*4離宮の嵯峨院の庭園の池だった大沢池《おおさわのいけ》とならんで、しばしば観月の宴が持たれた。

都からも近く、山水、花、紅葉、舟遊びなどいくつもの、都市平安京にはない情景が嵯峨野にはあった。歩いてもすぐに行ける距離にもあったし、盛んにここに足を運んだ。和歌に詠《よ》み込まれた季節を検討してみると、嵯峨野は圧倒的に春秋に親しまれており、その様相は千年以上を経て現在にひきつがれている。日本人の好みは、時代が進んでも、そう大きく変わらないということであろう。

大沢池で催される観月の宴

＊1 内裏にある殿舎のひとつ。儀式用の御殿である紫宸殿《ししんでん》の北西に位置する天皇の日常の居所。
＊2 庭先に植える草木。
＊3 庭に溝を掘って川などから水を引いて小川のようにしたもの。
＊4 嵯峨天皇が晩年に営んだ離宮。その離宮跡を寺に改めたのが大覚寺《だいかくじ》(右京区)である。

トピックス

寝殿造《しんでんづくり》のなぞ――その実態を探る

●貴族の邸宅

貴族の邸宅は、よく知られているように寝殿造である。寝殿とは、寝るための建物＝殿と思いがちだが、そうではない。正殿という意味で、その寝殿を軸にすべての建物が配置されるところから、寝殿造と呼ばれる。

だからひときわ大きい東西方向の、南面する建物があって、それを中心に東と西に今度は南北方向の建物が左右対称に、計画的に建設された。それらの建物間は廊下で結ばれ、南側には庭園と池があった。したがって、門は南には設けようがないから、東側か西側かに正式の出入り口があるということになる。わたしたちの知っている寝殿造のイメージは、だいたいそんなものであろうか。

●寝殿造の建物に住めた人々

こうした特徴をもった寝殿造邸宅に住むことのできた階層は、限られたものだった。第一、このようなプランをもった邸宅を建設するには、相当の広さの敷地が必要だし、それだけの敷地を持つことのできる階層など、一部にすぎない。正確な人数の想定はむろんできないが、三位以上の公卿《くぎょう》、今でいえば大臣クラスだけで、時代によっても異なるが、二〇人前後である。これに家族を入れて約百二、三十人、従者などを合わせても千二、三百人程度であろう。

寝殿造邸宅に住むことのできたのは、おおよそこれだけの人々であり、それは平安京に住む十数万人のなかのほんの一握りにすぎない。邸宅の数からいっても二〇箇所ほどということになるから、平安京の住宅景観を規定するものとはいいがたい。

そしてまた、かれら上級貴族の住む寝殿造邸宅も、けっして一様のものではなかった。平安京でも最近続々と発掘調査が行われ、多くの知見が得られているが、それらを検討してみてもさまざまなバラエティーをもった形態をしており、左右対称で、整然とした形式をとったと想像するのは、歴史的事実と違っていることにも留意せねばならない。

●中下級貴族の邸宅

中下級貴族たちは、どんな邸宅に住んでいたのか。これは不明だが、人数からいえば、平安京の貴族の圧倒的多数はこの階層であった。おおよそ八百人ほど、家族など入れると五千人強というところであろうか。平安京内に八百箇所の邸宅が、かれらによって営まれていたということになる。

中下級といっても、四、五位と、最下級の初位《そい》とでは経済状態には雲泥の差があるから一概には論じられず、また邸宅の規模にも相当の開きがある。しかしかれらの邸宅が平安京の貴族住宅の大部分を占めていたことは疑いなく、そしてそれらの大部分が寝殿造様式でなかったことも確かである。平安京といえば、貴族の住宅はいつでも寝殿造で、そうした住宅で市中はいっぱいだったと思いがちだが、けっしてそうではないのである。

●住宅と家族生活

ただ、住宅を単に建造物としてのみとらえては、その本質はわからないだろう。今でもそうだが、住宅の形や間取り、また部屋数などは、家族生活の在り方と深く関係している。寝殿造様式も、上級貴族たちの家族生活の在り方とかかわって出現したものであった。

寝殿造は、奈良時代末期からその萌芽的なものがみられ、平安時代にほぼ完成する。平安時代といっても、寝殿造様式が支配的だったのは、その中期ころだけで、平安後期にはもう左右対称の原則が崩れるなど、変質しはじめる。

住宅としての寝殿造は、寝殿に主人家族が住み、付属する複数の対屋《たいのや》に別の家族が住んだ。これは当時の招婿婚《しょうせいこん》と呼ばれる、いわば婿取《むこと》り結婚の形態に関係するものだが、中心はむろん主人だから正殿である寝殿に住むし、娘に迎えた婿とその娘を住まわせるのが対屋ということになる。ところがこうした仮定が正しければ、結婚の形態が変化すれば、住宅の在り方も変化するということになる。

平安末期から鎌倉時代にかけて、対屋が消滅し、かわって小寝殿が発生する。対屋に住んだのが娘夫婦かどうかには疑問は残るが、少なくともその間が廊下で結ばれているということは、両者の関係が緊密、換言すれば独立性が低かったということになる。対屋が消え、小寝殿が成立することは、寝殿居住の家族と、小寝殿居住の家族の間のたがいの独立性が高まったことの結果である。

かくて遺制は残るが、典型的な寝殿造はここに消滅する。むろん、だからといって寝殿造が住宅として意味をもたなかったというわけではないが、あたかも平安京全体に寝殿造邸宅が広がったかのように、あまり強調することも問題であろう。

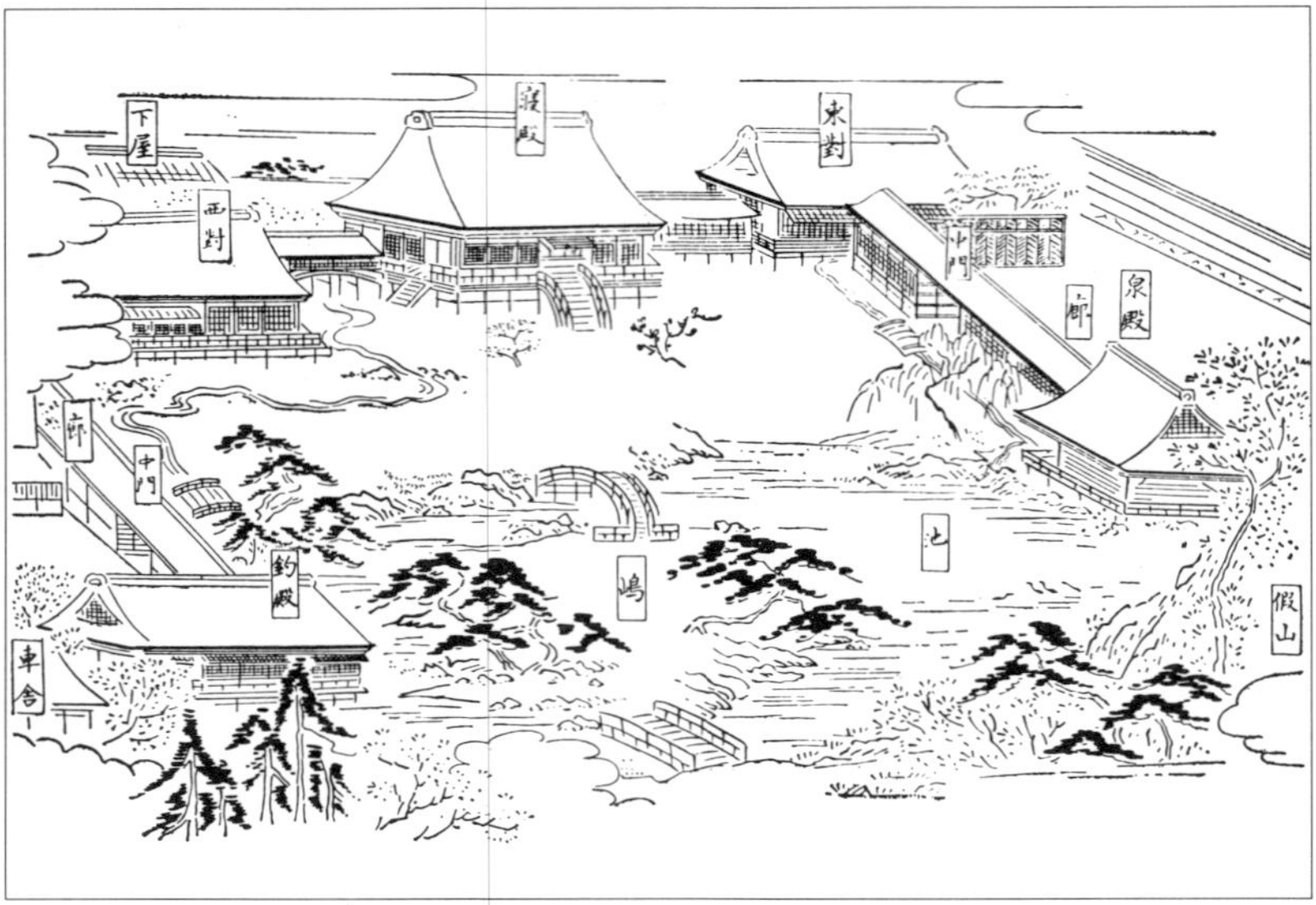

江戸時代の会津藩の国学者・沢田名垂《なたり》著の『家屋雑考』に載せられた寝殿造の復元図。室町時代の寝殿造の模式的復元図という。

典型的な寝殿造とされる藤原氏の東三条殿（姉小路通烏丸東入ル南側に石碑）の復元模型（京都文化博物館蔵）。西の対を欠いている。

1987年に現・京都リサーチパーク(下京区中堂寺南町)で発掘された寝殿造の復元模型(京都リサーチパーク蔵)。寝殿の南側に池や庭園がなく、六条大路がすぐせまっていることが注目される。

「駒競行幸絵巻」(久保惣記念美術館蔵)に描かれた寝殿の様子。

●怨霊《おんりょう》から御霊《ごりょう》へ――都市を護《まも》る神々

御霊会《ごりょうえ》の創始

八六三年五月、神泉苑《しんせんえん》で御霊会が持たれた。神を祀《まつ》り、その前ではお経が唱えられ、音楽・舞踊、相撲・射的・競馬、さまざまな芸能が奉納されている。「疫病《えきびょう》繁く発《おこ》り、死亡甚だ衆《おお》し」という状況だったので、その鎮圧のために御霊会が行われた。

疫病は「京畿《けいき》より始まり、ここに外国《げこく》に及ぶ」とするごとく、まず平安京で流行し、次第に全国に広がっていった(日本三代実録《にほんさんだいじつろく》)。とりわけ人々の接触の激しい都市では、流行も急速で、大きな被害をもたらした。都市民衆にとって、疫病は深刻なものだった。だからこの御霊会には、庶民も参加が認められ、普通なら容易に入場できない神泉苑への立ち入りも許可された。平安京の市民全体を巻き込んだ行事として、行われたのだ。

疫病は、典型的な都市災害である。むろん疫病そのものは太古からあるが、それが流行するには、歴史的背景が必要だ。都市が発達し、人々の生活上の接触が頻繁《ひんぱん》となり、病気の感染が簡単におこる

上御霊神社の本殿と、毎年五月十八日に行われる御霊祭(右上・右)。下御霊神社本殿(上)

ようになって初めて、大流行する。社会が未発達で、人間生活の密度が濃くなければ、疫病は流行しない。疫病の流行は、都市発展のいわばバロメーターであるといってもよい。だから、疫病の退散を願って御霊会が行われるということは、都市がそれだけ発展したということの証明でもあった。

怨霊《おんりょう》の発生

御霊として祀られた神は、早良親王《さわらしんのう》・伊予親王《いよしんのう》・藤《ふじ》原吉子《わらのよしこ》たちで、すべて実在の人物である。彼らには、共通する特色がある。①謀反《むほん》(律令《りつりょう》制度上での最大の罪)ないしそれに準ずる大罪を犯している、②その罪で遠方に流罪になりそこで死去している、の二点だ。

大罪を犯すということは、換言すればかなえたかった望みが大きいということであって、その望みを達成できなかったわけだから、その不満、恨《うら》みもきわめて大きいということだ。しかも強制的に都から追放され、遠方で死去している。恨みを持ったそうした人々の霊魂が都に飛来し、その恨みをはらすために疫病を流行させていると考えられたのは、当然の帰結でもあった。

事実、疫病をもたらす病原菌は、多くの場合外部から入ってきた。怨霊の思想は、こうして出現する。疫病にかぎらず、あらゆる天変《てんぺん》

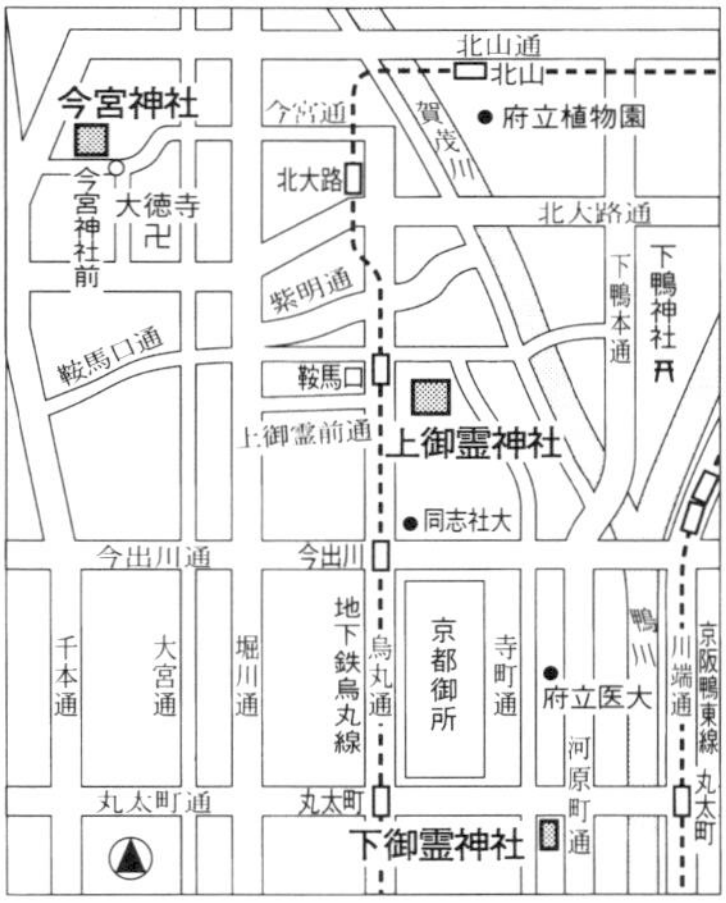

上御霊神社▼上京区上御霊前通烏丸東入ル。地下鉄鞍馬口下車徒歩2分。**下御霊神社**▼中京区寺町通丸太町下ル。京阪丸太町下車7分。**今宮神社**▼北区紫野今宮町。四条河原町より市バス46系統にて今宮神社前下車すぐ。

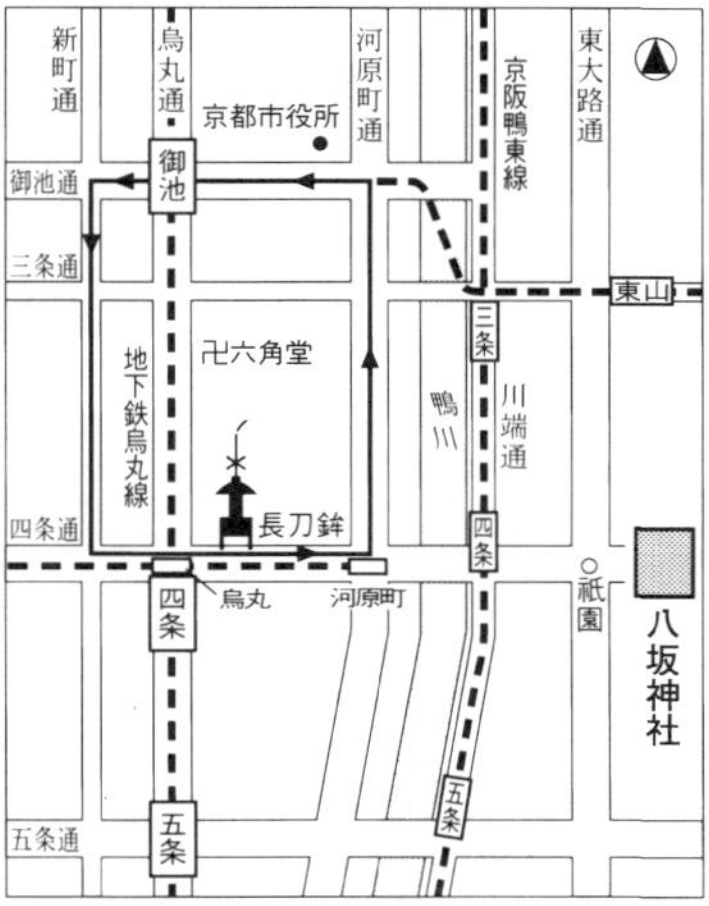

八坂神社▼東山区四条通東大路東入ル。京都駅より市バス100・206系統にて祇園下車すぐ。矢印は山鉾巡行路。

地異《ちい》の原因がこの怨霊だと把握されるところとなった。

怨霊《おんりょう》から御霊《ごりょう》へ

疫病などが、恨みを持った霊魂のしわざだとすれば、それを鎮《しず》めるのは簡単だ。その霊魂の祟《たた》りをなくすればよい。都へ帰ってきて、疫病を流行《はや》らせるのを防げばよい。そこで神として祀《まつ》り、崇《あが》め、霊魂に静かにしていてもらうための儀式が、御霊会である。やがてそれは神社の形をとる。上御霊《かみごりょう》神社・下御霊《しもごりょう》神社はこうして成立する。恨みをもち、この世に復讐する怨霊を、神に祀り、崇めれば、霊魂は暴れ出さないでくれると人々は考えた。怨霊は、そこで御霊へと進化していく。

御霊会の最初が八六三年ということも、見逃してはならない重要な点である。このころは平安京が都市としての発展を遂げる時期なのであって、つまりは都市災害が本格的に発生する時期でもある。人口も増え、人々の接触も激しくなる。疫病にかぎらず、火災・水害・干害などが頻発する。

こうした災害は以前からあるもので、なにもこのときに始まったわけではないが、都市が発達すると、そうした災害のもたらす被害は、以前とは比べものにならないくらい大きくなる。平安京が都市として発展しようと思えば、どうしても克服しなければならない災

「年中行事絵巻」（田中家蔵）に描かれた祇園御霊会の様子（右上）。八坂神社境内にある疫神社（上）。今宮神社本殿（右）。

害であったし、その原因の御霊は、なんとしても悪い働きをとどめねばならない。御霊を祀った神社は、まさに都市そのものをまもる神であったといってよい。

疫神《えきじん》祭

疫病を防ぐ疫神を祀る神社も、御霊会を行っている。今《いま》宮《みや》神社(北区)の御霊会や、八坂《やさか》神社の祇園《ぎおん》御霊会が平安時代では著名だが、これらは実在の人物が神となった御霊でなく、疫病を防ぐ疫神を祀ったものだ。ともにスサノオ*1を祀るが、スサノオは乱暴のかぎりを働いて姉の天照大神《あまてらすおおみかみ》を困らせ、追放された神である。乱暴な神なら、疫病を鎮圧することにもその力を発揮するだろうと考えられるのはごく自然な発想で、かくてスサノオを疫神として祀り、疫病の沈静を祈る。特に都に近い八坂神社の祇園御霊会*2は、盛大だった。一千年をこえて、今に祇園祭としてその伝統が受け継がれている。

今宮神社の祭礼は、やすらい祭*3ともいう。「花の精よ、やすらえ」と祈るもので、ちょうど花の散る季節の梅雨《つゆ》どきに疫病も流行し、人々はそれを花の精のしわざと考えたのだ。現在はむろん新暦に換算しているが、やすらい祭が四月*4、祇園祭*5が六月七日というのは、まさにこうした状況を示すのである。

今宮神社のやすらい祭

*1 八岐《やまた》のおろち退治の伝説で知られる『古事記』『日本書紀』に登場する神。疫病を防ぐとされるインド系の神である牛頭《ごず》天王と同一視されている。

*2 八六九年、疫病が流行した際に、祭りを行ったのが最初。九七〇年以来恒例となり、室町時代以降ほぼ現在のような形となった。日本三大祭の一つ。

*3 一〇〇一年に始まるという。花傘を中心にした行列が、鉦《かね》や太鼓を打ち鳴らしながら踊り歩く。花傘の下に入ると厄払いになるという。

*4 現在は、四月の第二日曜日に催される。

*5 現在は、七月一日から二十九日まで催される。十七日の山鉾《やまぼこ》巡行と、前夜(十六日)の宵山《よいやま》が特ににぎわう。

トピックス

平安京の年中行事——京都の四季

●年中行事とは

年中行事というと、なにかしら素朴《そぼく》で、人が一年のあいだに通過する節目に行われる、ごく自然なものと思いがちである。たしかにそうした側面があることは事実だが、じつはそうではない。

普通の庶民の年中行事としてすぐに思いつくのは、おそらくはお盆とお正月だろう。お盆は祖先の霊を祀《まつ》るものだし、お正月は新しい春を迎え、その年の無事を祈る行事である。日々の生活に根ざした、民間的行事といってよい。日本は農業国だから、春から始まり冬に終わるという一年のサイクルは、生活そのものでもあった。年中行事は、農業の開始とともに発生し、今に受け継がれている。

しかしながら、それだけが年中行事ではない。八八五年、藤原基経《ふじわらのもとつね》が作ったといわれる『年中行《ねんじゅうぎょう》事御障子文《じのみそうじぶみ》』には、三〇九種もの年中行事があげられている。ほぼ毎日の割合でなんらかの行事が行われていたことになり、こうなると年中行事という概念そのものが、単にイベントというだけではとらえられない。なにかほかの目的というか、意図があってのことだということを認識しておかねばならない。

「祭り事」は、同時に「政《まつりごと》」であった。年中行事は、政治の一環でもあったのだ。『年中行事御障子文』もそのつもりで見てみると、叙位《じょい》や除目《じもく》、郡司の任命、季禄《きろく》（給与）、任官文書進上、など政治むきのことは枚挙にいとまがない。これら政治と、祭礼的行事とは分かちがたい関係にあったのであって、祭り事を祭礼としてだけ見ていては、平安時代の年中行事の本質は理解できないだろう。

政治体制が変わればその行事も必要性がなくなり、消滅する。したがって、政治むきの年中行事は、今はその一部が宮中に姿をとどめるだけである。単なる伝統としてのみ奥深く伝えられ、国民生活とはあまり関係しなくなる。ここでは今でも受け継がれ、親しまれている行事について、考えてみよう。

●春の行事——曲水《きょくすい》の宴

まず春の行事だが、新年を迎え、春を寿《ことほ》ぐ季節でもあって、喜びにあふれたものが多い。なかでも曲水の宴は、春を感じさせる行事としてよく知られている。三月三日に行われたが、現在城南宮《じょうなんぐう》（伏見区）でもたれるそれは、新暦に換算して四月二十九日（十一月三日にも行われる）である。

行事そのものは、中国から伝来したもので、日本固有のものではない。曲水、つまり曲がりくねった水流をもうけて、そこに杯を浮かべ、自分の前を通りすぎないうちに和歌を詠《よ》むという趣向である。和歌という貴族たちになじみ深い文学表現と結びつき、杯の流れないうちに歌を完成させねばならないというスリルもあって、急激に広がった。

●夏の行事——祇園《ぎおん》祭

夏は、健康に関する行事が注目される。暑さにやられ、また病原菌の活動も盛んになる季節であり、事実、病気はふつう夏によく流行する。しかも都市平安京は人々の接触もはげしく、いったん発生するとすぐに伝染し、流行してしまう。医学技術の発達していない当時のことだから、神仏に祈ることがその鎮圧の中心となった。

日本三大祭のひとつ、祇園祭は疫病鎮圧の行事が起源であった。八六九年に疫病流行の折、その鎮静を祈って鉾《ほこ》六六本が立てられたのから始まったというが、まさに平安京が都市的な発展をとげ、疫病の流行する背景ができたころである。やがて京都町《まち》衆《しゅう》によって祭礼は受け継がれ、発展し、今に夏の最大行事として、京都は盛り上がる。

●秋の行事——七夕《たなばた》

秋は、初秋冒頭(旧暦)の七夕が今もなじみが深い。星に願いをかけるそのロマンは、老若を問わず夢をかきたてる。牽牛《けんぎゅう》・織女《しょくじょ》が年に一度の逢瀬《おうせ》を楽しむという中国伝説から発し、日本では平安時代から〝たなばた〟と称されるようになったらしい。笹《ささ》に短冊、星にかけた願い、だれしもが持つ思い出だろう。

またこの祭りは乞巧奠《きこうでん》とも称され、京都に残った数少ない貴族家の冷泉《れいぜい》家では今もそう呼んでいる。牽牛・織女の物語は中国に起源を持つものだが、多くの日本人のロマンをかきたてたのである。

●冬の行事——追儺《ついな》

冬では、大晦日《おおみそか》に行われる節分行事の追儺がある。現在は新暦に換算するものだから二月三日ないし四日になり、本来の意味は薄れてしまったが、季節の変わり目を節分といった。なかでも春から冬への変わり目の大晦日節分は年の変わり目でもあって、特に重要視された。悪霊を退散させるために、恐ろしい姿をした方相氏《ほうそうし》が鬼を追い払う。このときに豆を投げ付けるが、この風習は現在も続いている。新しい清浄な年を迎えるための、真剣な行事だった。

●斎宮《さいぐう》の女人——野宮《ののみや》の潔斎《けっさい》と鴨川《かもがわ》の禊《みそ》ぎ

歴代天皇が新たに即位したとき、未婚の内親王《ないしんのう》が選ばれて斎宮となり、伊勢神宮《いせじんぐう》に向かう。天皇の代理として神に奉仕し、国家と皇室の繁栄を祈るためだ。このときの都からの道中を、斎宮群行《さいぐうぐんこう》と呼ぶ。

斎宮の群行

この群行は、晩秋の九月、逢坂山《おうさかやま》（京都・滋賀県境）を越え、近江《おうみ》国府《こくふ》（大津市）・甲賀《こうが》（滋賀県）・垂水《たるみ》（同）・鈴鹿《すずか》（三重県）・一志《いちし》（同）を経て、六日間をかけて伊勢神宮まで行く行進である（延喜式《えんぎしき》）。時代によって多少のコースの変更はあるが、威儀《いぎ》を整えた、華麗な行列が続いた。

女性が中心だから、衣装も華やかだった。通過する道々の人々は、なごやかにこれを眺めたことであろう。斎宮群行は、平安時代の女性文化を彩る、重要な行事であった。

平安時代では、七九九年の布施内親王《ふせないしんのう》（桓武《かんむ》天皇の皇女）から始まり、四一人が伊勢までの道のりを群行している。斎宮の全盛期ともいうべき時代であった。

右京区嵯峨野々宮町。京福嵐山線嵐山より徒歩8分。京都駅より市バス28系統にて野々宮下車2分。

野宮神社

斎宮の起源

平安時代は斎宮の全盛期ではあるが、起源そのものはもっと古い。初代の実在の天皇と考えられる崇神《すじん》天皇の、豊鍬入姫《とよすきいりひめ》が最初の斎宮として文献に見えているが（日本書紀）、この場合は伝説的なもので、実例とはできない。斎宮の任命も断続的で、雄略《ゆうりやく》天皇の時代に伊勢神宮と皇室との関係はいっそう深まるが、それでもまだ断続的にしか任命されていない。

ほぼ継続的に斎宮が決定され、斎宮の組織も整えられるのは、天《てん》武《む》天皇（在位六七三～六八六）の時代だ。*1壬申《じんしん》の乱のときに伊勢神宮が天武（大海人皇子《おおあまのみこ》）に味方したことが大きなきっかけになったものと思われるが、天武天皇の皇女の大来皇女《おおくのひめみこ》が任命されて六七四年に群行して以後、斎宮はずっと伊勢に奉仕するところとなった。これよりのち、後醍醐《ごだいご》天皇（在位一三一八～一三三九）の時代に絶えるまでの総数は六四人で、平安時代にはその三分の二が集中していることになる。

鴨川での禊ぎ

斎宮の決定は卜定《ぼくてい》という。つまり占いによって、神の意志として決定される。といっても、未婚の内親王にかぎるという条件があるから、形式的なものではあった。神につかえる女性だから、人間が決めるわけにはいかなかったのだ。卜定されると、すぐに伊勢神宮に向かうわけではない。まず宮城

西院の野々宮神社（右）と斎宮神社（左）

*1　六七二年、天智《てんじ》天皇の子の大友皇子《おおとものみこ》と天皇の同母弟の大海人皇子が皇位継承をめぐって争った乱。大海人皇子が勝利し、天武《てんむ》天皇として即位した。

内の便宜《べんぎ》の場を選び、そこに入る。それを初斎院と呼ぶが、諸官庁が転用され、*1雅楽寮《ががくりょう》・*2主殿寮《とのもりょう》、また*3宮内省《くないしょう》・*4近衛府《このえふ》などが充《あ》てられた。天皇の退位・即位はあらかじめ予想が立てられない場合が多く、急に建物を作ることができないからである。

そこで潔斎《けっさい》につとめるが、この間、嵯峨野《さがの》で野宮《ののみや》の建設がすすめられる。ほぼ一年ののちに今度はこの野宮に入って潔斎することになるが、その前に禊《みそ》ぎをする。川に臨んで身を浄《きよ》めるのだが、初めは鴨川《かもがわ》で行われていた。平安京至近の川だったし、平安時代はじめころはまだ清流であったから、鴨川が禊ぎの場となった。しかし、やがて都市としての発達とともに水流も汚濁《おだく》し、新しく葛野川《かどのがわ》(桂川)がその場となった。ここのほうが野宮にも近く、丹波から流れ出す水は汚れることもなく、禊ぎには最適だった。もっとも、カモ斎王《さいおう》の禊ぎはずっと鴨川で行われているから、あるいは伊勢神宮は葛野川、カモ神社は鴨川と、分離しただけなのかもしれない。

野宮神社

初斎院での潔斎を終えて、次いで完成した野宮に入る。

野宮は嵯峨野に建設された。なぜ嵯峨野なのかはわからないが、平安京の喧騒《けんそう》から適当に離れていて、清浄な地と考えられたからであろう。

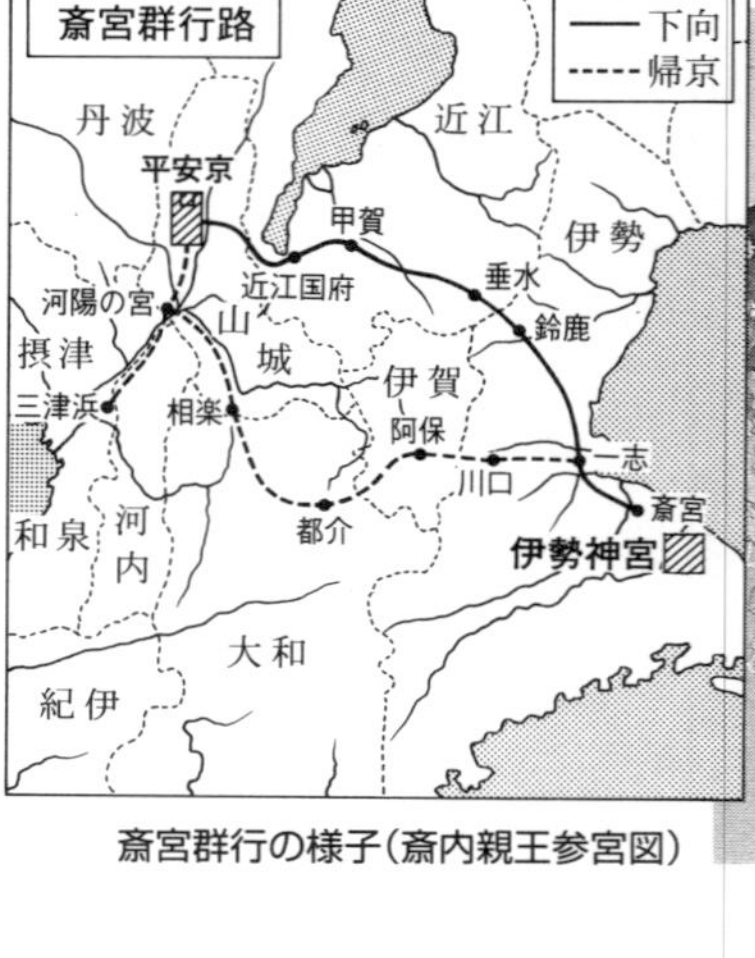

斎宮群行の様子(斎内親王参宮図)

野宮での潔斎の生活は、満一年である。ひたすら神に仕える準備にあたるのだが、百数十人もの役人が出仕したから、退屈ではなかったのだろうし、神につかえるという、完全に聖なる行為が、充実感となったことだろう。

野宮は、文字どおり野に設けられた宮だが、潔斎が終われば撤去される。壊されるのだ。次の斎宮は、天皇の代替りにしか任命されない。それはいつのことかわからないし、維持しておく必要もなかった。事実、四百年間に四一人だから、平均すれば一〇年にひとりということになる。維持しておくほうが費用がかかるだろうし、また穢《けが》れをきらう行事だから、古いものを使うよりも、そのたびに新築するほうが適当だと考えられたのではないか。

当然、野宮の位置は、そのたびに動く。嵯峨野あたりと慣例的に決まっているのみであったから、十四世紀を最後に廃絶すると、その場所は不明となった。現在、*5野宮神社のある場所はその潔斎所のあとを神社にしたものというが、どの斎宮の野宮かはわからない。かろうじて近代まで祭祀のあとをしのぶことができるような状態だったようで、一八七三年に村社とされ、地元の熱意で現在のように整備されたものである。

*1 治部《じぶ》省に属し、歌舞を教習した役所。「うたりょう」とも。
*2 宮内省に属し、宮廷の掃除・灯火などをつかさどった。
*3 宮廷の庶務の一切を取り仕切った役所。
*4 左右近衛府があり、皇居の守護などをつかさどった。
*5 このほかにも、西院《さいいん》野々宮《ののみや》神社（右京区西院日照町）、斎宮《さいぐう》神社（右京区嵯峨宮ノ元町）なども伊勢斎宮の潔斎所の跡といわれている。

●三国伝来の仏像――清凉《せいりょう》寺《じ》と奝然《ちょうねん》渡宋《とそう》

渡宋僧奝然

遣唐使《けんとうし》廃止後も、日中の交流は絶え間なく続いていた。とりわけ僧侶は、本場中国の仏教を求めて盛んに中国に渡った。当時の中国の王朝は唐からかわった宋*1で、遣唐使のような公的な交流や貿易は絶えていたが、私的なそれは不断に、いやむしろもっと絶え間なく続いていたのだ。

そうしたなかに、奝然（九三八～一〇一六）という僧侶がいた。*2石山寺で仏法を学び、早くから兄弟子義蔵《ぎぞう》と愛宕山《あたごやま》（右京区）に寺院の建立を誓い、修行を積んでいた。その当時から中国への渡航を願い、九八三年、もう中年の域に達していたが入宋を実現させた。弟子たちをともない、宋商人の船に便乗して中国に渡ることに成功したのだ。

宋に渡った奝然は、まず*3天台山《てんだいさん》（浙江省《せっこうしょう》）に参詣し、かねてからの念願を遂げている。次いで中国大陸を旅行し、宋の首都の開封《かいほう》（河《か》南《なん》省）へ至り、そこで皇帝太宗《たいそう》に謁見《えっけん》しており、いかにかれが求法《ぐほう》の日本僧として大切にされていたかがわかるが、このとき物産ばかりでなく『職員令《しきいんりょう》』『王年代記《おうねんだいき》』などをも献上していて（宋史日本

清凉寺の本尊、三国伝来の釈迦如来像

清凉寺の山門

伝）、中国人たちの日本文化への関心の高さが知られる。遣隋使《けんずいし》・遣唐使時代の中国と日本の交流が、ほぼ中国からの一方的影響に終わったことを考えると、宋以後のそれは真に日中の交流といえるものであることも、見逃してはならない重要な点だと思う。

皇帝や貴族のみが、奝然に関心を示したわけではなかった。中国民衆も争って銭を喜捨《きしゃ》し、彼の求法を援助した（釈迦如来胎内納入《しゃかにょらいたいないのうにゅう》物《ぶつ》）。中国の人々の熱意が奝然に注がれたのである。

首都開封を去って、今度は五台山《ごだいさん》*4を巡礼する。ここも仏教の本場で、多くの留学僧たちが修行したが、そののちふたたび太宗に謁見して経典をもらい、帰国の途についた。

清凉寺《せいりょうじ》の創建

帰国に際し奝然は、インドから伝わったという釈迦如来《しゃかにょらい》像の模刻に着手した。宋の宮廷で拝んだこの仏像がよほど印象深かったものらしく、宋の僧侶・民衆の力を借りて、模刻は完成した。作像の由来と、協力した人々の名などを書いたものを仏像の胎内に納入し、往路と同じく商人の船に乗って日本に帰国した。

この仏像は、三国伝来の仏像として、日本で大歓迎される。三国伝来とは、インド・中国をへて日本に来るという、三国を経たとい

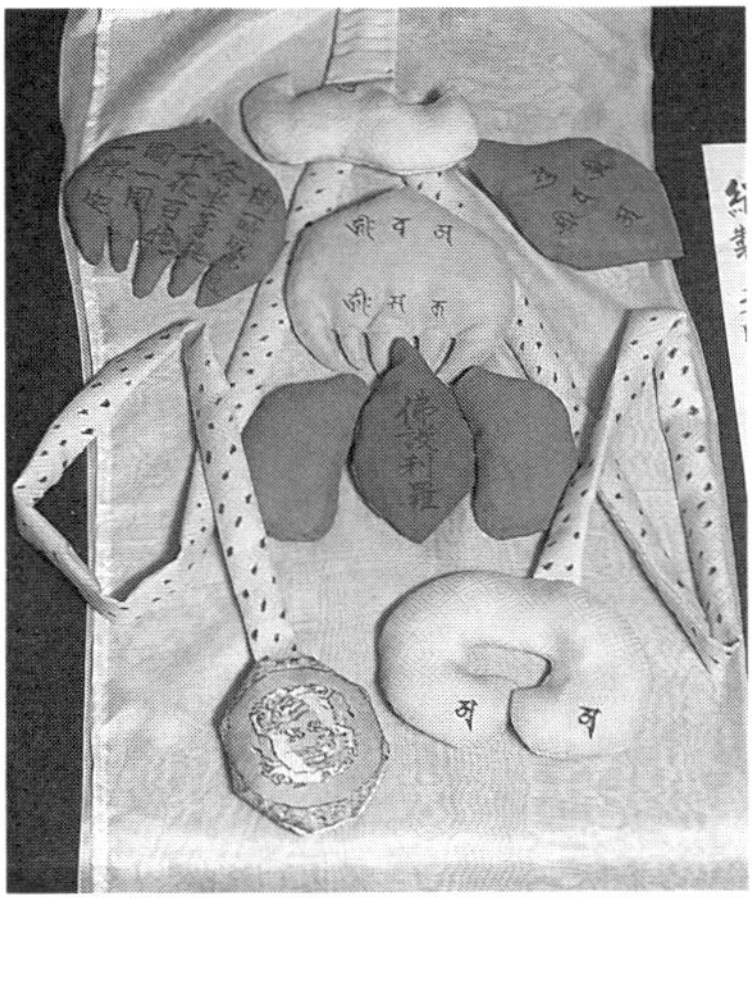

清凉寺釈迦如来像の胎内に納められた五臓六腑

*1 九六〇年建国。北方異民族の圧迫を受け、一一二七年南宋を建てたが、一二七九年、元に滅ぼされた。
*2 滋賀県大津市石山《いしやま》にある寺。七六二年ころ良弁《ろうべん》により創建された。
*3 中国浙江《せっこう》省にある山。蛾眉山《がびさん》・五台山《ごだいさん》とともに、中国仏教三大霊場のひとつ。五七五年、智顗《ちぎ》が天台宗を開いた天台宗教学の根本道場。
*4 中国山西《さんせい》省にある山。

う意味で、とりわけ仏教発祥の地インドからの仏像ということで、篤《あつ》い崇拝《すうはい》をうけた。特にその異国的なデザインは、当時日本で流行のきざしが見え始めていた＊1藤原彫刻にはない特徴を持っていて、人人を引きつけた。

奝然《ちょうねん》は三国伝来釈迦如来像《しゃかにょらいぞう》を本尊《ほんぞん》として、寺院を創建しようとする。帰国直後の九八七年のことである。山号《さんごう》を五台山《ごだいさん》というように、中国五台山にあった清涼寺《せいりょうじ》にならったものと思われる。京都西北にそびえる愛宕山《あたご》を五台山になぞらえ、伽藍《がらん》を建立《こんりゅう》して仏像を安置し、大清涼寺と称しようとした。生前にその志は実現しなかったが、弟子がその遺志を受けつぎ、やがて清涼寺が創建される。

清涼寺の位置は、もと源融《みなもとのとおる》の別荘の棲霞観《せいかかん》で、その名のごとく＊2神仙思想に影響されて建設されたものであった。融の死後に寺となり、棲霞寺と呼ばれた。融は左大臣にまで昇りつめた人物だからその邸宅も大きく、棲霞寺も大きなものだった。

生前に清涼寺を建立できなかった奝然だが、死後もすぐに寺院ができたわけではなかった。弟子の盛算《せいさん》はとりあえず三国伝来像を、棲霞寺の釈迦堂に安置したのである。ところがこの霊験あらたかな仏像への信仰が高まると、本来の棲霞寺より釈迦堂のほうが有名と

中国五台山の麓にある塔院寺舎利塔（右）
清涼寺境内にある棲霞寺阿弥陀堂（上）

なり、釈迦堂の名称である清涼寺が寺の名となってしまった。京都では、いまでも清涼寺というより嵯峨《さが》の釈迦堂というほうがとおりがよいが、この通称はこうしてできた。

国際協調の寺

三国伝来釈迦像は、中国産の桜材を用いて造られている。宋で作成されたから当然ではあるが、作者も中国人だった。その名が仏像に刻まれているが、胎内にもこの像ができるにあたっての由来などについて記した文書が多く納入されている。インドのガンダーラ仏*3を模したと思われる衣文《えもん》は、じつに美しいし、作成は中国だが、インドにまで広がる世界がこの仏像の背景にはある。まさに国際的な文化のありかたを基礎としてこの仏像は生まれた。その像を安置する清涼寺も、そうした性格を持つ寺院だったといえる。

この三国伝来釈迦如来像が、爆発的な信仰を集めるのは、たしかにそのデザインが異国的で、新鮮なイメージを与えたからだが、それだけではない。皇族・貴族や庶民までもが、そこに中国・インド、さらにはアラビア・ヨーロッパにまで続く世界性を、するどく感じ取ったからにほかならない。清涼寺は、古代京都を考えるときにたいへん重要なヒントを与える、まさに国際協調の寺だったのだ。

右京区嵯峨釈迦堂藤ノ木町。京福嵐山線嵐山下車徒歩15分。京都駅より市バス28系統嵯峨釈迦堂前下車すぐ。

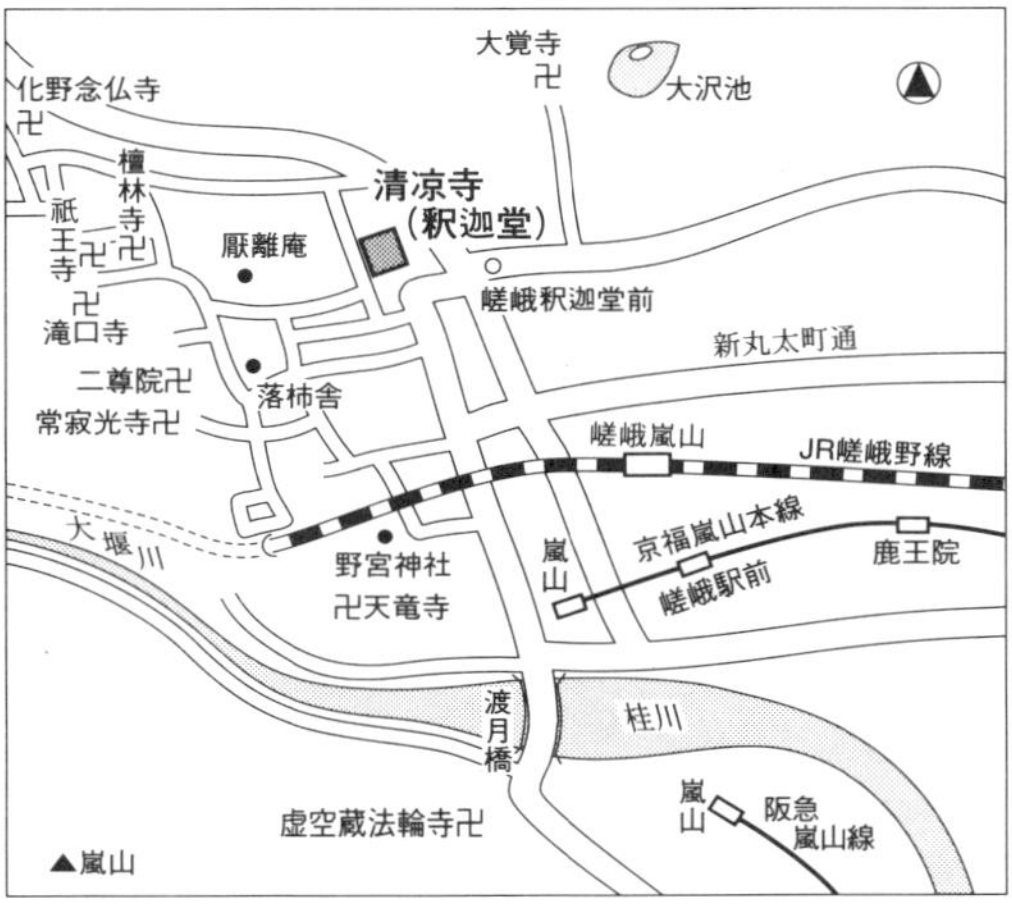

*1 平等院の阿弥陀如来像《あみだにょらい》（定朝《じょうちょう》作）などが代表的な例で、浄土信仰の普及が背景にある。
*2 中国の神秘思想。不老不死で、神通力をもつ仙人の存在を信じ、不老長寿の薬の存在を信じた。仙人は霞《かすみ》を食べて生きているとされる。
*3 ガンダーラは、パキスタン北東部の古地名。アレクサンダー大王の侵入以来、ギリシア文化の影響を受け、西方風の仏教美術が発達した。

● 陰陽道《おんみょうどう》の始祖《しそ》——安倍晴明《あべのせいめい》と晴明神社《せいめいじんじゃ》

陰陽道の伝来

平安時代は、迷信の時代でもあった。華やかな王朝文化の背後には、迷信に左右され、占いに頼って生活を送る、言ってみれば自主性のない皇族・貴族たちがいた。

だからといって、この時代が退廃的《たいはいてき》だったというわけではない。事実、文学や芸術などを初めとして華麗な文化が花開いたし、躍動する人々の姿がそこここに見られた。むろん内乱や天変地異《てんぺんちい》などが起こりはしたが、平安時代四百年間は、日本史上のほかのどの時代よりも長いし、安定した社会だった。

ではどうして陰陽道が、皇族・貴族の生活を左右する原理となったのか。そもそも陰陽道とは何で、いつごろ日本社会に定着するようになったのか。

陰陽思想とは、世界のあらゆる物質や現象が、陰《いん》と陽《よう》との対立で生じると考える思想である。いわば宇宙の二元論であって、遠くイランにまでその形跡を見ることのできる思想でもある。天地、日月など、日本でも陰陽を対照させて物事を考えるが、それを一層論理

晴明神社（右）。晴明神社の瓦に描かれた陰陽道の星形の神紋（五芒星紋）。

化させて宇宙の現象までを考えるのは、中国で生まれ、発達した思想であった。つまり初歩的な原理としては日本でもあったのだが、体系的な思想となったのは中国でのことだった。

　そうした思想が日本に入ってくるのは、当然中国との交流の盛んとなる時代だが、それよりも早く渡来人《とらいじん》によってもたらされていたことは確実だ。国家的なレベルでの伝来は、おそらくは五世紀末〜六世紀初めの推古《すいこ》天皇朝のころだろう。陰陽思想は論理の整った思想で、当時の日本にはなかった斬新《ざんしん》なものだったから、急速に導入されていった。

貴族生活と陰陽道

　陰陽道が、圧倒的に支持されるようになるのは、平安時代だ。これも興味深い現象で、日本に伝来して二百年後のことであった。その原因は、当時の政治体制に求めることができる。律令政治という天皇中心の政治システムが崩壊し、さりとてただちにそれに替わる新しい政治体制が発明されたわけではなかったから、しばらくは試行錯誤の状態が続く。この試行錯誤を支えたのが、陰陽道なのだ。

　試行錯誤ということは、その体制の基礎となる確固たる原理がないということだ。原理がなければ、なにか政治を支える思想がいる。

安倍晴明像。そばに控えているのは式神（晴明神社蔵）

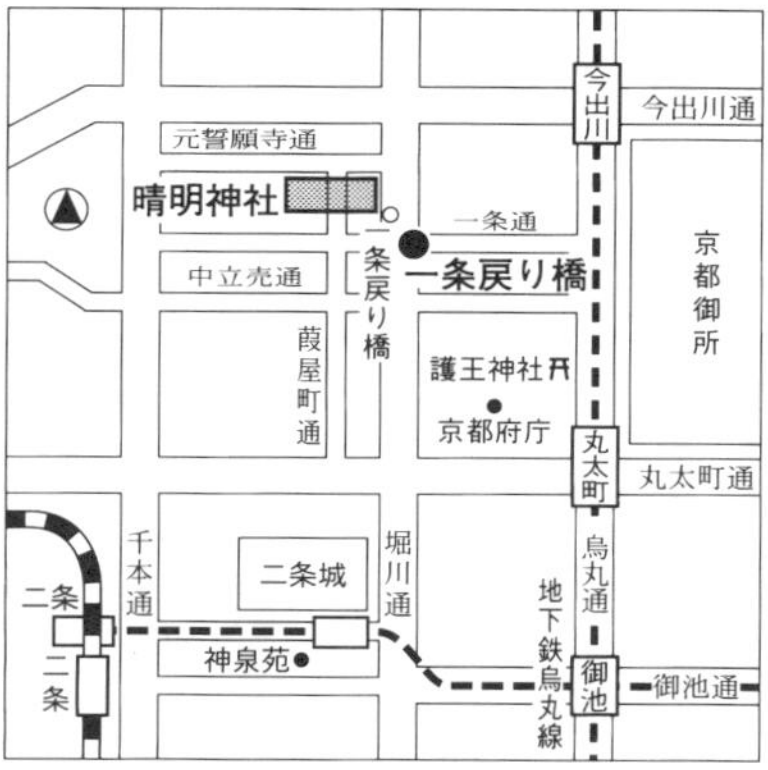

晴明神社▶上京区堀川通一条上ル。
一条戻り橋▶一条通堀川東側。ともに、京都駅より市バス9系統にて一条戻り橋下車。

まさに陰陽道《おんみようどう》は、そうした間隙《かんげき》をぬって勢力を拡大してきたのである。陰陽道といえば、なにかしら無原則な、主体性のない思想や行動と映りがちだが、支柱を失った王朝政治の政治原理となるものであり、それそのものがすなわち政治であった。表面に現れるのは占いや禁忌《きんき》(タブー)といった迷信的現象だが、背後にはそうしたものを必要とする歴史があった。陰陽道は、王朝貴族たちにとって、欠くべからざる政治の指針だったといってよい。

安倍《あべ》氏と賀茂《かも》氏

陰陽道がそれだけ重要なものになってくると、やがてそれを独占する家ができてくる。平安時代という時代は、官職《かんしょく》とその職務が世襲《せしゅう》されてくる時代でもあるが、陰陽道が重要な意味を占めた以上、その官職が独占され、世襲されるようになるのは、自然の成り行きであった。独占した氏族のほうも、おのが氏族の勢力を拡大するために、つぎつぎに新しい禁忌《きんき》などを作り上げた。

陰陽道を世襲したのは、安倍《あべ》氏と賀茂《かも》氏である。安倍氏は*1天文道《てんもんどう》、賀茂氏は*2暦道《れきどう》と、それぞれに分担して世襲された。両家が仲良く分け合ったのだが、特に安倍晴明《あべのせいめい》はその能力がすぐれており、かずかずの伝説を生んだ。「天変」によって花山《かざん》天皇の退位を知ったこと

「酒呑童子絵巻」(サントリー美術館蔵)に描かれた鬼(酒呑童子)と、渡辺綱らの四天王

（大鏡《おおかがみ》）、式神《しきがみ》（陰陽師《おんみょうじ》に仕える神）を使役し老僧との術比べに勝ったこと、草の葉で蛙《かえる》を殺したこと（今昔《こんじゃく》物語集）、などの奇異な話を伝えている。時の権勢人藤原道長《ふじわらのみちなが》に仕えたともいい（古事談《こじだん》）、著名な陰陽道の達人であった。

晴明神社《せいめいじんじゃ》

この晴明の邸宅は、堀川西・一条北にあったという（山《やま》城名勝志《しろめいしょうし》）。史実のほどは確認することができないが、古い記録では土御門《つちみかど》北・西洞院《にしのとういん》東とするから（今昔物語集）、もしそうだとすると、この場所ではないことになる。ともかく、晴明邸宅をのち神社にしたのが、晴明神社だ。晴明町という地名も伝えており、興味深い。一〇〇七年の創建ともいうが、これも確認することができないながら、音に聞こえた陰陽道の大家の晴明を祀《まつ》る神社として、今に至るまで長く崇敬を受けている。

すぐ近くには、一条戻り橋《いちじょうもどりばし》がある。源頼光《みなもとのよりみつ》の家臣の渡辺綱《わたなべのつな》が鬼を退治し、その腕を切り落としたという場所である。その処置を晴明にたずね、その指示で厳重に封印し、*3仁王経《にんのうきょう》をとなえたという。鬼は内界と外界の境界に出るものだが、ここが京都の内と外との境と考えられていたことを示すものでもある。都を荒らす鬼を封じこめるのに晴明が一役買っていることは、たんへん興味をそそる。

一条戻り橋

＊1　天文・気象に関する諸現象を観察し、その変異によって吉凶を判断する術。

＊2　日月の運行を測って暦を作る術。

＊3　護国安穏のため、般若波羅蜜多《はんにゃはらみた》（完成した知恵）の体得を解く経。

●塩釜《しおがま》の邸宅——源《みなもとの》融《とおる》と河原院《かわらのいん》跡

河原院は、その名のように河原、すなわち鴨川《かもがわ》の河原近く、平安京 東 京極大路《ひがしのきょうごくおおじ》に接して営まれた。最盛期には八町（約三万五千坪）あったといい（拾芥抄《しゅうがいしょう》）、広大な邸宅であった。平安京には大きな邸宅が多かったが、そのなかでも群を抜いた大きさだった。

河原院の創建

この邸宅の主は、河原左大臣《かわらのさだいじん》と称された源融（八二二～八九五）である。融は嵯峨《さが》天皇（在位八〇九～八二三）の第八皇子《おうじ》として生まれ、臣籍《しんせき》に降下して源を名乗る嵯峨源氏《さがげんじ》である。元皇族《こうぞく》として権勢を誇り、嵯峨《さが》に別荘の棲霞観《せいかかん》を持つなど、平安時代の京都を彩る重要な人物だった。

政治的にはたいした業績は見られないし、皇位《こうい》を望んだとか（大鏡《おおかがみ》）、謀反《むほん》を試みたとか（日本三代実録《にほんさんだいじつろく》）、あまり評判のよい足跡を残してはいない。しかし、『源氏物語』の主人公・光源氏《ひかるげんじ》のモデルだとも考えられており、文化的にはすぐれた人物だったらしい。河原院には、彼のサロンとして多くの皇族・貴族たちが寄り集《つど》い、平安文化の中心ともなった。

河原院跡の石碑と源融像（本覚寺蔵）

創建の時期は不明だが、じつに豪壮な邸宅だった。「風流《ふりゅう》の体をきわめ、遊蕩《ゆうとう》の美をつくす」豪邸で、山水《さんすい》の庭園を造り、池を掘ってそこに魚・鳥を放つなどし、「天然の景勝」とまで呼ばれており（以呂波字類抄《いろはじるいしょう》）、贅沢《ぜいたく》のかぎりを尽くしたものだった。しばしば詩《し》歌《か》・管弦《かんげん》の遊びも行われ、当時の貴族たちの住宅の集まる地域とはかなり離れていたが、貴紳の往来が激しかった。

塩釜浦の模倣

この河原院が有名なのには、今ひとつ理由があった。陸奥国松島《むつのくにまつしま》海岸の塩釜《しおがま》浦（宮城県塩竈《しおがま》市）を模した庭園があったからだ。右に述べたような情景はこの塩釜に対応するものだが、「陸奥ノ国ノ塩竈《しおがま》ノ形ヲ造《つくり》テ、潮《うしお》ノ水ヲ汲《く》ミ入《いれ》テ、池ニ湛《たた》ヘタリケリ」とあるように（今昔《こんじゃく》物語集）、塩釜の風物を真《ま》似《ね》ただけではすまず、塩水まで運ばせて海を作り出した。

しかもその海水は、はるばる尼崎《あまがさき》（兵庫県尼崎市）から、数百人の人夫を使って運んだという（和漢《わかん》合符）。なんとも豪勢だが、重量のかさむ海水をわざわざ京都まで運送するのは、簡単なことではなかっただろう。運ぶほうからしてみれば、その労働は苦痛以外のなにものでもないが、海を持たない京都貴族にとっては、それだけの苦労をしても再現するだけの価値があったということになる。平安

塩竈市にある塩竈神社（右）と、錦天満宮（中京区錦小路通新京極東）境内にある源融を祀る塩竈神社（左）。

時代の早くから塩釜《しおがま》は、名所としてよく人に知られた場所だった。後年、荒れたままの河原院《かわらのいん》をおとずれた紀貫之《きのつらゆき》（八六八？〜九四五？）は、

きみまさで　煙たえにし　塩釜の
　うらさびしくも　見えわたる哉《かな》

と詠《よ》んでいる（古今和歌集《こきんわかしゅう》）。

宇多《うだ》天皇の御所に

　融《とおる》の死後、河原院は宇多天皇（在位八八七〜八九七）に献上された。融からいえば宇多天皇は甥《おい》の子ということになり、近しい親戚だったからごく自然な寄進《きしん》であったろうが、融には五人の子がいた。それにもかかわらず、子供たちは河原院を相続しなかったわけだが、その理由は不明である。

　さて、宇多天皇に伝えられてから、興味深い伝説がある。退位した宇多天皇が、寵愛《ちょうあい》する京極御息所《きょうごくのみやすどころ》（褒子《ほうし》）をともなって河原院を訪れて庭園のありさまを観賞し、夜になって愛を交歓していたところ、融の霊が現れて御息所を賜りたいと願い出た。そこで宇多は、おまえは臣下で、私は主上《しゅじょう》ではないか、どうしてそんな要求をするのかと尋ねたところ、恐れ入って宇多の腰に抱きついた（江談抄《ごうだんしょう》）。御息所は気を失ったが、浄蔵法師《じょうぞうほうし》が加持祈祷《かじきとう》を加えたところ、たちまち蘇生《そせい》したという。また、宇多がどうして幽霊に出るの

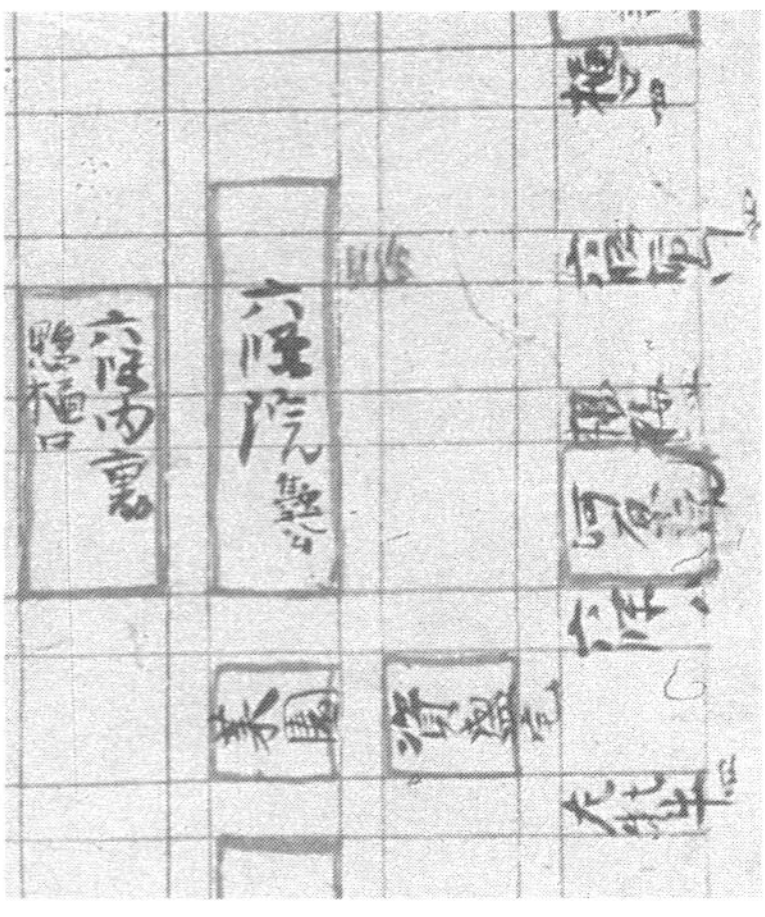

平安京図（東京国立博物館蔵）に記されている河原院

清凉寺（右京区）境内にある源融多宝塔

かと融に問うたところ、融はここは私の家だからと答えた。しかしおまえの子孫が私に売り渡したのだから、出現するのはおかしいと宇多が言うと、融の霊はかき消すように姿を消したという。

宇多がこの世を去ってからは、河原院も荒廃した。平安京・京都の住宅地からかなり離れていたので、二代目の主の宇多の死後はいつとはなしに訪れる人もなくなった。特に鴨川《かもがわ》に近いというのが裏目に出て、「鴨川水ミナキリ入リテ、苑池ホトホト水底《みなそこ》ニナリヌ」というありさまだった（続古事談《ぞくこじだん》）。川に近いのは、池をつくり、庭園とするのには利点だが、いったん洪水があればたちまちに水没するということだ。河原院も、そういう運命をたどった。

天橋立《あまのはしだて》

丹後《たんご》に、天橋立という名勝がある。今も日本三景のひとつとしてよく知られているが、すでに奈良時代の『風土《ふど》記《き》』に出てくるくらいに早くから有名な景勝の地であった。

この天橋立もまた、ある貴族の京都の邸宅にミニチュアが造られていた。大中臣輔親《おおなかとみのすけちか》の六条院《ろくじょういん》で、ここにも天橋立が模倣されて再現されていた。陸奥の塩釜ほどではないが、丹後もそう簡単に行けるという場所ではない。せめてもの名所への願望をこめて、おのが邸宅に再現したのである。

天橋立（京都府宮津市）

下京区木屋町通五条下ル西側。京阪五条下車徒歩3分。

トピックス

平安京住宅事情——庶民のマイホーム

●都市計画の基本単位

平安京は南北五・三キロメートル、東西四・五キロメートルほどからなっていたが、その都市計画の基本単位は町《ちょう》である。

町は、一辺が四〇丈、つまり約一二〇メートル四方からなる範囲をいう。この正方形を組み合わせて、平安京はなっていた。全体が南北一七五三丈・東西一五〇八丈（延喜式《えんぎしき》）という中途半端な数値になるのは、四〇丈×四〇丈という単位を崩さないで、そこへ道路幅が適宜組み込まれていくから最後は端数《はすう》になるわけで、基本単位は町であったことがかえってよくわかる。

●貴族の住宅

貴族の住宅は、この町が基本となったらしい。平安京最大の貴族邸宅は平清盛の西八条第で、六町あまり、三万坪ほどだった。この場合は町を六つもわたるから、町を仕切る道路の部分も邸宅だったということになる。大貴族で通例四町、すなわち二四〇メートル四方である。これでも一万八千坪近くになり、広大としかいいようがない。

普通の貴族になると、一町四千四百坪だった。六町は平安時代を通じてただ一例だけだし、四町の住宅もないわけではないが、きわめて数は少なく例外的なものと考えてよい。町が平安京の基本単位だということは生きているのであり、国政を運営するような上級貴族はこの一町を住宅地とした。それ以下になると二分の一町・四分の一町などもあるし、また上級貴族といっても何代も続くとは限らないから、次代には縮小することもある。一概には論じられないのであり、現代でもそうだがさまざまなバラエティーがあって、あまり固定的に考えないほうがよい。

●庶民の住宅

一般市民の住宅の構成単位は、戸主《へぬし》である。これは町が分割されたものであり、平安京では四行八門、つまり東西が四分割、南北が八分割されたその分割後の区画をいう。戸主という文字が示すように、国家的見地から定められた市民の生活必要スペースであった。

この戸主を、四行八門で単純に区画すれば一戸主は東西が三〇メートル、南北が一五メートルということになる。しかしそれでは内側に位置する戸主は出口・入り口がなくなるから、町のなかにも小径《しょうけい》を通す。いわば共有道路地となって、その分だけ狭くなる。だから実際には三〇メートル×一五メートル、つまり一四〇坪はないことになる。

だがそれにしても、一四〇坪とはたいへんな広さで、現代の都市生活者からすれば実にうらやましく感じられる。家庭内菜園も営まれ、緑もあった。潤《うるお》いのある住宅だった。平安京初期には人口も一二万人程度だから、庶民の人家も密集という状況には程遠い。のどかで、疎《まば》らな人家の存在の仕方であったと思われる。

一般市民がそこでどういう住宅に住んでいたかはよくわからないが、おそらく、土間が多かったはずである。古代以来の竪穴式《たてあなしき》住居の伝統はまだ生きていて、高床《たかゆか》式の住居もありはしたが、庶民は基本的に土間形式の住宅で生活した。だから桂川に近く、湿気の高い右京域は早く住宅が営まれなくなるわけで、あるいは当初から右京域にはそう多くの人家はなかったのかも知れない。床をあげた部屋があるにしても、土間が基本だと湿気は大敵で、健康にもよくない。自然と避けられるようになるのは、当然のなりゆきだった。

●庶民地区の道路

この戸主《へぬし》は、あくまで原則であって、やがてその形を崩していく。これも歴史のなりゆきであって、戸主の設定自体が政治的なものだったし、市民生活の展開とともに市民的な住宅地になっていく。

それには道路の在り方が大きく関係した。町の内の道路は、三つのパターンをもって敷設された。敷設されたというよりも、自然にできていったというほうが適切かも知れないが。

三つのパターンとは、①町の中心に南北に一本の道路がつくもの、②大路に面した側のみさらにもう一本道路がつくもの、③市町《いちまち》は中央と左右に合計三本道路がつく、の三類型である。市町に道路が多いのは、道路に面する線をなるべく長くし、店舗《てんぽ》をたくさん設けようとしたものだが、普通の町はたいてい一本しか道路はなかった。

道路は通行に使われたのは当然としても、そこに住む人々の生活の場所でもあって、井戸端会議、世間話、子供たちの喧嘩、夏の夕涼み、あらゆる市民生活の場でもあった。公園や公民館などむろんないし、住宅の前の道路は庶民のコミュニティースペースだったことも忘れてはならないだろう。

●悲劇の官人の生涯——菅原《すがわらの》道真《みちざね》と北野《きたの》天満宮《てんまんぐう》

だれでも幼少のころ、天神《てんじん》さんへ学問の上達の願いをかけた経験を持っているだろう。

学問の神・天神さん

私は北野天満宮の氏子《うじこ》で、しばしばお参りした。[*1]毎月二十五日の縁日《えんにち》にはよく行ったし、受験のときには絵馬《えま》をあげにも行った。

天神さんに祀《まつ》られている菅原道真（八四五～九〇三）は、政治家としてばかりか文章博士《もんじょうはかせ》[*2]として、学者としても一流の人物だった。残した著作も多いし、たしかに平安時代において並ぶものはいなかった。その道真が学問の神となり、尊敬をうけるのは当然のことともいえた。

だがしかし、道真は当初、学問の神とはなんら関係しなかった。しなかったどころか、むしろ恐ろしい、祟《たた》りをもたらす神だったのだ。「文道《ぶんどう》の祖」として早くから崇敬《すうけい》をうけていたことはたしかだが（本朝文粋《ほんちょうもんずい》）、学問神となるのは、はるか後世の江戸時代になって、寺子屋《てらこや》を初めとする児童教育が発達して以降のことである。

道真の生涯

菅原道真は、本来は政治家である。もと土師《はじ》氏という名族の出身だが、のち分家して菅原氏ができる。

北野天満宮（右）と、境内にある聖牛[*4]（上）

彼がこの世に生をうけたころには藤原氏が全盛で、そうでない道真は、自分の才能と実力で頑張るしかなかった。

才能は、生まれついてすぐれていた。一一歳で詩を作ったというのは多少疑問だが、八七〇年に二六歳で対策《たいしゃく》に及第し(今でいえば上級国家公務員試験に合格)、役人としての道を歩みはじめる。基本的には中央政府の役人だったが、文才もあって、皇族・貴族たちとの交友関係も多彩であったらしい。

道真の真の登場は、宇多《うだ》天皇が即位して以後のことである。八九〇年に、初めての地方赴任である讃岐国《さぬきのくに》(香川県)の国司《こくし》の任期を終え京都に帰ったが、その翌年に*3蔵人頭《くろうどのとう》に任じられた。この官職はいわば宮廷の機密にあずかる重要な役職だった。その二年後には参《さん》議《ぎ》になっていて、国政に参与することになった。八九四年には、三百年にわたって続いてきた日本と中国の正式国交である遣唐使《けんとうし》を廃止するという、日本史の大きな転換点になる重要な政策を立案しており、宇多天皇の信任がいかに厚かったかがわかる。

大宰府《だざいふ》への左遷

道真が重く用いられたのは、宇多天皇の政治方針によるものだった。というのは、天皇中心の政治、つまり律令《りつりょう》政治の原則を重視した政治を行おうとするのが

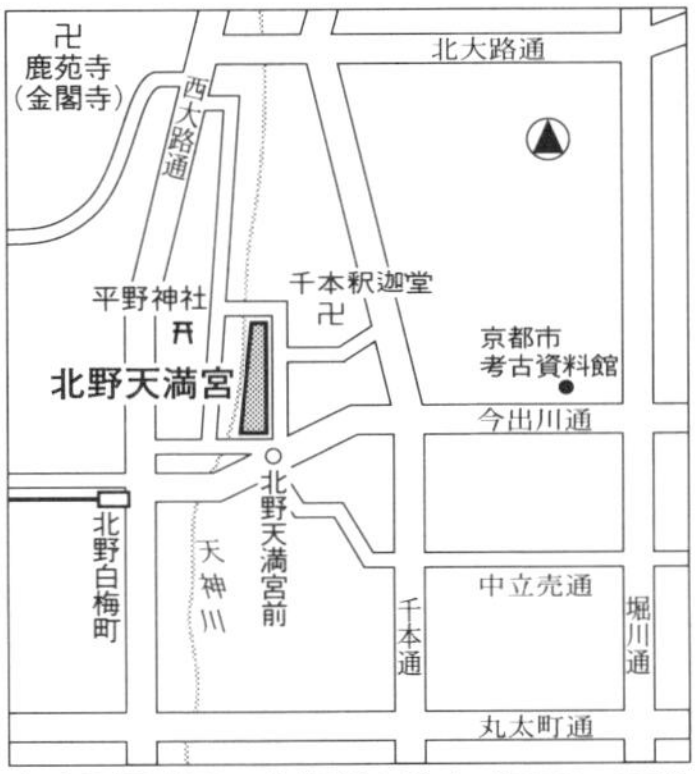

上京区馬喰町。京都駅より市バス50・52系統、四条河原町より8・10・203系統にて北野天満宮前下車すぐ。

*1 道真の命日が二月二十五日だったことから、毎月二十五日に縁日が催される。中でも一月の初《はつ》天神と、十二月の終《しまい》天神、二月の梅花祭は特ににぎわう。

*2 大学寮(中央の官吏養成機関)で、詩文・歴史を教授した教官。

*3 蔵人所《くろうどどころ》の長官。天皇に近侍し、機密文書の保管や、その他宮中の一切のことに関わった。

*4 天神と牛との結びつきは深いが、その由来には道真が丑《うし》年であったからとか、道真を葬る際に牛車《ぎっしゃ》の牛が動かなくなったからなど諸説があるが、本来農耕神であった天神に牛馬をいけにえとして供えたことに由来すると思われる。

宇多天皇の理想だったから、まず藤原氏をおさえる必要がある。藤原氏には有能な人材が輩出していたから、並み大抵の人物をもってきても、これに対抗できない。そこで宇多《うだ》天皇が目をつけたのが、道真《みちざね》だったのだ。優秀な才能ばかりでなく、多くの皇族・貴族とも人脈を持っていたから、彼を登用すれば反藤原氏の貴族たちはむろん、中間派もついてくるという見込みがあったのである。

このときの藤原氏の中心は、時平《ときひら》（八七一〜九〇九）だった。政治的にはきわめて優秀で、道真とは親子ほどに年が若かったが、よく彼に対抗し、ついに失脚させ大宰府《だざいふ》に左遷してしまう。京都から追い払ってしまったわけで、これで政治家道真の生涯は終わる。この二年後、道真は京都への帰心を胸に秘めながら大宰府で死去した。

清涼殿への落雷

道真の死後、天変地異《てんぺんちい》が頻発した。とくに都市京都が発達の度を加えていくと、天変地異が与える被害も大きくなるし、都市災害も頻繁《ひんぱん》に起こるようになる。道真が死去した十世紀初めごろは、そういう時代であった。

道真を追放した時平は、三一歳の若さで、九〇九年に病死した。九二三年には時平の甥にあたる皇太子保明親王《やすあきらしんのう》、九二五年には新皇太子になった時平の孫の慶頼王がと、道真の政敵・時平の縁者が

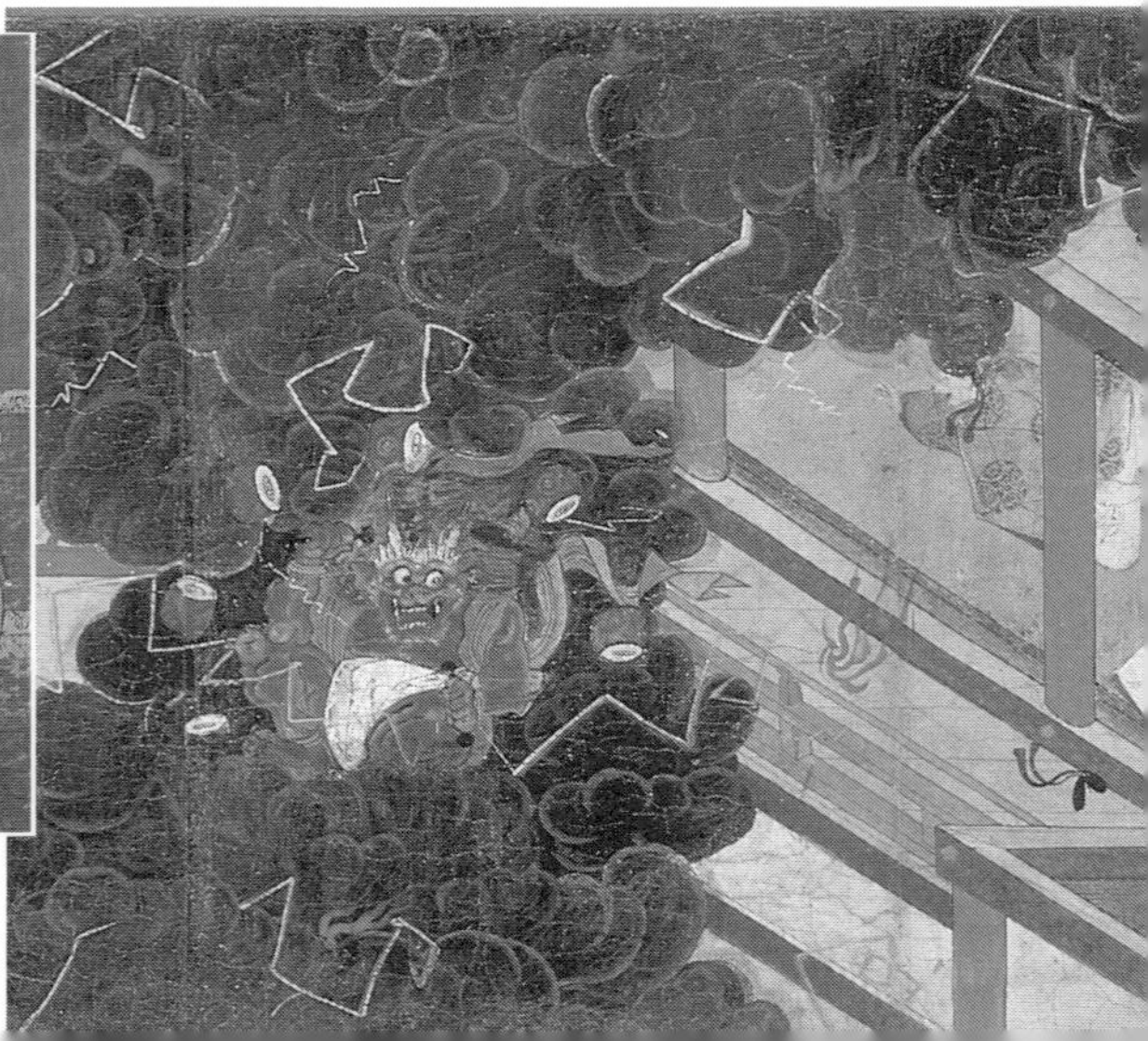

菅原道真像と、「北野天神縁起」に描かれた清涼殿への落雷（ともに北野天満宮蔵）

あいついで死んだ。さらに追い打ちをかけたのが、九三〇年の*1清《せい》涼殿《りょうでん》への落雷で、大納言《だいなごん》藤原清貫《ふじわらのきよつら》*2・右《う》中弁《ちゅうべん》平希世《たいらのまれよ》が死去したが(日本紀略《にほんきりゃく》)、これらの事件は貴族たちに大きな衝撃を与えた。菅原道真の怨霊《おんりょう》のしわざだと、人々は考えたのだ。

天神《てんじん》との習合《しゅうごう》

天神は文字どおり天の神で、農業国日本にはなくてはならないものだった。恵みの雨をもたらし、豊かな稔《みの》りを保証してくれる。感謝の対象にこそなれ、嫌われるものではなかった。

しかし、農業と遊離した都市住民にとっては、恐ろしい雷鳴と気味の悪い稲光りは、決して気持ちのよいものではなかった。それどころか、時には落雷の被害をもたらす天神は、避けるべきものであった。加えてこのころには、疫病《えきびょう》や大雨・洪水も起こったから、それをも道真の怨霊《おんりょう》のせいと考えた。

かくて天神と道真はどちらも恐ろしいもの、避けるべきもの、ということで習合することになる。天神といえばただちに道真を思い出すが、本来は別のもので、歴史の展開とともに合体した。全国には一万社以上の天神さんがあり、道真が祀《まつ》られているが、農業国日本にあった天を祀る神社に、のちに道真が入りこんだものなのだ。

人々でにぎわう"天神さん"

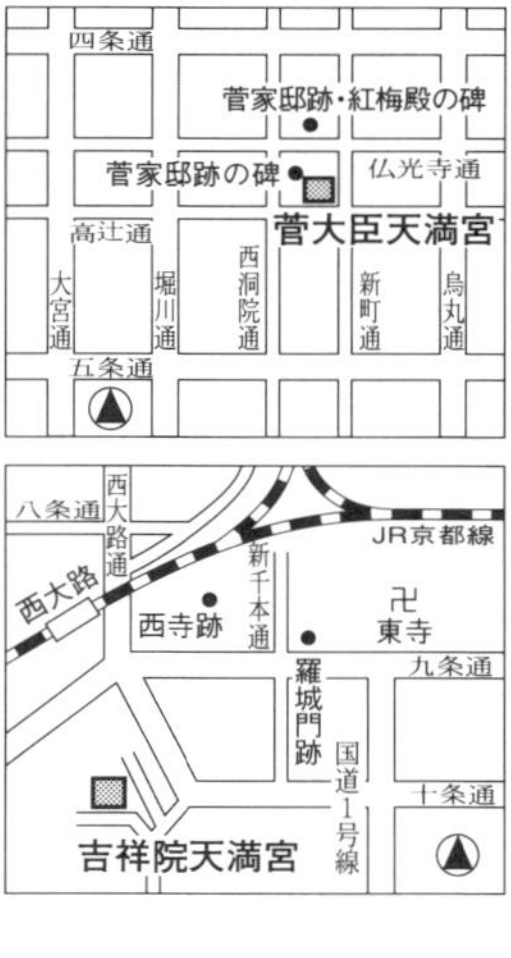

菅大臣天満宮▼下京区仏光寺通新町西入ル。道真の邸宅跡といわれる。
吉祥院天満宮▼南区吉祥院政所町。この付近は、もと菅原氏の所領で、道真誕生の地とする伝説もある。

*1 内裏《だいり》の殿舎の一つ。天皇の日常の居所。
*2 右弁官局の次官。太政官《だじょうかん》に属し、兵部《ひょうぶ》・刑部《ぎょうぶ》・大蔵《おおくら》・宮内《くない》省の文章を扱った名誉ある重職。

●延喜《えんぎ》・天暦《てんりゃく》の天皇親政——仁和寺《にんなじ》と御室《おむろ》

藤原良房《ふじわらのよしふさ》・基経《もとつね》

平安京の初期世界を彩った人物として、藤原良房と基経の親子(実際は養子関係)を見逃すわけにはいかない。ともにすぐれた政治家で、平安王朝の基礎を築いた。

良房(八〇四～八七二)は、八四二年の＊1承和《じょうわ》の変で橘《たちばな》氏・大伴《おおとも》氏(伴氏)、八六六年の＊2応天門《おうてんもん》の変で大伴氏・紀氏と、つぎつぎに他氏族を排除し、人臣最初の摂政《せっしょう》となって藤原氏の勢力拡張に大きな役割を果たした。基経(八三六～八九一)は父・良房の業績をよく受け継ぎ、最初の関白《かんぱく》になった。二人は敏腕《びんわん》の政治家として、藤原氏一族の力を高めたばかりでなく、平安王朝の安定の基礎をも築いたのだ。

九六九年に起こった＊3安和《あんな》の変以後、若干の切れ目はあるが、摂政・関白が常置されることになる。天皇が幼年のあいだは摂政が、成人してからは関白がと、いわば天皇の政治を代行する。これが摂《せっ》関《かん》政治である。良房・基経の時代はまだ摂関は常置ではなかったが、強力な権力は持っており、この時代をのちの摂関政治と区別して、前期摂関政治と呼ぶことが多い。

仁和寺全景

阿衡《あこう》事件

むろんこの過程ではかなりの強引な、正義にのっとらない行動があったことも確かであった。その典型が阿衡事件だ。基経が、彼を関白に任じる書類のなかに「阿衡」*4の任に任じるという文言があったのに難癖《なんくせ》をつけて、阿衡というのは形式的な官であって、任務はともなわないと主張し、職務を放棄したのである。困った当時の宇多《うだ》天皇は、文章を起草した責任者を処分し、ようやく基経を復帰させて事態を切り抜けた。

いわば嫌がらせではあったが、事態は宇多天皇にとっては深刻だった。なんとか藤原氏を制圧しないと、天皇の権威などあったものではない。そこで菅原道真《すがわらのみちざね》などが登用されるわけだが、宇多天皇自身、政治家として有能だったこともあって、*5天皇中心の政治を実現する。そしてそれは、宇多天皇の皇子《おうじ》の醍醐《だいご》天皇（在位八九七～九三〇）、ついで村上《むらかみ》天皇（在位九四六～九六七）へと引き継がれ、延喜《えんぎ》・天暦《てんりゃく》の天皇親政となって実を結ぶ。

延喜・天暦の治

醍醐・村上両天皇による政治を、延喜・天暦の治と称するのは、延喜（九〇一～九二三）・天暦（九四七～九五七）年間にピークを持つ政治だからで、古代政治の原則ともいうべき律令《りつりょう》体制が比較的よく運営され、理想的な政治のありかたと後

応天門炎上を見る役人たち（伴大納言絵巻）

*1 伴健岑《とものこわみね》・橘逸勢《たちばなのはやなり》らが謀反を企てたとして流罪にされ、無実の皇太子恒貞《つねさだ》親王も廃された。事件後、良房の妹の子道康《みちやす》親王（文徳《もんとく》天皇）が皇太子となった。

*2 平安京の応天門炎上の際の放火犯として、伴善男《とものよしお》らが遠流に処せられた事件。

*3 左大臣源高明《みなもとのたかあきら》らが、守平親王の廃太子を謀ったとの疑いで、右大臣藤原師尹《ふじわらのもろただ》により左遷に処せられた事件。

*4 古代中国の三公（太師《たいし》・太傅《たいふ》・太保《たいほ》）に相当し、官職がなく王と職が同じであるとして、関白職が有名無実のものであると判断された。

*5 この宇多天皇の治世は「寛平《かんぴょう》の治」と呼ばれることもある。

世からも評価された。天皇親政の復活、貴族・寺社の荘園の廃止、律令《りつりょう》政治の基本となる膨大な法令集「延喜式《えんぎしき》」を編纂《へんさん》するなど、たしかに意欲的な政治が行われた。

ただ、途中に平将門《たいらのまさかど》・藤原純友《ふじわらのすみとも》の乱があるなど、実際には理想とはほど遠いものであったが、これが最後の天皇中心の政治でもあった。以後、後醍醐《ごだいご》天皇(在位一三一八～三九)の政治を除いて、明治になるまで天皇は政治の表面から退くことを余儀なくされた。

仁和寺御室《にんなじおむろ》

よくいわれることだが、天皇・皇族と文化保護の関係についても、この時代は注目される。特に寺社文化と天皇・皇族との関係は、きわめて深いものがあった。藤原氏に対抗して天皇・皇族の勢力を保持しようとするものだから、文化の面においても積極的に権威を誇示することを試みた。

宇多《うだ》天皇が建立《こんりゅう》した仁和寺は、その最初のものである。天皇の発願《ほつがん》にかかるので御願寺《ごがんじ》と称するが、光孝《こうこう》天皇(在位八八四～八八七)によって創建に着手されていたのを宇多天皇が引き継ぎ、八八八年に完成させる(一代要記《いちだいようき》)。天皇の手によって創建された寺院だったから、じつに壮大で、平安京の西郊外に異彩を放っていた。

仁和寺は、京都では御室というほうがとおりがよい。御室とは宇

桃山時代の紫宸殿を移築した仁和寺金堂(右)と、境内にある“御室の桜”と五重塔

多上皇が寺内にもうけた御座所《ござしょ》のことで、宇多自身ここで出家し、住んだ。崩御《ほうぎょ》もここでのことで、そこで御室の名が通称となった。勢力を誇り、百近い塔頭《たっちゅう》*1・子院《しいん》があった。宇多以後、代々皇族が入寺し、京都近郊の寺院としては格別の重きをなした。

四円寺《しえんじ》

少し時代は遅れるが、仁和寺の周辺には四円寺と呼ばれる四つの寺も建立された。いずれも御願寺で、円融《えんゆう》天皇(在位九六九〜九八四)の円融寺、一条《いちじょう》天皇(在位九八六〜一〇一一)の円教寺《えんきょうじ》、後朱雀《ごすざく》天皇(在位一〇三六〜四五)の円乗寺《えんじょうじ》、後三条《ごさんじょう》天皇(在位一〇六八〜七二)の円宗寺《えんしゅうじ》、である。ともに円という字を持つところから四円寺と呼ばれる。仁和寺の東側、平安京のすぐ西北に接して立地し、仁和寺とあわせて、一大寺院街を形成していたが、いずれも現存しないのでその規模をうかがうことはできない。

仁和寺や四円寺は、いわば天皇・皇室の自己主張の寺だったといっても過言ではない。仁和寺が天皇親政の象徴として建立されたとすれば、四円寺は摂関政治のもとでその勢力を徐々に失いつつあった天皇・皇室が、藤原氏の私寺《しじ》に対抗して建立したものであった。

だがそれは、天皇・皇族の権力が下降してくれれば、寺院も勢力を失うということである。やがて廃絶するのは、そのためであった。

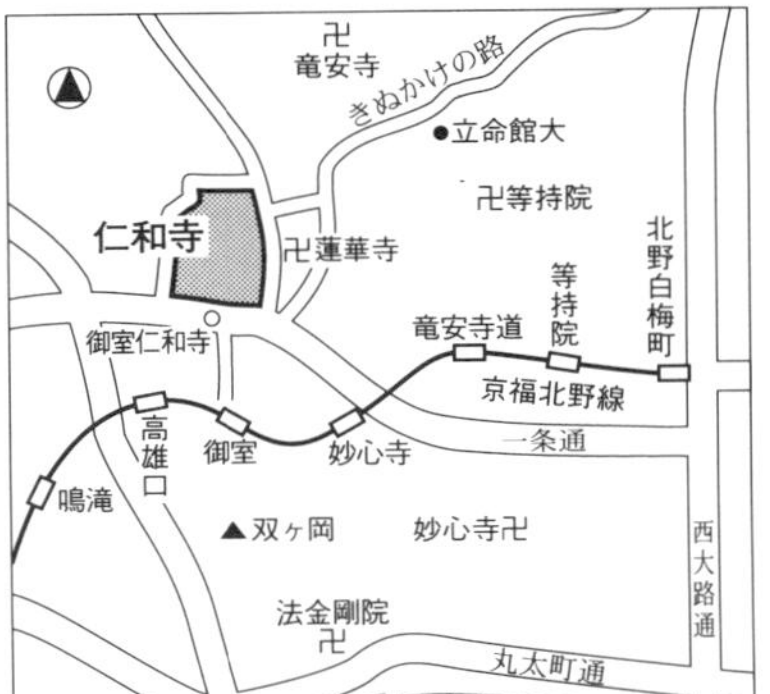

右京区御室大内町。京都駅より市バス26、四条河原町より8・10・59系統にて御室仁和寺下車すぐ。

宇多天皇像(仁和寺蔵)

＊1 「塔頭」は大寺院に所属する別坊(僧侶の住居)、「子院」は本寺に属する末寺のこと。

承平《じょうへい》・天慶《てんぎょう》の反乱——平将門《たいらのまさかど》と将門岩《まさかどいわ》

将門岩

京都の東北にそびえる比叡山《ひえいざん》に、将門岩と呼ばれる巨大な岩がある。この岩のうえで日本の国土を眺めながら、平将門（?～九四〇）と藤原純友《ふじわらのすみとも》（?～九四一）が、一緒に日本を占領しようと協議したのだという。

たしかに将門と純友の反乱は同時に起こって、日本列島の広い地域を巻きこんだが、両者が協同していたふしはない。後世に生まれた伝説といってよいだろう。しかし、そうした伝説が生まれるくらい、このふたりによる反乱は京都の人々に大きな衝撃を与えた。おそらく、将門岩は本来は磐座《いわくら》[*1]で、巨大な石に対する信仰がなんらかの事情で平将門と結びついたものだろうが、平安時代に起こった大反乱の記念すべき足跡として注目すべきものだ。

このふたつの反乱は、どちらも京都は戦場にはなっていない。それにもかかわらず、人々に大きな衝撃を与えたのにはわけがある。要するに当時の京都の、特に貴族階級は戦争など知らなかったからだ。遠く東北地方での蝦夷《えぞ》《えみし》との戦争はあったが、貴族たちの生命に

将門岩と、「秀郷草紙」に描かれた平将門の最期（金戒光明寺蔵）

危険を及ぼすようなものではなかった。無理にさがせば八一〇年の藤原薬子《くすこ》の変がそれであろうが、もちろん記憶している人などいない。どう対応していいかわからないのは当然だった。

「西船東馬」

平安時代の貴族たちは、在原業平《ありわらのなりひら》をモデルに描いたといわれる『伊勢物語《いせものがたり》』、また紀貫之《きのつらゆき》の『土佐《とさ》日記《にっき》』などにみられるように、けっこう日本中のいろんなところに出掛けている。しかしそれは、あくまで旅行者としての体験で、現地にずっと住むわけではないし、現地の実情などに興味はなかった。とりわけ遠く離れた東国や、また通過するだけにすぎなかった瀬戸内で反乱が起こったとしても、対応などできるはずもなかった。

中国に「南船北馬」という言葉がある。南の揚子江《ようすこう》周辺の発達したクリーク*2地帯では船が主たる交通手段だが、乾燥地帯の北では馬が主たる交通手段だということである。わたしは日本は「西船東馬」だと思っているが、瀬戸内海を中心とする西日本では船が、関東平野などの平原性の東日本では馬が交通の手段となった。

まさに将門・純友はこの船と馬を手中に収めて、反乱を起こしたのだ。貴族たちはそのことを頭ではわかっていても、実態など知らないから、しばらくは神仏に祈るのみで、なんら有効な手を打てな

*1 神のやどる座となる石のこと。多く山中の大岩や崖《がけ》などがそれとされ神聖視された。

*2 低湿地帯の耕地周辺に、排水・灌漑《かんがい》・交通の目的で水路(小運河)が掘られた地帯。

かったのは仕方ないことでもあった。

だがなんといっても京都の人々にとってショックだったのは、将門《まさかど》が独立国構想を打ち出し、それを実現したことだった。歴史上、日本列島に複数の国家が存在したのは、この時を除いてほかにない。

独立国構想

九三九年、関東平野一帯を制圧した将門は、みずから「新皇《しんこう》」と名乗った。新しい天皇という意味である。次いで*1関東八国の国司、また「左右大臣、納言《なごん》・参議」を任命し、首都も「*2下総《しもうさ》の亭南」と決めた（将門記《しょうもんき》）。関東独立国がここに成立したのだ。すべてが京都朝廷の模倣で、将門独自のアイデアは何一つないのが悲しいが、それでも都の貴族たちに与えた衝撃ははかり知れないものがあった。日本に天皇がふたりいるという、とんでもない事態が出現したのだ。

純友《すみとも》と海賊

将門の独立国も驚異だったが、瀬戸内海の海賊を組織して沿岸を荒らしまわった藤原純友《ふじわらのすみとも》の行動は、京都にとっては本当に、もっと深刻だった。

というのは、関東はかなり早い時期から京都とは疎遠で、一種の独立的地域だった。*3足柄《あしがら》峠・*4碓氷《うすい》峠を越えて関東に入ると、そこはもう異境《いきょう》だと意識されていた。しかし瀬戸内海はそうではない。

「楽音寺縁起」に描かれた藤原純友の乱（楽音寺蔵）

ないどころか、海外へもつながり、文物が豊富な西日本は、京都の生命線でもあった。それらの文物はすべて瀬戸内海の水運を使って京都に搬入されるから、そこが海賊たちによって混乱することは、京都そのものの基盤が危機にさらされることでもあった。京都に対して持っている意味が、瀬戸内地方と関東とでは大違いだった。

反乱の鎮圧にも、この違いは現れる。将門の乱への対策が万事に遅れ気味で、武士にゆだねてのものだったのに対し、純友へのそれは敏速に、政府の主体のもとで行われた。両地域への関心が、そもそも違ったのである。

時代の転換

京都は、将門・純友の乱の直接的な被害は受けなかったし、戦場にもなっていないが、この両乱は律令政治を終わらせ、やがて来る武士の時代への転換に大きな役割を果たすこととなった。政治は貴族、軍事は武士という時代が来たのであり、やがて政治・軍事ともに武士が運営し、明治まで続く武家政権への時代を準備したことになる。反乱そのものは失敗に終わるが、その残した足跡は大きい。純友は京都貴族だし、将門も一時朝廷に出仕していたことがある。このふたりが出会ったことはないが、将門岩はそうした歴史のゆかりを今に伝える貴重な遺跡だ。

＊1　相模《さがみ》・武蔵《むさし》・安房《あわ》・上総《こうずけ》・下総《しもうさ》・上野《こうずけ》・下《しも》野《つけ》・常陸《ひたち》の八か国。

＊2　現在の千葉県北部と茨城県の一部をあわせた地域。

＊3　神奈川県西部。旧東海道が通っており、平安時代までは、箱根路ではなく、主にここを通っていた。

＊4　長野県と群馬県との県境。東山道屈指の難所とされていた。

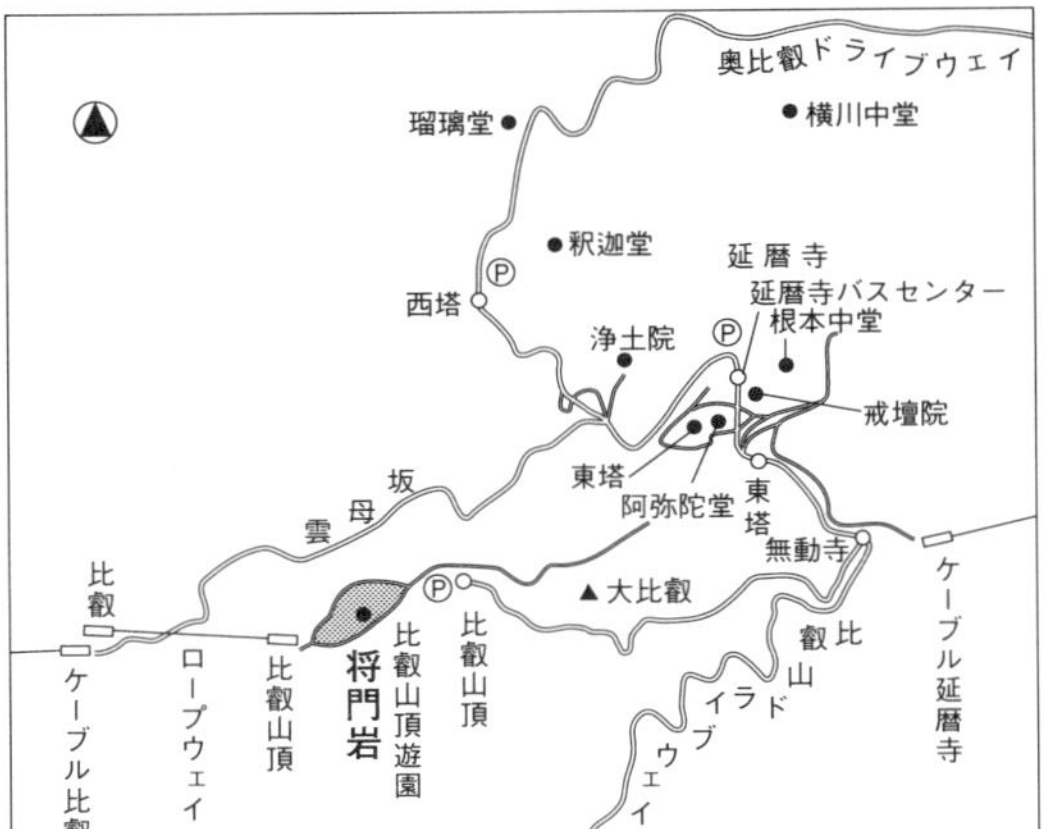

京都駅より京都バスにて比叡山頂下車徒歩5分。比叡山頂遊園内。

●鬼のすみか――羅城門《らじょうもん》の倒壊

芥川龍之介《あくたがわりゅうのすけ》は、名作『羅生門』のなかで、羅生門の楼閣《ろうかく》のうえに盗賊が住んでいたさまを描いている。『今昔物語集《こんじゃくものがたりしゅう》』を素材にしていて、芥川のオリジナルな想定ではないが、それにしても平安時代の世相《せそう》を、芥川一流の直感で見事に叙述している。

『羅生門《らしょうもん》』と羅城門

羅生門は、羅城門というのが正式名称である。羅城に設けられた門という意味で、羅城とは大きな城の城壁ということだ。ラショウ門かラジョウ門かといえば、ラジョウ門が正しい。日本語は清音・濁音をあまり区別しないから、のちにラショウ門と発音するようになったものである。

「羅城門」は固有名詞ではない。*1洛陽《らくよう》の正門は宣陽門《せんようもん》(北魏《ほくぎ》)・定《てい》鼎門《ていもん》(隋《ずい》・唐《とう》)、長安《ちょうあん》の正門は明徳門《めいとくもん》、と固有の名を持っていた。正門とはいえ、羅城門に名前がなかったのは、日本都城のそれがあまり重要視されていなかった証拠ともいえよう。

それはともかく、羅城門は平安京では正門の役割を果たした。す

羅城門復元模型(京都文化博物館蔵)と、羅城門跡の石碑

でに平城京でもあったことがわかっており、これが踏襲《とうしゅう》された。ただし、平安京羅城門の位置は、正確にはわかっていない。今は住宅の密集地で、発掘調査ができないからだ。

正門だということは、ここを外へ出れば、そこはもう異界《いかい》・外界《がいかい》だということだ。都ではなくなるわけで、どんな事態が起こるか想像もできないから、その接点の羅城門は鬼が出る場所とも認識されることになる。ここに、現在は東寺《とうじ》にある、完全武装姿の兜跋毘沙《とばつびしゃ》門天《もんてん》が安置されていたというのは、この門から南にむかって睨《にら》みをきかせ、平安京を守護せんがためであった。

盗賊も実際に住んでいたはずで、当時の住宅地から遠くもなく近くもない羅城門は、彼らにとっても根城《ねじろ》にしやすい位置にあった。平安時代の人間模様を描くのに、周縁《しゅうえん》・異界《いかい》との接点ともいうべき羅城門を舞台にした芥川の着想はまさに非凡で、羅城門の歩んだ歴史をも描ききったといってよい。

羅城門の意味

本来はこの門は、外国からの使臣のためのものだった。むろん日本から外国に出ていく場合もこの門をくぐったが、海外からの訪問者に平安京の威容《いよう》を見せんがために建設されたといっても過言ではない。

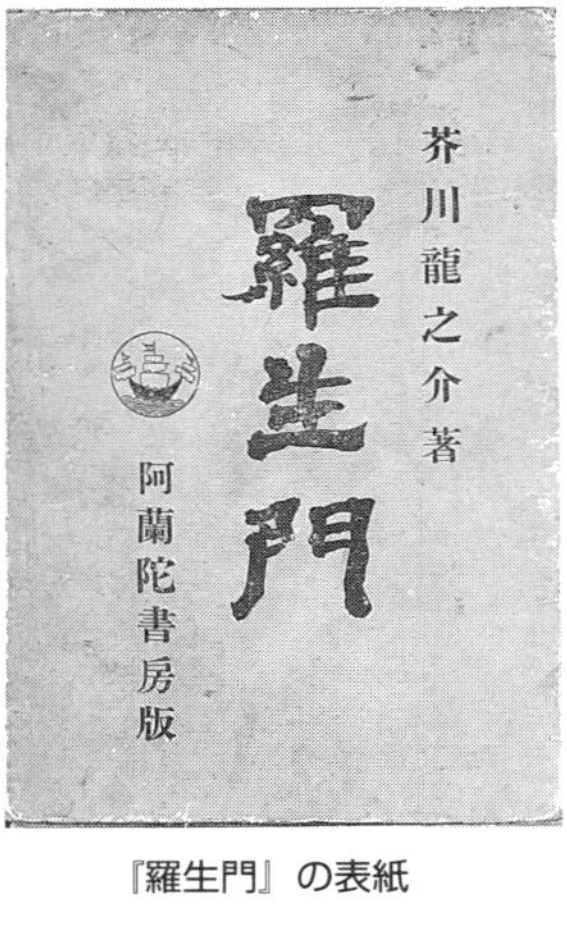

『羅生門』の表紙

兜跋毘沙門天像（東寺蔵）

＊1　中国河南省《かなん》の都市。後漢・晋《しん》・北魏・隋などの首都。

なぜなら、門としての意味をまったく持たないからだ。つまりこを通らなくても、いくらでも京内に入ることができる。南端には羅城《らじょう》（城壁）が造られたが、東西と北にはそれはないから、どこからでも京内に入れる。羅城門を通過する必要がないのだ。しかし、外国からの使臣《ししん》には、これでは困る。平安京が中国の首都なみの壮大な都市だと見せなければならない。九州から瀬戸内海、淀川をさかのぼって京都に来る彼らに、かならず羅城門を通らせれば、見えるのは門とその両側に連なる羅城だから、一見するだけでは長安《ちょうあん》なみの都市のように見えることになる。平安京全体がそうだと思うが、羅城門もいわば〝みせかけ〟の施設だったとわたしは考えている。

遣唐使《けんとうし》が廃止され、やがて渤海《ぼっかい》・新羅《しらぎ》などからの公式の外国使臣の来日が途絶えてくると、こうした意味を持つ羅城門も不必要になってくる。ちょうどそのころは律令体制も崩壊・変質してくる時代だから、よけいに羅城門の役割は少なくなる。

藤原道長《ふじわらのみちなが》と羅城門

要するに羅城門は虚飾の門だったから、その役を終えるともう必要がなくなる。木造建築だから倒壊[*1]したりするし、そのたびに再建されたりはするが、やがてそれも行われなくなる。再建する必要がないわけで、一〇〇

芥川龍之介の『羅生門』『藪《やぶ》の中』を題材にした映画『羅生門』の一場面

四年の再建計画が挫折してからは、荒れるにまかされる。
一〇一九年、藤原道長の発願《ほつがん》による法成寺《ほうじようじ》が建設に着手された。権勢者の事業だからきわめて大規模なものだったが、このとき、

　或いは宮中諸司《きゆうちゆうしよし》の石、神泉苑《しんせんえん》門ならびに乾臨閣《けんりんかく》*2の石を取り、
　或いは坊門《ぼうもん》・羅城門・左右京職《さうきようしき》・寺々の石を取る。（小右記）

といったありさまだったという。これはたいへん象徴的な出来事で、羅城門だけでなく宮中・神泉苑・坊門・左右京職といったいわば公的な施設の建物の石が持ち運ばれて、法成寺の建設資財に転用されているということを示す。これらの施設が必要でなくなり、再建されなくなったからだが、つまりは律令体制の崩壊を物語るわけで、ただ羅城門だけの衰退を示すわけではないのだ。

　藤原道長の時代は、貴族政治全盛の時期である。古代的な律令体制が崩壊・変質し、同じ貴族が運営するけれども、政治の原理のかなり異なった体制が続くことになる。この体制は、紫式部《むらさきしきぶ》や清《せい》少納言《しようなごん》の文学にみられるごとく、華麗な文化を花開かせる。こうした時代は、古代的な体制から生まれたものではなく、新しい貴族社会という背景から生まれたものだということを、羅城門の衰退は物語っている。

＊1　八一六年に台風により倒壊し、まもなく再建されたが、九八〇年にまたも台風により倒壊した。これ以来再建されることはなかった。

＊2　神泉苑の正殿の名称である。

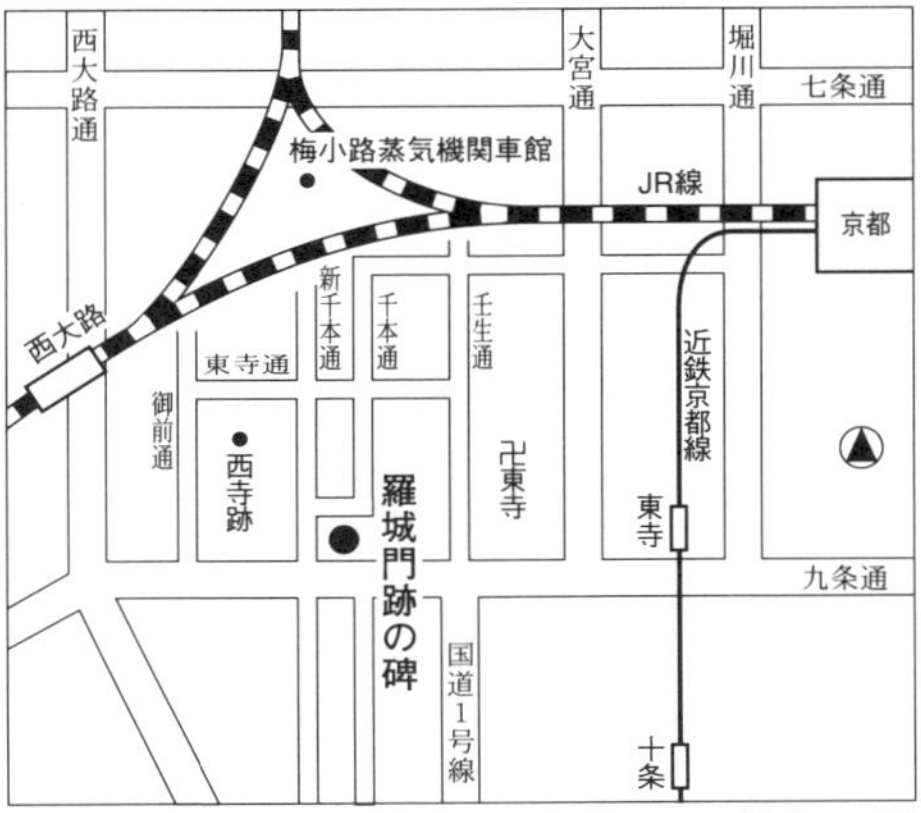

南区千本通九条上ル。京都駅より市バス17・78系統にて羅城門下車すぐ。

●王朝美人伝説——小野小町《おののこまち》と小町寺《こまちでら》・随心院《ずいしんいん》

卒都婆《そとば》小町

ある日、ある僧が、卒都婆に腰掛けている粗末な姿の老女に出会った。卒都婆はいわば墓石であるから、仏に対して失礼ではないかと叱責《しっせき》し、そこを離れるよう説得したが従わなかった。しばらく話していると、老女が小野小町であることがわかった。以下、小町に憑《つ》いた霊（深草少将《ふかくさのしょうしょう》の霊）と、僧侶をめぐる会話となる。これは『卒都婆小町』という謡曲《ようきょく》のストーリーだが、もちろんかなり後世の室町《むろまち》時代になってできたものだ。

小野小町の落ちぶれた姿を物語るこの謡曲は、彼女が美人で、男の恋を一身にあつめた人生を送った女性だというところから生まれたものだ。若いころが華やかであればあるほど、その落魄《らくはく》も印象的なわけで、美人だという伝承が強い女性には、多くのこうした落魄伝説がともなう。洛北の小町《こまち》寺*1（左京区）には、小野小町老衰像という鬼気せまる仏像が伝わり、伝承の姿を確かめることができる。

美人の代名詞

いつのころからの言い伝えか知らないが、クレオパトラと楊貴妃《ようきひ》と小野小町が世界三大美人だとい

随心院と、百人一首カルタの小野小町（滴翠美術館蔵）

う。小町に恋いこがれた深草少将が深草(伏見区《ふしみ》)の邸宅から東山《ひがしやま》を越えて小町のもとに通いつめたが、それでも小町は想《おも》いを遂げさせなかった。通った道が深草少将の通い路として残っているが、相当な美人であったことを思わせる。「みめかたち世にすぐれ」た人と評されているし(平家《へいけ》物語)、李《り》夫人(漢皇帝の妃)・楊貴妃・和泉《いずみ》式部《しきぶ》とならんでまさに美人の代表とされている(平治《へいじ》物語)。クレオパトラは論外としても、小町美人伝説は相当に古くから流布《るふ》していたと考えてよいだろう。

小町が美人伝説の対象となったのは、その歌に原因がある。紀貫《きのつら》之《ゆき》は小町の歌を「哀《あわ》れなる様にて、強からず。言わば、好《よ》き女の、悩める所有るに似たり」と言っている(古今《こきん》和歌集)。小町はその生没年すら不明の女性だが、二〇首近い歌が『古今和歌集』に採録され、当代きっての歌人貫之の高い評価を得たことは、小町の美人であることを決定的に印象づけた。激しい恋も、無残な落魄も、史実としては確認することはできないが、美人伝説は急速に広まった。小町の死後、半世紀を経ずしてのことである。百人一首の「花の色は　うつりにけりな　いたづらに　わが身世にふる　ながめせしまに」とともに、広く人々のあいだに伝えつがれていった。

小町寺(補陀洛寺)本堂と、その中に安置されている小野小町老衰像

＊1　正式名称は補陀洛寺《ふだらくじ》。小野小町終焉《しゅうえん》の地と伝える。境内には、小町供養塔、なきがらから生えたと伝えるススキ、小町姿見の井戸などがある。

日本史の美人

日本の歴史を生きた美人は、むろん多く存在する。貫之が小町のたとえとしてあげたのが、衣通姫《そとおりひめ》だったのは象徴的だ。着ている衣装を通して美しい姿が透けてみえ、そのために衣通姫の名が生まれたほどの美人だった(日本書紀《にほんしょき》)。やはり古代男性にも美人は好まれたようで、花にたとえられた木花《このはなの》開耶姫《さくやひめ》など、神話・伝承の時代からその例は多い。

平安京での最初の美人伝説が、この小町だ。しかしそれはこれ以前の時代とは異なり、容姿のみが美しいという、単なる美人ではないことが注目される。男の観賞や恋愛の対象としてのみの美人ではないのであって、むしろ容姿とは別に、それ以外の才能・能力によって美人が生まれていることを見逃してはなるまい。小町でいえば、彼女が美しかったという証拠はなにもなく、まずその歌が優れており、歌が優れているがゆえにその作者は美人であろうということになる。王朝の美人は、姿かたちだけの古代美人一般とは違うことに注意しておく必要があろう。

随心院《ずいしんいん》と小町

小町の実像は、まるでよくわからない。伝説のほうが実像よりも発達した人物の典型だが、そのゆかりの地は多くある。これは当然で、小町の氏族名である小野《おの》とい

随心院内にある小町ゆかりと伝える化粧井戸(右上)・文塚(右下)、小町寺にある姿見の井戸(左上)・深草少将塔(左下)・小野小町塔(中央)。

う地名が全国各地にあるからで、この地名と小町が結びつけられたのだ。小野とは、文字どおり小さな野ということで、どこにでもできる地名である。地名を媒介にして、小町がそこに入りこんだ。

随心院(山科区)と小町の関係も、こうした経緯で生まれた。小野という地名がすでに平安時代以前からあって(和名類聚抄《わみょうるいじゅしょう》)、小町ゆかりの地となっていく。今でも格式のある門跡寺院《もんぜきじいん》*1だが、もと小野曼荼羅寺《まんだらじ》という名刹《めいさつ》で、真言宗《しんごんしゅう》寺院である。

ここは小野小町の邸宅跡だという。最初に述べた深草少将の通い路もここと墨染《すみぞめ》(伏見区深草)の欣浄寺《ごんじょうじ》を結ぶし、小町が多くの男性から寄せられた恋文を埋納したという文塚《ふみづか》、その水で化粧したという小町井戸などもある。しかし、随心院の本体ともいうべき曼荼羅寺が、女性を住まわせるなどありえようはずがないもので、まして小町の邸宅跡ということなど考えられない。

そうは言ってもこの小野の地は、小町伝説が生まれるには絶好の場所であったことも確かである。平安京から適当に離れており、しかも遠くはない。ベールに包まれ、常人には近づくことのできない美人が住むには、こうした場所が最も適切だったところから、随心院が小町ゆかりの遺跡となったのだ。

*1 皇子・貴族などの住する寺。現在も私称として使われている。

左京区静市市原町。京阪・叡電出町柳より京都バスにて小町寺下車すぐ。

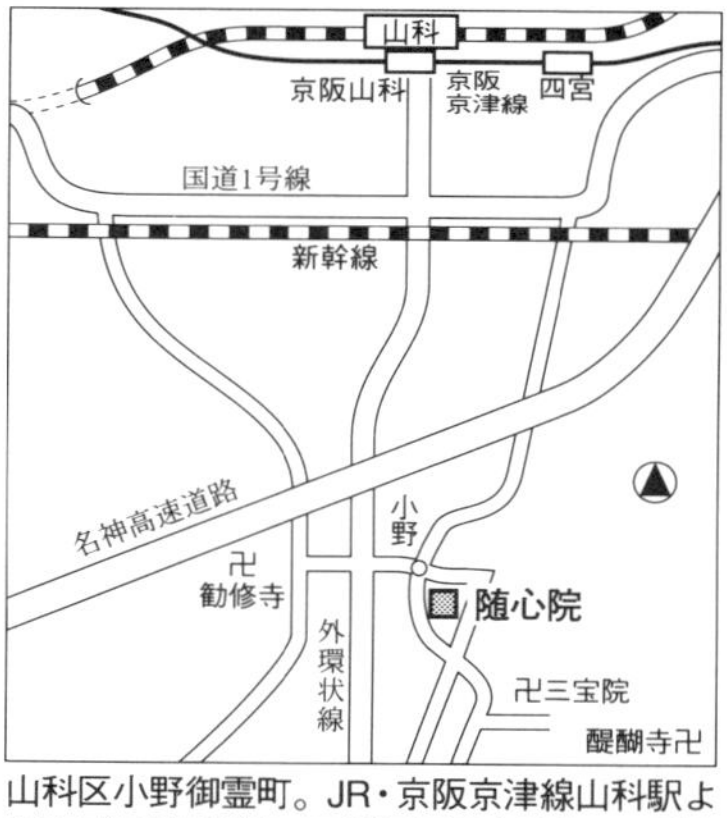

山科区小野御霊町。JR・京阪京津線山科駅より市バス東9系統、四条河原町より東8・9系統にて小野下車2分。

トピックス

平安京災害事情——市民を襲う天変地異

●地　震

災害は、いつの時代にも起こる。その災害自身の規模は現代と変わりないにしても、どれだけの被害をもたらすかは時代や社会と大きくかかわる。災害も、いわば都市京都の歴史をはかるバロメーターといってよいだろう。

現代との違いだが、天災には相当様子が異なるものがある。特に地震はそうで、平安時代は地震の多発期だった。考えてみれば京都盆地周辺には花折《はなおれ》断層などいくつもの断層があって、地震の多発地帯である。豊臣秀吉が伏見城内を逃げまどったという一五九六年の慶長《けいちょう》大地震以来、巨大地震は起こっていないが、地震は京都とは本来的に関係深かった。

八八〇年は地震の当たり年だった。合計で二九日、つまりほぼ一か月に二日の地震(むろん有感地震のみ)が起こっている。とくに十二月六日からのそれは大きく、夜にまず揺れがきて、明くる日の朝にかけて余震を含めて一六回も起こった。以後、十二月末までで三〇回ほども起きた。

京都地方気象台に問い合わせたところ、京都で起きた地震(震度一以上の有感地震)は、二〇〇五年六回、〇四年十二回、〇三年八回である。とにかく平安時代には、現在の京都の状況からは想像もつかないほど地震が頻発している。一、二被害の例をあげれば、八八七年の地震では、かなりの長時間揺れがあったようで、官庁の建物は倒れ、天皇は外に飛び出したという。いわば軟構造であった当時の民家すらも倒壊したようで、圧死者もでた。震源は京都だったようだが、かなり広域におよび、大阪では津波があって、これによる死者もでた。

九七六年のもひどかったようで、官庁はむろん東寺・西寺や清水寺、また民家も大きな被害をうけ、死者五千人におよんだ。

●火　災

地震とくれば火災だが、これも都市発展をはかる格好のバロメーターだ。火を使う以上火災はつきものので、宿命でもあったが、それが大火になるためには条件がいる。一軒に火事があればすぐに隣に延焼するほど、家々が建て込んでいるということである。まばらだったら、大火にはならない。

平安時代の早い時期には、内裏《だいり》・大蔵省・衛士《えじ》町(上京してきた衛士たちの宿所)など、官庁ないしその関係箇所が大火にみまわれている。庶民住宅地域もないわけではないが、そう密集して家々があったわけではないから、頻度は低い。

平安京が都市としての発展を遂げる十世紀ころから、一般市街の大火が多くなってくる。八八五年右京の家二百軒、一〇二七年千余家に延焼、一一一八年十余町、一一六八年三千余家、くらいが具体的に焼失規模を伝える記録だが、その他にも多くの火災が起こった。とりわけ一一七七年の、〝太郎焼亡〟と当時の人々に名付けられた火災はひどく、京都市街のほとんどが燃えてしまった。

火災はいっさいの財産をも焼き尽くすが、人々の生活はそれで終わるわけではない。貴族たちは相当な損害を受けたろうが、一般市民はもともとそう財産などないし、第一嘆いていては生きてはゆけない。火災にニックネームを付けるなど不謹慎ともいえようが、市民にとって火災も日常の生活の一部であったことを示すものといえる。したたかに生きる平安京人の姿を、そこに垣間見ることができる。

●疫《えき》病《びょう》

疫病も都市災害であって、都市の発展につれて被害は拡大する。医療技術もたしかに平安時代には向上するが、市民には無縁だったし、衛生状態もよくない都市に住む民衆を疫病は襲った。

特に多く見られるのは「疱瘡《ほうそう》」(天然痘の一種)で、すでに奈良時代に大流行を見ていたが、平安時代に入っても流行はやまず、多くは春先から秋にかけて猛威をふるった。古代では最大の流行病で、死者もたくさん出た。

これに次ぐのは、「咳逆病」で、インフルエンザであろう。今はそう恐い病気ではなくなったが、それでも一九一八年のスペイン風邪では一五万人の死者を出している。こじらせると、平安時代ではそのまま死につながった。これは当然、冬期から翌年の春期にかけてを中心に流行している。

●飢《き》饉《きん》

大雨や旱魃《かんばつ》も平安京を襲ったが、農業から遊離している市民には、それそのものは大きな被害を与えなかった。しかし不作をもたらすから、非農業生産者の集中的居住地である都市には、食料不足、つまり飢饉として多大の影響を及ぼした。いってみれば都市につきものの災害だから、遷都直後の七九九年を最初として頻々と起こっている。

ただ、どちらかというと地方諸国の飢饉の記録が多く、平安京はあまりその被害を受けていないようだ。八六七年の例では、「来たり買う者、雲の如《ごと》し」とあるように(日本三代実録)、政府保管米の放出が行われており、蓄積の少ない地方に比べて余裕があったようである。

もっともそれにも限度があって、保管食料が平安京市民の人数とそうかけはなれないかぎりにおいてである。都市人口がそれ以上にふくれあがれば、とても対応できなくなるのは目に見えている。

平安時代最大のピンチは、一一八一年の飢饉である。これは、いってみればタイミングが悪かった。源平の内乱が勃発《ぼっぱつ》し、平安京の流通機構は完全に崩壊していたし、京都政権も中心は朝廷ではあったが、これに平家、木曽義仲《きそよしなか》、源義経《みなもとのよしつね》、源頼朝《みなもとのよりとも》などが複雑にからみあい、きわめて不安定であった。だからこのときの飢饉は、貴族と庶民とを問わず、市民全体をおそった。

『方丈記《ほうじようき》』にはそのさまが生々しく描かれているが、じつに死者四万二千人を出したという。これは放置された遺骸《いがい》を数えたときというから、すでに火葬や土葬にされたものを計算すると、おそらくは五万を越えたのでないか。

平安京・京都は、日本唯一の都市だ。都市災害は容赦なく襲う。しかしその災害を、物ともせずとまで言うと語弊《ごへい》があるが、それを乗り越え、つよく、したたかに生きた人々がいてこそ、平安京は歴史と文化の根付く、生きた都市として発展していったのだということを、見逃してはならないだろう。

●平安京災害年表

西暦	災害
八二四	干害。神泉苑《しんせんえん》で空海祈禱《きとう》。
八六二	干害。神泉苑の池水灌漑。
八六三	咳逆病。神泉苑で御霊会。
八八〇	地震頻発。大極殿被害。
八八五	火災。東西京で五百焼く。
八八七	大地震。建物の倒壊多数。
九一五	疱瘡《ほうそう》流行。
九三〇	清涼殿へ落雷。干害。
九三八	大地震。鴨川洪水。台風。
九四七	疱瘡流行死者多数。地震。
九六二	台風。鴨川洪水。
九六五	大地震。台風。京都洪水。
九七四	疱瘡流行死者多数。地震。
九七六	大地震。内裏《だいり》火災(同九八〇)
九八〇	台風。羅城門《らじょうもん》等倒壊多数。
九九四	疫病で貴族も多数死亡。
一〇一六	京都大火。道長邸等焼亡。
一〇二七	京都大火。千余戸焼亡。
一〇三〇	疫病流行死者多数。飢饉。
一〇四〇	大地震。火災多発。疫病。
一〇九一	大地震。建物倒壊多数。
一〇九二	地震・火災・台風多し。
一〇九四	前年より疱瘡流行。
一〇九九	地震・火災多し。干害。
一一〇六	疫病流行。道に死体積む。
一一一七	台風。内裏殿舎多数倒壊。
一一一八	京都大火。飢饉餓死多数。
一一三五	疫病・飢饉・地震。
一一七七	大郎焼亡。市中多く焼亡。
一一八一	大飢饉。死体市中に満つ。

III　藤原摂関家の栄え

●藤原貴族の全盛
——藤原道長《ふじわらのみちなが》と法成寺《ほうじょうじ》

五色の糸

平安時代最大の権勢人ともいうべき藤原道長（九六六〜一〇二七）は、臨終のとき、五色の糸を握りしめていた。その糸は、*1阿弥陀如来《あみだにょらい》の手に結ばれており、如来の引接《いんじょう》（導き）によって極楽に行けるようにと願ってのことだった。はるか西方の浄土から迎えにくるこの仏に、穢《けが》れた現世（穢土《えど》）からの救済を、ひたすら祈っての死だった。

現在から考えれば、道長ほどの権力者が、どうしてこうもみじめな最期だったのか不思議に思う。仏教に帰依《きえ》するのはわかるとしても、仏と糸でつながり、生きてきたすべての生涯を仏に託するというのは、やはり異常というほかない。

法成寺の創建

道長が死去したのは、彼が創建した法成寺でのことだった。自宅で死を迎えたのでなく、寺の、それも本尊の仏前でのことである。

法成寺は、現在の京都御所のすぐ東にあった寺院で、巨大な規模を誇っていた。今はもうそのよすがは偲《しの》ぶべくもないが、かつては

藤原道長（紫式部日記絵詞・藤田美術館蔵）

平安京近辺最大の寺だった。方二町というから、二四〇メートル×二四〇メートルで、ほぼ一万七千坪になり、国家の官寺である東寺・西寺と同じ規模ということになる。いかに巨大かがわかろうかというものだ。西は東京極大路《ひがしきょうごくおおじ》に接していたが、東は鴨川にのぞみ、景観という観点でもすぐれた配慮がされており、当時の寺院が単に宗教的施設にとどまるものでなく、貴族たちの娯楽や遊覧の場でもあったことが理解できる。

建設は、一〇一九年から始まった。法成寺の位置がここに定められたのは、道長の邸宅の土御門第《つちみかどだい》が東京極大路にすぐ西に接してあったためで、いってみれば自宅のすぐ隣に寺院を建設したのだ。ちなみにこの邸宅は以後も子孫の藤原氏に相続され、やがて中世には皇居として固定し、京都御所となる。

道長の権勢

道長は、平安時代最大の権勢人であった。権力を持った人物というと、なにか暗やみにうごめく辣腕《らつわん》の、権謀や策略にたけたイメージを持つが、そしてそれは誤りとはいえないが、そういう側面からだけで考えるのは一面的すぎる。たしかに道長にも、そうした側面がなかったわけではない。しかし、最大の権勢をほこるだけの魅力と、気遣いの心を持った人物だったこと

＊1 西方極楽浄土の主とされる仏。阿弥陀仏の救いを信じるものは極楽に往生できるとされた。

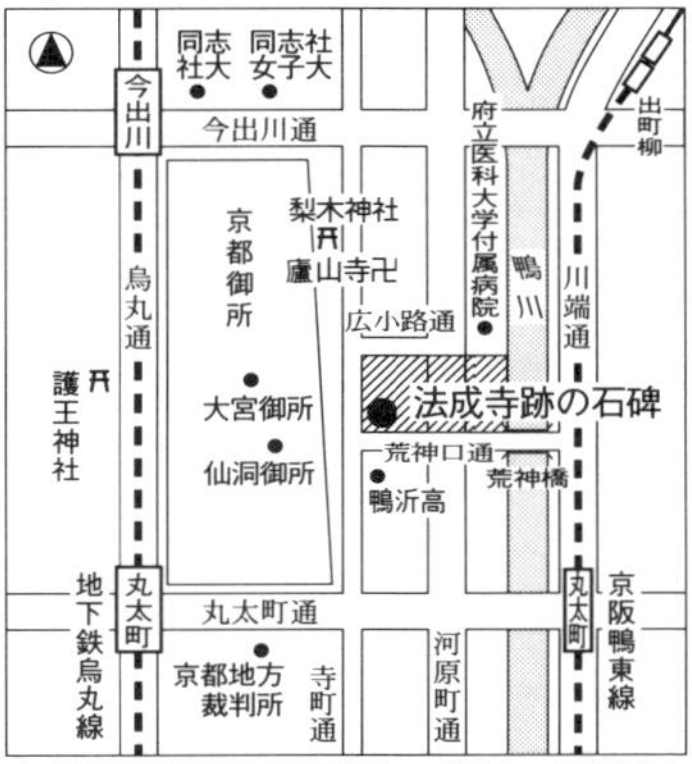

上京区荒神口通寺町東入ル北側。京都駅より市バス4・14・205系統にて荒神口下車すぐ。

法成寺跡の石碑

も、見逃すわけにはいかない。

なによりも道長《みちなが》は、温厚で、よく気のつく性格だったようだ。他人を徹底的にたたきのめすまで追い詰めなかったし、妥協をも心得ていた。歴史上優秀な人物はいるが、そうした人はたとえ頂点に立っても、失脚したりすることが多い。他人をおもんぱかる気持ちに欠け、自分より優秀でない人を小馬鹿にし、敵をつくってしまう。道長はそうした、ただ優秀なだけの人物ではなかった。

たとえば小一条院《こいちじょういん》のことがある。実名を敦明《あつあきら》親王といい、いったんは三条天皇(在位一〇一一～一六)の皇太子になったが、道長は孫の敦良《あつよし》親王を天皇にしたいがためにこれを退ける。しかし敦明親王に小一条院の名をたてまつり、また自分の娘の寛子を妻とするなど、手厚い庇護《ひご》を加えた。権勢を振りまわすだけの人物ではなかったのだ。

彼は自筆の日記『御堂関白記《みどうかんぱくき》』を残しているが、これも実に興味深い。字は汚いうえに間違いは平気だし、文法などもじつに雑で、どう見ても平安朝最高実力者の文章とは思えない。当時の日記は今と違い、自分の子孫に見せる目的で書かれるから、見られることを予想しなければならない。にもかかわらずこうした日記を残すのは、彼が寛容で物にこだわらない性格だったからと考えられる。

三日丁巳土平
四日戊午火定
五日己未火執
六日庚申木破
七日辛酉木危
八日壬戌水成

藤原道長筆『御堂関白記』(陽明文庫蔵)

金銅藤原道長経筒(奈良・金峯神社)

建立《こんりゅう》の動機

道長が法成寺《ほうじょうじ》を建立した動機は、はっきりしている。彼は晩年になって病気に苦しんだが、ついにそれが原因で出家する。その直後に建設が開始されており、あきらかに仏にすがって病気から解放されたいと思ったのだ。今ひとつは時代思潮であった末法《まっぽう》思想の影響だが、これは次項でふれる。

道長の病歴は、日記を残しているから比較的よくわかるし、彼と親しかった藤原実資《ふじわらのさねすけ》（九五七〜一〇四六）の日記『小右記《しょうゆうき》』もあって、症状もそこに書かれている。それによると、しばしば水を飲みたがったというし、かなり憔悴《しょうすい》していたらしいから、まず糖尿病《とうにょうびょう》だった。また、「胸病」と記された病気も持っていた。これは心臓神経症と考えられているが、突然に胸の痛みを訴え、苦しんでいる。

糖尿病から併発した白内障にも、苦しめられたらしい。権勢人のイメージとはかけはなれて、その晩年は病魔との闘いに終始したようだ。むろん当時としては最高の治療を受けていたはずだが、それでも回復せず、当時の貴族としては短命とはいえないが、六二歳でその生涯を閉じた。すべての苦悩からの解放を願い、「阿弥陀如来《あみだにょらい》の御手の糸をひかへさせ給ひて」（栄花物語）の死であり、一代の権勢人道長は、仏にすがって冥途へと旅立っていった。

出家した道長（右の法体姿・石山寺縁起・石山寺蔵）

トピックス

平安京郊外の風景――憩いと生活の場

●平安京と郊外

平安京と郊外との関係は、たいへん密接だ。平安京は、中国の長安《ちょうあん》と違って、京内と郊外を隔てる城壁のない都市だったからだ。外に出ようと思えばいつでも出られるわけで、しかも山や川は近く、別荘を営むには絶好の郊外環境だった。

平安京の地は、地理的景観のうえでは二重構造になっていた。一重目は京都三山ともいうべき吉田《よしだ》山《やま》・船岡山《ふなおかやま》・双ケ丘《ならびがおか》に囲まれた地域、二重目はその外の東山《ひがしやま》・北山《きたやま》・西山《にしやま》に囲まれた地域、である。南は低湿地がなだらかにつづき、湖の巨椋池《おぐらいけ》になる。平安京住民の郊外意識も、このどちらを対象とするかでずいぶんと違ったものだった。

●京都三山

吉田山周辺は、早くから平安京東郊外として親しまれた場所だったらしい。吉田《よしだ》神社は春日《かすが》神社（奈良）の神を勧請《かんじょう》したものだが、平安京から適当に遠く、また遠すぎないところからここが選ばれた。その北側の神楽岡《かぐらがおか》は、墓地として用いられた。

船岡山周辺もそうで、すぐ西側には蓮台野《れんだいの》が広がる平安京市民の墓地だった。この山は平安京設定の基準点になったのではないかと考えられているが、遷都当初から市民になじみの深い地だったといえる。

双ケ丘はどちらかというと、寺院の地であった。仁和寺《にんなじ》・天安寺《てんあんじ》（現法金剛院《ほうこんごういん》）が早くに創立され、後後まで寺勢を誇った。

●東山・北山・西山

この三山周辺は平安京に近く、遊覧や遊猟には便利ではあるが、平安京にあまりに近く、時代が発展すると郊外としての雰囲気が薄れてくる。三山の外側の地が、今度は郊外の中心をしめるようになってくる。むろん両方ともに平安時代当初から郊外として貴賤の人々に親しまれてはいたが、平安京の都市世界は当然のことながら時代につれて拡大するし、郊外もその場所を変える。

この三か所も、京都三山周辺とそう性格的には変わらなかった。多くの寺院が林立し、また遊覧地ともなった。いつの時代にも都市はかならず郊外に憩いの場所を必要としたし、現代のようにレジャーといった思想はないが、名所へ行くことは古代平安京人の数少ない遊びだった。相当に遠い場所もその対象となりはしたが、とりわけ庶民にはそう暇があったわけではなく、距離的・時間的に適当に近く、また郊外の雰囲気が味わえる場所が求められたのだ。

●宇《う》治《じ》

南方では、宇治がある。平安京は南は巨椋池《おぐらいけ》で閉《へい》塞《そく》されているから、郊外となるのは限定される。その典型が宇治で、早くから貴族たちの別荘地として親しまれていた。交通の要衝《ようしょう》でもあったから、陸路を使った奈良と京都の往来にはかならず通過する場所だったし、また宇治川水運の港もあった。西の嵯峨《さが》と同じように、川が急に平野部に流れだすポイントで、川も山もたいへん美しかった。

最も著名なのは、藤原道長《ふじわらのみちなが》の別荘だろう。道長はこの別荘を気に入ったようで、しばしば愛妻の倫子を連れて行っている。しかしここが有名になったのは、その子の頼通《よりみち》が別荘を寺とした平等院《びょうどういん》であろう。貴族たちにとって寺院は、宗教の場であったことはたしかだが、一方でまた遊覧の場でもあったことがよくわかる。これらの郊外は、たいていの場合別荘と寺院がセットになっていたのである。

●北山の餌取法師《えとりほうし》

郊外はまた、平安京の一般市民にとっても重要な意味を持った。『今昔《こんじやく》物語集』に、北山には「餌取法師」が住んでいたと記している。「餌取」とは、鷹狩《たかが》りに使う鷹の餌《えさ》を調達することを職業にした人をいうが、そのとり残した肉を食べていたので餌取法師と呼ばれたという設定になっている。他の箇所にも餌取法師のことは見えているので、山中に住む、法体《ほったい》をした餌取がいたと思われるが、北山は生活の場でもあったことがよくわかる。

北山で木を伐《き》ったという史料もある。考えてみれば当然で、薪《まき》や柴《しば》は自宅で調達することなどできないから、山や野へ入って採ってくるほかない。購入する財力のある階層はよいが、庶民は燃料はむろん、住宅用材も山から採る以外になかった。平安京の建設工事がはじまった七九三年、「京下諸山」での樹木伐採が禁止されているが(類聚国史《るいじゅうこくし》)、おそらくは郊外の山々は、禿《は》げ山に近いというのが平安時代の現実だと思う。京都というと緑の豊かな土地柄を想像するが、それは平安京の現実とは大きくかけはなれているといってよい。郊外はただ郊外なのではなくて、人間が生活する場でもあった。ただの自然なのではなく、人間と接触のある自然だったのだ。

●現世の浄土——宇治《うじ》の平等院《びょうどういん》

最も有名な寺院

つまらない歴史クイズだが、日本で最も有名な寺院といえばどこか、と問われればどう答えるか。じつはそれは、平等院である。なぜかというと、だれもがおそらくは毎日使う十円硬貨に描かれているからだ。意識しているかどうかは別だが、たしかに毎日見ていることになる。

硬貨のデザインに用いられるほどだから、美しい姿をした平等院である。鳳凰堂《ほうおうどう》と称されるように、鳳凰が羽を広げたような、優美で、気高いその意匠《いしょう》は、平安文化の象徴といってよいだろう。宇治川とその周辺の山々にかこまれたその景観は、水のある風景に恵まれない平安京の貴族たちにとっても、心の休まるものだった。貴族といえども、いつも栄華のなかで、安楽に暮らしていたわけではない。ときには政界の暗闘や、苦悩にみちた人間関係に精神をすり減らすことも多かった。つかの間のやすらぎを求めることもあった。

末法《まっぽう》の到来

苦悩はいつの時代にも存在するが、これに加えて、平安時代特有の精神的・宗教的苦悩があった。それ

平等院鳳凰堂と屋根を飾る鳳凰

は、暗黒の世の中である末法の到来である。

末法とは、末法思想と呼ぶ、いわば仏教的世界観による時代区分である。釈迦の死後の世界を、釈迦の教えが生きていて仏教的安定が保たれている正法《しょうぼう》時代、教えは形(像)だけ生きているが十分には実行されていない像法《ぞうぼう》時代、そして釈迦の教えが忘れ去られた暗黒の時代ともいうべき末法時代、の三つに区分する。下降的歴史観といえるが、ともあれ釈迦の死後に一定の年数が経つと時代は乱れ、穢《けが》れるとする思想である。

この正法・像法の時代が何年で、末法時代にいつ入るかについては異なった説があるが、日本では一〇五二年に「今年はじめて末法に入る」という記録があって(扶《ふ》桑略《そうりやつ》記《き》)、この年が末法の初年と考えられていた。

武士と悪僧

現実にも末法の到来を示す多くの現象が起こった。そういう現実があったからこそ、末法の到来は多くの人々に受け入れられ、浸透していったのだ。

その第一は、武士の勃興《ぼっこう》である。武士がなんであるかを規定するのは難しいが、殺人を専門的に行う階級であることだけは確かで、鳥獣を殺すことすら嫌がったこの時代の人々にとって、武士の行動

平安時代浄土教美術の代表作のひとつの法界寺(伏見区日野)の阿弥陀如来像

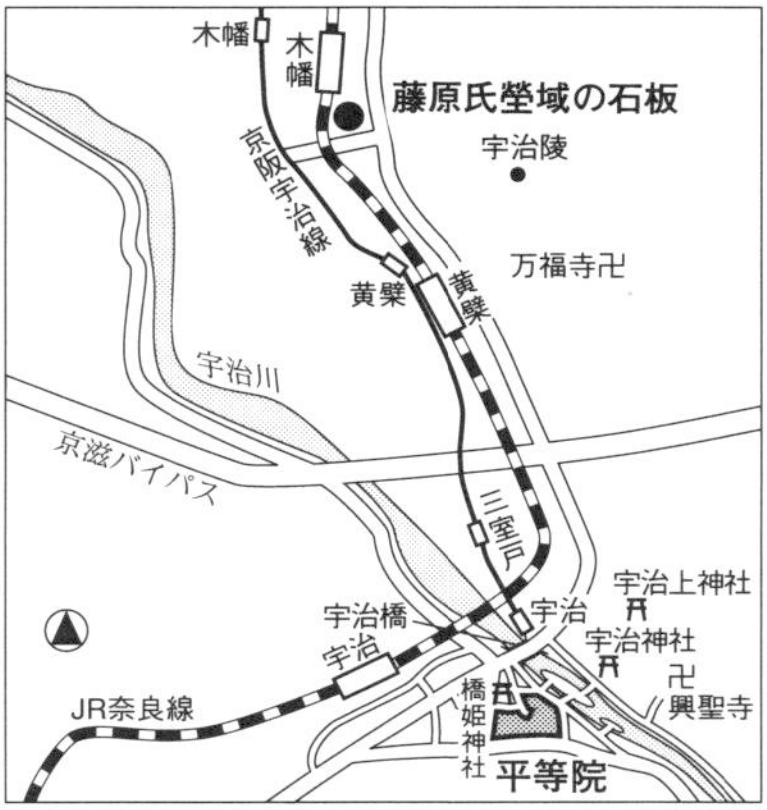

宇治市宇治蓮華。京阪宇治線宇治下車徒歩15分。
藤原氏の墓所は、京阪・JR奈良線木幡下車。

は考えられもしないことだった。まして仏教では殺生《せっしょう》を異常なほど嫌うから、武士の出現は、まさに末法の到来と受けとめられたのである。

末法の到来を決定的に印象づけたのは、なんといっても僧兵につきる。悪僧と呼ばれた僧侶たちが、京都市中を集団で闊歩《かっぽ》し、市民を恐れさせた。南都北嶺《なんとほくれい》といわれた、*1東大寺《とうだいじ》・*2興福寺《こうふくじ》と延暦寺《えんりゃくじ》の僧侶の活動が特に激しかったが、*3春日大社《かすがたいしゃ》や*4日吉大社《ひえたいしゃ》の神輿《みこし》を押し立て、朝廷に強引に要求を訴える強訴《ごうそ》を行い、市民たちの眉をひそめさせた。

僧侶は、仏に仕え、人に道を説くべき存在である。その僧侶が自ら武装し、あまつさえ市中で殺しあいを演じたのである。世も末だと意識されて、当然であるといえよう。

「厭離穢土《おんりえど》・欣求浄土《ごんぐじょうど》」

では、現世を生きることを余儀なくされている人間は、いったいどうすればよいのか。末法が来るのは運命だから仕方ないが、そこから、どうすれば逃れることができるのか。

穢《けが》れた世の中である穢土から離れ、浄土に行くことが唯一の方法であった。一つは阿弥陀如来《あみだにょらい》に迎えに来てもらうことだが、いま一

「天狗草紙」に描かれた僧兵(右)。平等院鳳凰堂内にある雲中供養仏(上)

つは浄土を自分で作ることだ。

平等院は、もともとこれを建立した藤原頼通《ふじわらのよりみち》(九九〇〜一〇七四)の父・道長《みちなが》の邸宅だった。別荘として道長がしばしば用いていたし、元来宇治は藤原氏の別荘地でもあった。頼通は父の別荘を相続し、それを寺とした。この平等院の創建は、末法開始の一〇五二年だった。末法が来たその年なのだ。つまり、現世の浄土として建立されたわけで、そう考えてはじめて平等院は理解できる。

中央に阿弥陀如来を安置する。この仏は、穢土にまで貴賤衆庶《きせんしゅうしょ》を迎えに来るのが役目だったし、仏前に座ってひたすら阿弥陀の引《いん》接《じょう》を祈る。まわりの壁や戸には、浄土のさまが極彩色で描かれている。鳥があそび、鹿がたわむれている。長押《なげし》のうえの壁には雲《うん》中供養仏《ちゅうくようぶつ》が架けられ、仏たちは楽器を持ち、音楽をかなでている。理想郷である浄土のさまが、せいいっぱい堂内に再現されている。

まぎれもなくここは現世の浄土だった。ここへ入りさえすれば、たちどころに浄土にいるがごとき環境が整うわけだが、むろんそれで現実が変わるというわけではない。たとえ疑似《ぎじ》体験であっても、ひととき末法から逃れ、明日への活力を養う場として、歴史の現実のなかから平等院が生まれたことを忘れるわけにはいかない。

*1 奈良市にある華厳宗《けごんしゅう》の寺。

*2 奈良市にある法相宗《ほっそうしゅう》の寺。藤原氏の氏寺として栄え、春日大社《かすがたいしゃ》の実権をも握った。

*3 奈良市にある藤原氏の氏神。春日の神木を有し、興福寺《こうふくじ》の僧侶がこれを担いで強訴《ごうそ》におよぶと、氏子である藤原氏一族は邸内に閉じ込もったため、政治はその間停止してしまった。

*4 全国にある日吉社《ひえしゃ》の総本社。大津市にある。比叡山の鎮守神とされ、延暦寺《えんりゃくじ》の僧侶がここの神輿《みこし》を担いで強訴した。

宇治市木幡にある藤原氏の墓所に建つ石板

●平安仏師の最高峰――七条仏所《しちじょうぶっしょ》と定朝《じょうちょう》

仏像彫刻の歩み

日ごろなにげなく見ている仏像には、当然それを造った人がいる。なかには製作者の名が刻まれているものもあるが、たいていはだれの作かはわからない。それはあたりまえで、仏像は、あくまで信仰上での存在で、芸術作品ではないから、製作者の個性は関係ないのである。日本最初の仏像ともいうべき＊1飛鳥寺《あすかでら》の釈迦如来像《しゃかにょらいぞう》は止利仏師《とりぶっし》（鞍作鳥《くらつくりのとり》）の作だが、これ以後製作される仏像の大半は、作者の名が不明である。

仏像をつくるシステムについては、あまりよくわかっていない。早い時期には、あまり専門的な工人はいなかったらしい。しかし、七世紀末ころから仏教思想が急速に普及し、寺院の建設がさかんに行われるようになって、建立される寺院ごとに製作者が編成された。当時の寺院はほとんど国営・官営だったから、工人もいわば官僚に近かった。国家・政府の指示にしたがって製作され、できた仏像も定められた寺院に納入された。

天平《てんぴょう》時代になって、全国の＊2国分寺《こくぶんじ》・国分尼寺《こくぶんにじ》などの建立が始ま

定朝作の平等院阿弥陀如来像と、上品蓮台寺にある定朝の墓

り、民間でも飛鳥《あすか》・奈良時代にはいくつもの寺院が建てられて、かなり多くの仏像が必要となっても、基本的にはこうした製作システムで対応できたらしい。自立的・独立的な製作工房もあったようだが、ほとんど史料に登場することはない。

寄木造《よせぎづくり》の技法

ところが、平安時代に入って状況は一変する。最初は平安京には一切の寺院建立は禁止されたが、やがてなしくずし的に寺院はつくられはじめる。資財のある貴族たちは、末法《まっぽう》からの脱出をもめざして争って寺院を創建した。平安時代中ごろのことである。

それにともない、大量の仏像が必要となる。だが、ものがものだけに、そう急に大量の仏像は確保できない。寺院建立の流行という事態に、対応できないということになる。

そこで発明されたのが、寄木造の技法だ。この技法は日本人の知恵の素晴らしさをよく示すものだと思うが、いままでは工人がほとんどひとりで最初から最後まで監督・製作したものを、寄木造は協同で作業を行う。つまりいくつもの部分を別個につくり、それを持ち寄って組み立てることになる。オートメーションとまではいえないけれど、作業効率は飛躍的に高まった。

七条仏所跡に立つ駒札

＊1　奈良県高市郡明日香村《たかいちぐんあすかむら》にある寺。別称元興寺《がんごうじ》・法興寺《ほうこうじ》。蘇我馬子《そがのうまこ》が六世紀末に建立したわが国最初の本格的な寺。
＊2　七四一年、聖武天皇《しょうむ》の命により各国の国府近辺におかれた官寺。

　こうした協同作業を行うためには、統一的な工房が必要となる。全員一致で作業をしないと、部材を持ち寄って完成させるときに困ることになる。効率がよくても、統制がとれてないと仕事にならない。大仏師と呼ばれたリーダーが統率し、協同して仏像を製作する仏所《ぶっしょ》は、こうして必然的に生まれた。

仏師《ぶっし》定朝《じょうちょう》

　この間の新製作システムの完成に大きく貢献したのが、平安時代最高の仏師定朝である。父康尚《こうしょう》も優秀な仏師だったが、定朝は技術的にすぐれていたばかりでなく、人間的にも秀でた人物だったようだ。そうでなければ、多くの工人を統率しての協同作業はできない。仏像をつくる技術や才能ということでは、彼以前にも優秀な仏師はたくさんいたが、仏師たちをたばね、スムーズに作業をすすめる能力ということでは、定朝は傑出していた。彼が確実に製作したことが判明している仏像は、法成寺《ほうじょうじ》・興福寺《こうふくじ》など多くはないし、現存しているということでは平等院阿弥陀如来像が唯一の例だが、仏像製作システムの改革に、まさに画期的な業績を残した。

七条仏所《しちじょうぶっしょ》

　父康尚が先鞭《せんべん》をつけ、定朝が大成した仏像製作のシステムは、平安時代中期以降に増加した仏像需要に対応できることになったが、やがて仏所という組織に編成される。これ

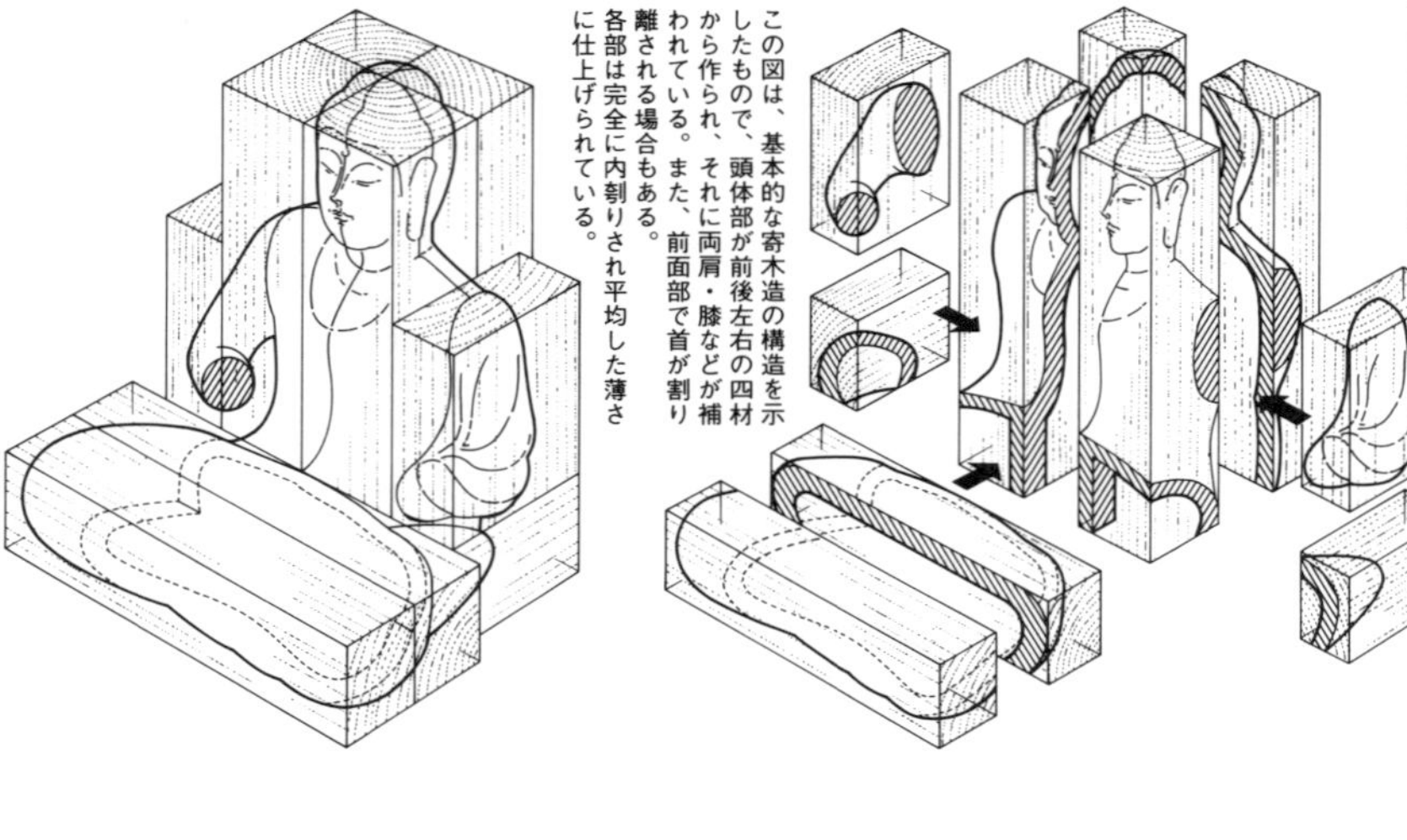

寄木造の構造

この図は、基本的な寄木造の構造を示したもので、頭体部が前後左右の四材から作られ、それに両肩・膝などが補われている。また、前面部で首が割り離される場合もある。各部は完全に内刳りされ平均した薄さに仕上げられている。

によって、さらに効率的に仏像は製作されることになる。

定朝の系統の仏所を七条仏所と呼ぶ。彼がここに居住したという証拠はないが、定朝のあとはその子の覚助《かくじょ》が七条仏所を受け継ぎ、鎌倉時代に活躍する運慶《うんけい》など有能な仏師を輩出している。のち、長勢《ちょうせい》が三条仏所《さんじょうぶつしょ》を、さらに定朝の孫の院助《いんじょ》が七条大宮仏所を形成し、ほかにもいくつかの仏所が成立するが、七条仏所は明治時代にいたるまで仏所の本家として尊敬をうけた。

七条仏所はのち七条中仏所・七条西仏所・七条東仏所と分立するが、七条大宮仏所とあわせて七条周辺に多くの仏所が営まれた。これは注意すべきことである。というのは、当時の京都の商業地区の中心は七条あたりで、周辺には商工業者が集住し、店舗も建てられていた。もともと七条の地には東市《ひがしのいち》・西市《にしのいち》があって平安京の商業の中心地だったが、その近辺に東西両市が衰退してから新しい商工業の中心ができたのである。仏所はこうした地域に成立したのであって、まさに仏師という職業が商工業者として活動していたことが理解できる。普通の人間が仏像を買うということはないけれども、不特定の、大量の需要にこたえるためには、こうした商工業地域に仏所を設けるのがいちばん便利だったということであろう。

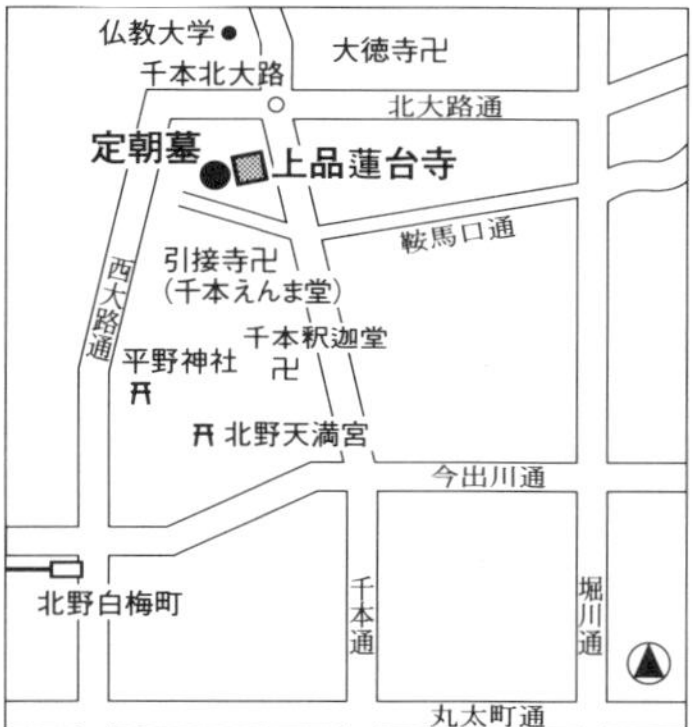

北区千本通鞍馬口上ルにある上品蓮台寺の本堂背後の墓地入口に定朝の墓がある。京都駅より6系統にて千本北大路下車徒歩3分。

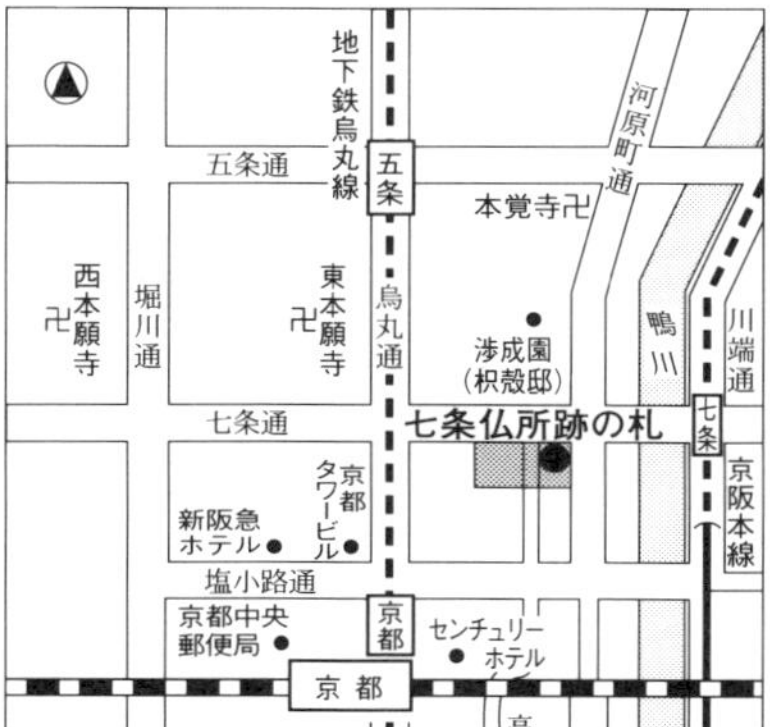

下京区七条通河原町西入ル南側材木町近辺。七条通高倉南東に駒札。JR京都駅より徒歩8分。

● 市聖《いちのひじり》空也《くうや》と革聖《かわのひじり》行円《ぎょうえん》――空也堂《くうやどう》と革堂《こうどう》

「易行《いぎょう》」の教え

末法《まっぽう》の世の中は、皇族・貴族であると庶民であるとを問わずやって来る。皇族・貴族は寺院をつくり、阿弥陀如来《あみだにょらい》を刻んで、この穢土《えど》からの離脱を願うことができた。しかし庶民はどうすればよいのか。ただやって来る末法の穢土に、汲々《きゅうきゅう》として生きるしかないのか。

心ある宗教者たちは、こうした庶民を救済すべく、知恵をつくす。財力による救済が可能な階層は穢土からの離脱の方法はあるが、そうでない庶民は、庶民的な方法で救済を求めるしかない。

それが、念仏であった。「南無阿弥陀仏《なむあみだぶつ》」の六字の名号を唱えることによって、はるかな西方浄土から阿弥陀が迎えに来て、穢土から救いあげて浄土へといざなってくれる。しかも念仏はただことばに出しさえすればよいもので、まさに阿弥陀の力にすがる「易行」*1だった。これならば、だれにでも可能な方法であった。

かくて念仏への信仰は、爆発的に拡大するところとなる。どこでも唱えられるし、形式ばった儀式も必要ない。寺院でなくともよい

空也堂と空也上人像(六波羅蜜寺蔵)。空也の唱える念仏(南無阿弥陀仏)が六体の仏で表現されている。

し、阿弥陀の仏像がなくともよい。毎日の生活に明け暮れ、労働に日々を過ごす庶民にとって、まことに都合のよい信仰形態だった。だから受け入れられ、広がってゆく。

市中の布教

念仏が受け入れられるためには、これを広げる力も必要だった。たしかに庶民は穢土からの離脱と浄土への往生を求めていたが、その知識は仏教教義のものだったから、具体的に、わかりやすく庶民に説かれねばならない。教義・経典の生のままでは、とても庶民には理解できなかった。

だが既成の教団の論理では、庶民は救済の対象にはならない。理屈ではむろん庶民も平等に救済されるはずなのだが、実際にはとり残されていたのだ。いつの時代にも庶民は、しいたげられ、軽視されていた。宗教的な救済からも、見離されていた。

ここで登場するのが、庶民の立場に立った、真の宗教者であった。奈良時代の行基《ぎょうき》（六六八〜七四九）にみられるように、これまでも民衆の救済をめざす宗教者がいなかったわけではないが、末法という時代背景を得て、多くの有名無名とりまぜての僧侶が現れた。

「市聖《いちのひじり》」

まず京都市民に親しまれたのは、市聖《いちのひじり》と呼ばれた空《くう》也《や》（九〇三〜九七二）である。聖《ひじり》とは、特定の寺院に属さずに、

＊1 他力《たりき》の念仏。阿弥陀如来の願力にすがって極楽に往生する教え。

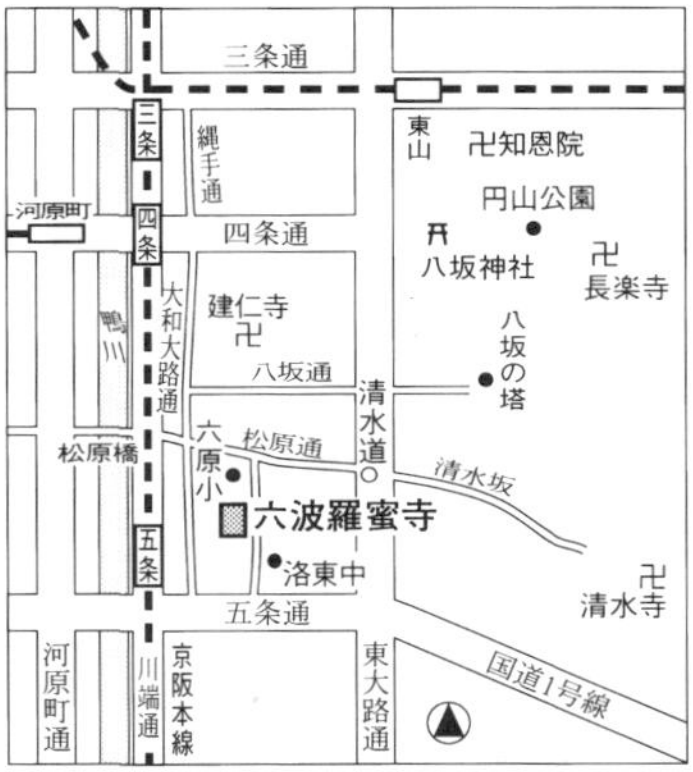

東山区松原通大和大路東入ル。京都駅より市バス100・206系統にて清水道下車徒歩5分。

空也創建と伝える六波羅蜜寺

山林幽谷などで修行し、自由に民間に布教する僧侶のことをいう。特定の寺院に属さないということは、いわば教団に拘束されないわけであり、自分の宗教的良心に基づいて行動できるということであった。

市聖《いちのひじり》というように、市《いち》、つまり平安京の東西にもうけられた市で布教した。市は人々が物を売り買いするために集まるところだから、そこでの布教はずいぶんと効果的であった。しかも雑多な庶民が出入りしており、都市平安京の縮図ともいえたから、そこでの布教の成否は、宗教者の能力が試されることでもあった。

空也《くうや》は、まさに行基の再来であった。尾張国《おわりのくに》(愛知県)で出家し、諸国を回って道路の開削《かいさく》や架橋にあたってもいる。京都に来て布教にあたったのも、苦しむ庶民を救済しようとしたものだし、のち延《えん》暦《りやく》寺《じ》で受戒《じゆかい》してからは、主として貴族を対象とする布教活動を行うようになるのも、行基とよく似ている。

それはともかく、空也は都市民衆を対象として宗教活動をした。都市の発展という新しい社会の展開があってはじめて、空也は存在し得たのであって、そういう意味で歴史の産物の典型ともいえる人物だった。

空也が修行したと伝える空也の滝(右京区嵯峨愛宕町)。
行円の開いた革堂(行願寺)。当初は上京区にあった。

「革聖《かわのひじり》」

革聖《かわのひじり》こと行円《ぎょうえん》(生没年未詳)も、空也と同様に庶民を相手に布教した。身に鹿皮をまとっていたので革聖と称されて、市民の尊敬をあつめた。行円もまた＊1粟田口《あわたぐち》の街道筋、つまり後世の国道一号線にあたる道路の修復にあたるなど、仏教の布教と一体のものとして社会事業や民衆救済にあたった。ただ信仰の道を説くだけではなかったのだ。

空也堂《くうやどう》と革堂《こうどう》は、こうした庶民に布教するための施設であって、町堂《まちどう》の役割を果たした。庶民は貴族とちがい、仏に信仰を捧げたいと思っても、そう簡単に寺院に出掛けて拝むといったことはできない。日々の生活に追われている庶民が、寺院に参り、仏に参拝するのは難しいことだった。町なかにあって、そこに住み、そこに死ぬことを余儀なくされ、町とともに人生を過ごす庶民は、救済からはとり残されていた。その庶民を対象として、空也は空也堂をたて、行円は革堂(行願寺《ぎょうがんじ》)を創建した。当初は完備された寺とはとても言い難かったが、やがて庶民たちの信仰が深まるにつれて整備され、またそれにともなって貴族たちも信仰をそこへ重ねたから、さらに発展して大きな寺院となって、歴史を通じての庶民の信仰の場として時を刻んだのであった。

＊1　京の七口《ななくち》の一つ。東海道の山科《やましな》からの入り口。

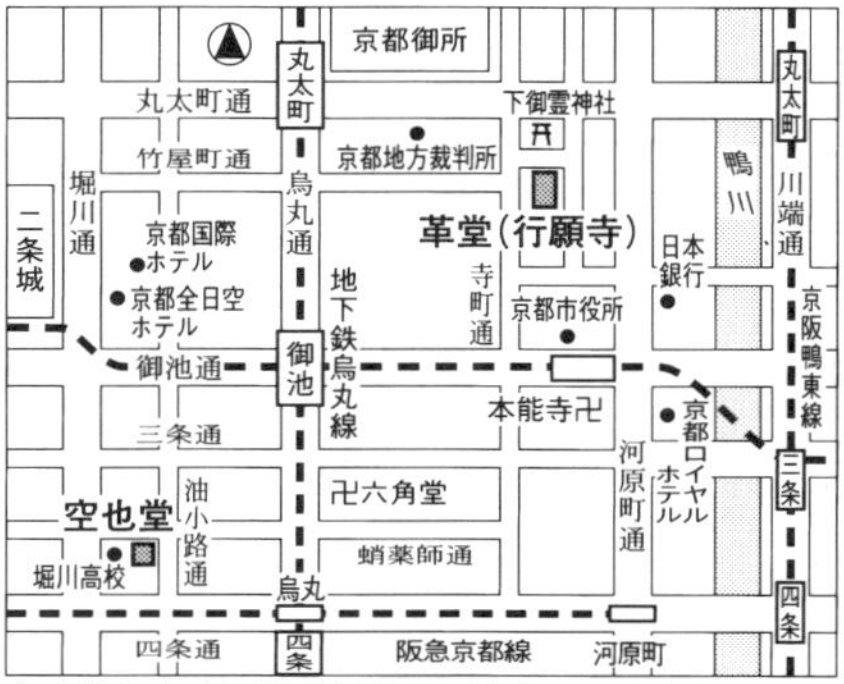

空也堂▶中京区蛸薬師通堀川東入ル。京都駅より市バス9・52系統にて堀川蛸薬師下車徒歩2分。
革堂(行願寺)▶中京区寺町通竹屋町上ル。京都駅より市バス4・14・特17・205系統にて河原町丸太町下車2分。

行円上人像（行願寺蔵）

トピックス

平安京健康事情――食事と病気

●食　事

いつの時代でもそうだが、平安京の食事も、身分によって大きく異なる。贅沢《ぜいたく》な食事をする階層もあれば、粗末な食事を余儀なくされる階層もある。

食事の回数は、朝の午前十時ころと、夕方四時ころの二度だった。一日二食が原則で、清少納言《せいしょうなごん》は大工たちのさもしい食事の仕方を蔑《さげす》んでいるが、当然これでは激しい労働にはとても腹がもたないので、中間にもう一度の食事を間食としてとった。これが後世に定着して、一日三度となった。

食事の種類は、かなり豊富であった。『和名類《わみょうるい》聚抄《じゅうしょう》』『延喜式《えんぎしき》』といった書物に詳しく記載があるが、主食は米で、ほとんど現在と同じように炊いたり蒸したりして食べた。粥《かゆ》にする方法もあって、硬めと軟らかめがあった。米以外に、麦《むぎ》・粟《あわ》・ひえ・大豆《だいず》・小豆《あずき》などの雑穀類も食べたが、単独か米に混ぜたかどちらかであろう。副食品の種類も豊富で、各河川や巨椋池《おぐらいけ》からとれる淡水魚、また若狭《わかさ》など日本海側や瀬戸内など遠方から運ばれた乾物、ないし熟《な》れ鮨《ずし》にしたものを食べた。動物性蛋白《たんぱく》質としては、ほかに雉子《きじ》など鳥類も食べた。ただ鳥獣は、当時の仏教の殺生禁断思想もあって、少なくとも貴族階級にはあまり普及しなかったのではないか。栄養状態については、推定する史料がない。

塩・酢・醤《ひしお》（味噌の一種）など調味料もけっこうあったし、調理も発達していたから、階層によってはさまざまに工夫をこらしたものがつくられ、現在とそう変わらない料理を食べていた。まさに日本料理の原点は、平安京にあるといってよい。

もっとも、庶民は貧しい食事だったろう。現在のような飽食時代の常識で判断してはならないが、栄養状態がそうよくなかったことは事実である。当時の平均年齢など算出のしようがないが、おそらくは二〇歳前後のはずで、乳幼児死亡率が圧倒的に高かった。ただし成年期を過ぎるとそれなりに生き、上級貴族（一位～三位）の寿命は五〇歳代後半になる。

●病気の種類など

病気の種類はむろん現代よりも多い。ただこれも史料からはよくわからない場合が多く、しかも日記を残した貴族階級などはよく記録があるが、庶民となると皆目《かいもく》不明である。

庶民は、いったん病気になると悲惨だった。十分な医療に浴せないことは当然としても、再起できないほどになると、放置されてしまう。一応は施薬院《せやくいん》・悲田院《ひでんいん》という救済施設があったが、とても膨張《ぼうちょう》する平安京の規模にはついていけず、疫病でも流行しようものなら、平安京の街路は病人・死人で充《み》ちることになった。この時代に急速に広まった死の穢《けが》れをさけるためにも、病人のうちに外へ捨てる必要があった。政府は遺棄《いき》を禁止するが、庶民の経済状態や医療水準からすれば、どうしようもないことだった。まして都市平安京には地方から出てきた多くの人々がいたし、そんな人々に身寄りがあるはずもないから路上で行き倒れるほかない。王朝の華やかさなど、そうなるといっぺんに吹きとんだであろう。

上級貴族も、病気には苦しんだ。医療は彼らには手厚かったが、十分というわけではなかった。ましてどんな病気でも治るなどということはなかったから、治療のすべもない病気にかかると、どうしようもなかった。

すでに述べたように、たとえば藤原道長《ふじわらのみちなが》は、晩年に多くの病気に苦しんだ。五一歳のとき、しきりに水を要求し、飲水病に取りつかれた。完全な糖尿病である。栄養価の高い食事をするとよくかかるが、憔悴《しょうすい》したそのさまは、一代の権勢家とはとても思えないほどだったという。

ついで胸病を併発した。大声をあげるほど痛みに苦しんだらしい。さらには眼病を併発し、これは白内障と考えられている。まさに晩年は病気とのたたかいであった。望月《もちづき》の欠けることもないといわれるほどの権勢を誇ったのであるが、最後はみじめなものだったということであろう。時代は、いくら上級貴族だからといって、病気から逃れられるほどの状況にはなかったのである。

●和気氏《わけし》と丹波氏《たんばし》

だが医学が、平安時代に大きく発展したことも、忘れてはならない。たしかに庶民には関係なかったが、そうした科学技術の発展は、徐々に各階層に浸透するのであり、支配者にしか貢献しなかったわけではない。

医学を担ったのは、和気氏と丹波氏である。奈良時代には、僧侶たちが医学を向上させるのに大きな役割をはたしたが、平安時代になって、特定の家がその科学を伝えた。一見閉鎖的に見えるが、家内部での向上の努力はかえってはかられることになり、医学知識の向上はみるべきものがあった。

●恋多き才女——和泉式部《いずみしきぶ》と誠心院《せいしんいん》・東北院《とうほくいん》

平安という時代は、多くの女性文学者が出たことでも傑出《けっしゅつ》した時代だった。むろんどの時代だって女性は人口の半分を占めるし、文学的才能に長じた女性も出てくる。だが平安時代は、清少納言《せいしょうなごん》・紫式部《むらさきしきぶ》をはじめ、女性文学者がどの時代にもまして大量に出たことで記憶されねばならない時代だ。

恋の名人

そのなかで和泉式部（生没年未詳）は、紫式部に

和泉はけしからぬかたこそあれ、うちとけて文はしり書きたるに、そのかたの才《ざえ》ある人、はかない言葉のにほひも見え侍《はべ》るめり。

と評されている（紫式部日記）。文才はすぐれ、ちょっとした文にも香りの高さが感じられると褒《ほ》められてはいるが、しかし「けしからぬかた」があるというのだ。この「けしからぬ」が和泉式部の恋愛の多さをいうものであることは明白で、希代の文学者・紫式部も、和泉式部の文才は認めるが、その多情な恋愛行動には嫌悪感《けんおかん》をしめしている。

たしかに和泉式部は、多くの男性と恋愛した。しかしそれは、特

誠心院本堂前にある軒端の梅。梅の前に和泉式部の歌碑がある。北側の墓地内にある式部の墓。

にこの時代において異例というわけではなかった。だいいち、結婚という制度は確定したものではなかったし、たとえば『源氏物語《げんじものがたり》』や『*1蜻蛉日記《かげろうにっき》』にみられるように、現実に夫婦が逢うということがなくなればそれで結婚は解消となる。婚姻届などあるわけではないし、事実がなくなればそれが結婚の解消であり、そうなれば他の男性と付き合ってもいっこうにかまわないわけで、和泉式部が特に異常に恋愛沙汰が多かったというわけではない。ごく自然に男性と接したのであって、非難されるべきことではなかった。

式部の結婚

ところで、和泉式部は最後は藤原保昌《ふじわらのやすまさ》と結婚した。紫式部がきらった、多くの男性遍歴の末のことだった。この遍歴とも関係するが、式部は、藤原道長《ふじわらのみちなが》の娘で一条《いちじょう》天皇の*2中宮《ちゅうぐう》だった上東門院彰子《じょうとうもんいんしょうし》(九八八〜一〇七四)のサロンに属していた。時の最大の権勢人の道長だったから、自分の娘のまわりに多くの女性文化人を集めた。そのなかには紫式部・赤染衛門《あかぞめえもん》など、この時代の屈指の人物がいた。華やいだサロンが、これらの女性たちの創作の場となったのだった。

このサロンは、いうまでもなく道長の力によって運営されていた。この道長の家司《けいし》(家政を担当する職)のひとりが、藤原保昌だった。

*1 藤原道綱《ふじわらのみちつな》の母の日記。道長《みちなが》らの父・兼家《かねいえ》との結婚生活の不和を嘆く記載が多い。
*2 皇后と同格の天皇の妻。

中京区新京極通六角下ル。京都駅より市バス4・14・特17・205系統にて河原町三条下車徒歩5分。和泉式部塔は、新京極通から格子越しに見える。

和泉式部像（狩野探幽筆）

道長の家政は規模の点では大きなものだったはずで、それを取り仕切ったのだから、保昌は相当に優秀な事務処理能力の持ち主だったのではないか。式部との恋愛がいつ始まったのかはむろん不明だが、道長を媒介にしてのものだったことは疑いなさそうである。橘《たちばなの》道貞《みちさだ》と結婚し小式部《こしきぶ》をもうけ、また敦道《あつみち》親王との恋愛の末の、三〇代も半ばのことだった。

結婚生活は必ずしも順調ではなかったようだが、後半生のほぼ三〇年間を一緒に過ごしている。前夫道貞と主人道長の死、また最愛の娘の小式部の死と、つらい体験を重ねての後半生だったが、六〇年ほどの人生を生きて、夫保昌に少し先んじて死去したらしい。後悔することのない人生であった。

誠心院《せいしんいん》の墓

早くから歌人として名を知られ、また多くの歌集に歌を残してもいるから、彼女の墓と称するものは全国にある。諸国をめぐって足跡をしるすのは、王朝の美人伝説の主のひとつの特色でもあるが、式部もそうした伝説を各地に持つ。

新京極《しんきょうごく》にある誠心院には、式部の墓がある。＊1宝篋印石塔《ほうきょういんせきとう》で、一三一三年につくられたものだから、むろん厳密な意味では式部の墓とはいえない。後世の人が式部をしたって、その供養のために石塔

東北院本堂と、境内にある軒端の梅

を建立したのである。

誠心院は、もとは和泉式部の邸宅だったという。ただし現在地に移転したのは、のちに豊臣秀吉《とよとみひでよし》が*2寺町《てらまち》をつくったときで、*3誓願寺《せいがんじ》内に併合されていた誠心院を、誓願寺とともに移転させたものという。

この誠心院は、もとは東北院《とうほくいん》内の一庵であったといわれる。東北院は、はじめ法成寺《ほうじょうじ》の東北方(京都市上京区)にあったところからそう呼ばれたものだが、ここは道長の娘の彰子の領地で、その一部が和泉式部に与えられたものという。彼女が愛《め》でたという謡曲「東北」に登場する梅の木も、東北院(左京区)に現存している。

式部のかかわる遺跡は、ほかにもじつに多い。

丹後守《たんごのかみ》だった夫の保昌とともに実際に赴任した丹後には、特に多い。天橋立《あまのはしだて》(京都府宮津《みやづ》市)近くに国府はあったから、この天下の名勝を見ながら歌作にふけったのだ。式部歌塚と称する宝篋印塔《ほうきょういんとう》もあって、そのゆかりを偲《しの》ぶことができる。これもまた式部在世当時のものではないが、後世の歌詠みたちが式部の徳をしたって建立したものではないか。はるか昔の歌人に、尊敬と歌道上達の願いをこめて、祈ったのであろう。

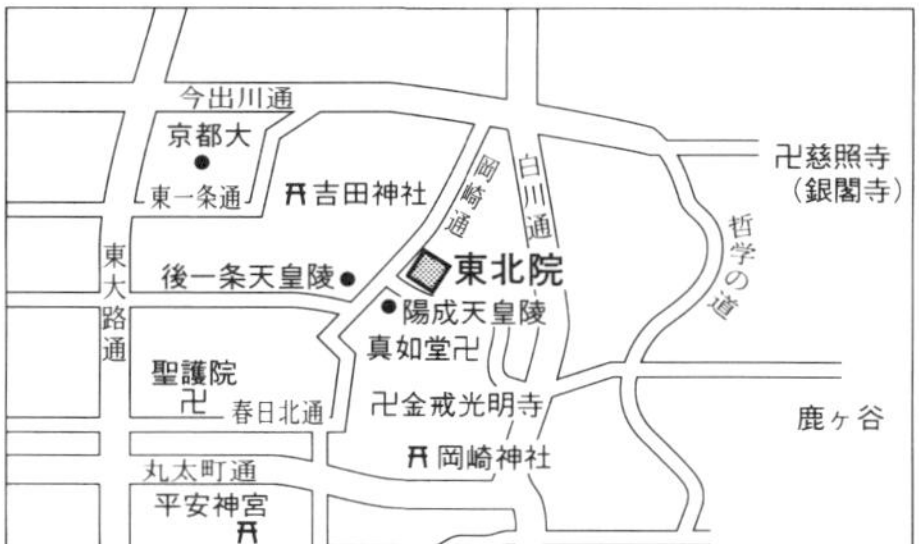

左京区浄土寺真如町。京都駅より市バス5系統にて真如堂前下車徒歩5分。

*1 もとは「宝篋印陀羅尼経《ほうきょういんだらにきょう》」を納める塔で、鎌倉中期以降、墓碑《ぼひ》・追善塔《ついぜんとう》に転化した。

*2 京都市街中央部を南北に走る道。秀吉の京都改造の際、洛中の寺院をこの通りに集めたのが通りの名の由来。

*3 中京区新京極《しんきょうごく》通三条《さんじょう》下ルにある寺。『醒《せい》睡笑《すいしょう》』の作者で、落語の始祖とも呼ばれる安《あん》楽庵策伝《らくあんさくでん》が住職を務めたことでも有名。

トピックス

平安京に生きた女性たち

●古代と女性

古代の女性というと、なにかしら暗くて、裏に隠れて表には出ず、ひたすら男性に奉仕し、男性あっての存在と考えられることが多い。たしかにそうした側面がないとはいえないが、そうした認識はいわば江戸時代の儒教《じゅきょう》的な男尊女卑《だんそんじょひ》思想からきており、古代にまで短絡的にさかのぼらせることは危険としかいいようがない。

考えてみれば、女性も男性と同じく社会を担《にな》う存在であって、その間には何の差もあるはずのないものだった。男女には能力の差があって、男女が区別・差別されるのは当然だという議論があるが、ついこの間まで男女が同じ労働を担当していたことは周知のことだし、現在も雇用《こよう》均等法を持ちだすまでもなく男女は、少なくとも建前としては同等だと考えられている。古代でも、女性が差別され、男性と同等に扱われないことはありはしたが、意外と男女の差が近かったことも事実である。

●平安女性と文化

まず平安女性について注目されるのは、やはり文学における役割である。これはもう紫式部《むらさきしきぶ》・清少納言《せいしょうなごん》を例にあげるだけで十分だろう。平安時代は、奈良時代以前にはなかった女性の文学方面での活躍が、きわめて顕著に見られる。平安時代中期、中国への文化的傾斜が薄れて国風文化が芽生えるが、こうした文化の新傾向のなかで、従来はごく限定的にしか活躍の見られなかった女性が、檜舞台《ひのきぶたい》に登場してくる。

仮名という新しい文化表現の手段が発明され、数多くの漢字を知っていなければ対応できない漢文学と違って、いろは四十七文字をマスターしていればなんとか表現できるという新しい文学世界が生まれたことが、女性に活躍できる条件を与えた。時代は女性にとって有利な方向へ進んでいった。

幼時からの長い訓練を必要とする漢文学が、当時の女性になじまなかったことは確かで、日本最初の漢詩文集の『懐風藻《かいふうそう》』には女性はひとりも見られない。だが、漢文学を表現手段として使った女性がいなかったということではない。

嵯峨《さが》天皇の皇女の有智子《うちこ》内親王は、後世にまで女性漢詩人として大きな評価を受けた。ほかにも平安時代では幾人かの女性詩人が見えていて、女性もそれなりの訓練を積めば男性同様に漢文学という文学表現を行い得たことがわかる。

●乳母《めのと》と遊女

乳母と遊女は、女性でなければできない職業である。現在の感覚からすればなにか暗い印象があるが、これまたそうした側面がないわけではないが、現在の感覚でもって平安時代を推し量ってはならない。

乳母は別名を「チオモ」、すなわち「チ＝乳」「オモ＝母」とも称されるように、生母にかわって乳を与え、子供を養育する女性をいう。したがってその養育した子供に対しては実の母以上に絶大な影響力を持つわけで、平安時代の歴史にしばしば登場する。乳母本人はむろんだが、その子はいわば兄弟同様に育つから、乳母兄弟もその縁で引き立てられた例は多い。乳母自身が社会に出て活躍するというわけではないが、間接的に社会に影響力を持ったということで見逃すわけにはいかない。

遊女もそうで、悲惨なイメージが付きまとうが、平安時代にはそうした悲惨さはなく、売春をともなうこともありはしたが、そう暗いものではなかったようだ。江口《えぐち》(大阪市)と神崎《かんざき》(尼崎《あまがさき》市)が最も著名だが、港湾には多くの遊女がいて、旅人をなぐさめた。源義経《みなもとのよしつね》の母の常盤御前《ときわごぜん》、木曽義仲《きそよしなか》の妻の巴《ともえ》御前《ごぜん》などは、遊女の一種である白拍子《しらびょうし》として知られた人物で、芸能にすぐれた才能を持っていた。

●商業にあたる女性

商業活動においても、女性の活躍が目立った。『宇津保《うつほ》物語』に見える三春高基《みはるのたかもと》は、『とくまち』という富裕な女性を妻とし、結婚してからも商売にあたらせた。利殖の才をもった女性であったらしく、ケチで強欲な三春の目に止まったのである。行商の女性が平安京で商売をして、貧しい家には呼ばれても行かないが、金持ちの邸宅には押し掛けてでも売り込みに行くというさまが詩に詠まれているし(本朝無題詩)、『今昔物語集』にも蛇の干し肉を魚の干《ひ》物《もの》と偽って売った女性のこと、反吐《へど》をはいた鮨鮎《すしあゆ》を平気で売った女性のこと、などが見えているが、そういうしたたかな女性商人が平安京に活躍していた。

女性もまた、男性とおなじく社会の担い手である。性の違いはあるが、格差ではない。性のそうした原点から平安京という、雑多な人々からなる雑多な都市社会を考えてみる必要があろう。

●宮廷サロンの寵児《ちょうじ》——清少納言《せいしょうなごん》と『枕草子《まくらのそうし》』

清少納言（生没年未詳）は、紫式部《むらさきしきぶ》とならんで平安時代文学界の大物である。するどい観察力で自然の風物や人物の姿を見すえ、すばらしい作品を残した。現代にも読みつがれている『枕草子《まくらのそうし》』がそれである。

清原《きよはら》家の伝統

清少納言の文才は、彼女の属した清原家をはなれては考えられない。もっとも、清原家の歴史はあまり明らかとは言い難いのだが、天武《てんむ》天皇（在位六七三〜六八六）の子孫らしい。高い官位の人物を輩出してはいないが、清少納言の曾祖父《そうそふ》の深養父《ふかやぶ》（生没年未詳）は、歌人として名の知られた人だった。『古今《こきん》和歌集』に一七首も採録されていて、三十六歌仙のひとりだった。父の元輔《もとすけ》（九〇八〜九九〇）も歌人で、やはり三十六歌仙であった。ふたりともに五位クラスで、むしろ下級に近い中級の貴族・官人にすぎなかった。

王朝の平安時代は、けっこう豊富な人材活用の場があった。政界で出世できなくても、ほかに自分を生かすことは不可能なことではなかった。学問・芸能の世界は、その最も適切な場だといえる。天

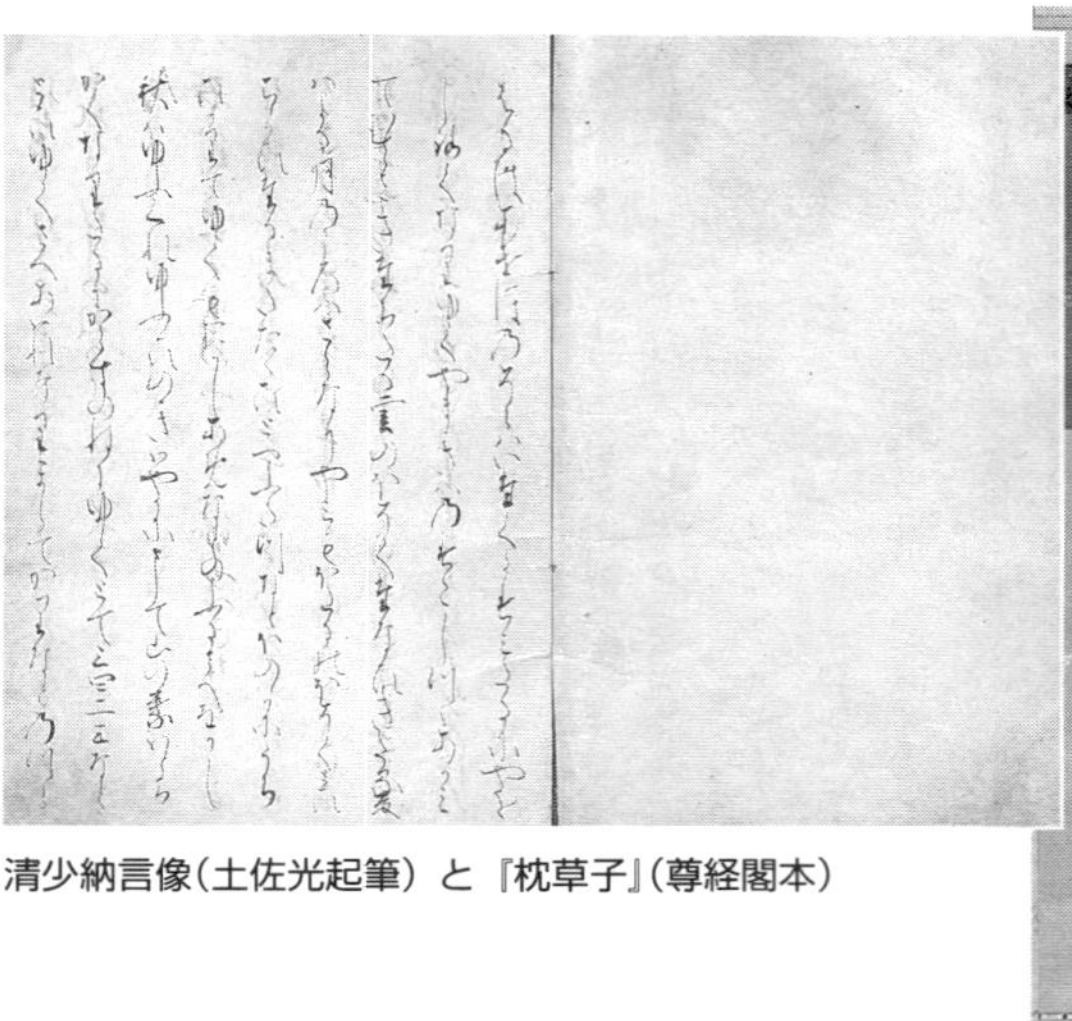

清少納言像（土佐光起筆）と『枕草子』（尊経閣本）

武天皇の子孫とはいえ、すでに勢力を失ってしまっていた清原家にとって、学問・芸能に生きる以外に道はなかったわけだが、その道をこの氏族はすぐれた才能をもって生きた。清少納言は、こうした清原氏という氏族の血をうけついで、その期待にこたえるだけの才能をもって生まれてきた。

定子《ていし》サロン

しかし清少納言が自分を生かすには、それ相応の場が必要だった。女性だから、男性中心の当時の文学環境からすれば極度に活躍の困難な状況にあったのだ。

彼女に与えられた場は、皇后定子（九七七〜一〇〇〇）のサロンだった。宮仕《みやづか》えの期間はほぼ一〇年間だったと考えられているが、この間に『枕草子』は執筆された。

皇后定子は、不幸な境遇の女性だった。天皇の妻となって入内《じゅだい》したものの、その後ろ盾となるべき父・藤原道隆《ふじわらのみちたか》（九五三〜九九五）は早くに死去し、兄の伊周《これちか》・隆家《たかいえ》＊1も花山院《かざんいん》に無礼をはたらいたという名目で大宰府《だざいふ》に左遷《させん》された。藤原道長《ふじわらのみちなが》というとてつもない実力をもつ政治家が相手だから、この敗北はしかたないともいえたが、この対立にまきこまれた定子にはなすすべもなく、ただ推移を見守るだけであったろう。清少納言は、この政治過程をすべてわが目で確かめ

皇后定子の鳥戸野陵《とりべの》（東山区）

＊1 伊周《これちか》・隆家《たかいえ》の二人が共謀して花山院に矢を放ったとして左遷された。

たわけで、自分の仕える主人の不幸に、どうすることもできないもどかしさを感じていた。女性が政治にかかわり、動かすことなど、まったくできなかった時代だった。

『枕草子《まくらのそうし》』の背景

ただこの体験は、『枕草子』という作品が生まれるためには欠くことのできない条件だったといえる。よくあることだが、不幸な境遇が、たぐいまれな文学を生み出す母体となったのである。

清少納言《せいしょうなごん》の感性が大きな拠《よ》りどころとなって、この作品ができあがったことはいうまでもないが、*1定子《ていし》サロンのことも忘れてはならない。対立するのは藤原道長を父とする*2中宮彰子《ちゅうぐうしょうし》サロンで、父の死と兄の失脚後はほとんど問題にならないほどの差がついてしまったが、それでも定子のまわりには多くの文人墨客《ぶんじんぼっかく》が集まっていた。歌会がもたれ、郊外での遊覧も盛んに行われた。文学が生まれる背景は、多くあった。

結婚生活が短かったことも、注意すべき背景だろう。当時は結婚の制度は無いに等しいものだったから、現実の結婚生活が営まれなくなれば、それで結婚は解消ということになる。夫は橘則光《たちばなののりみつ》。名族の橘氏の出身だが、彼自身は低い身分で終わった人物だった。

清少納言が晩年隠棲したと伝える月輪にある泉涌寺と、境内にある清少納言の歌碑

結婚は一六歳のころと推定されており、ほぼ当時の女性の結婚適齢期に夫を迎えている。男子をもうけたが、一〇年程でこの結婚は解消された。これも一般的な貴族女性の結婚とそう違ったところはなく、平凡なものだったといえよう。だがその平凡のなかで、清少納言はその才能をみがいたのであった。『枕草子』執筆の基礎は、このときにできたと考えてよかろう。

宮仕えと晩年

結婚が解消してしばらくして宮廷に出仕した。見聞きするすべてのことが、平凡な家庭にあきたらなくなっていた彼女には新鮮に映った。創作意欲はわきあがり、目に見、耳に聞くものを筆にたくした。宮仕えのほぼ一〇年間に書きためた文章をまとめ、出仕から退いた直後に完成したのが、王朝随筆文学の最高傑作『枕草子』であった。

晩年の清少納言のことは、よくわからない。平安時代の多くの女性と同じく、晩年を推定する資料はいっさい残していないからだ。月輪《つきのわ》（東山区）に隠棲《いんせい》したともいうが、いくつかの和歌にその身の没落ぶりを嘆くものがあって、どうも幸せな老後を送ってはいないらしい。時代は藤原道長の全盛期、その道長の娘の彰子に仕えた紫式部《むらさきしきぶ》が、女性文学界の寵児となっていく。

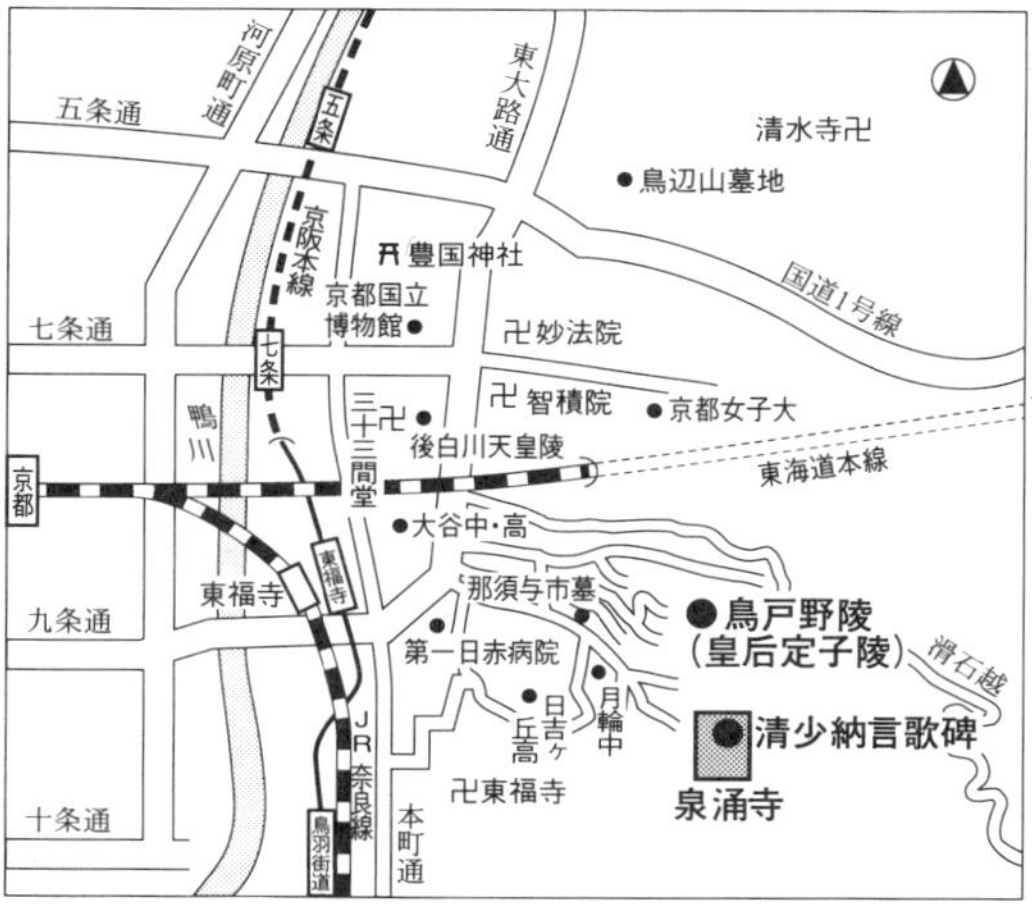

清少納言歌碑▼東山区泉涌寺山内町の、泉涌寺の境内にある。
鳥戸野陵▼東山区今熊野。ともに、京都駅より市バス特207・206系統にて泉涌寺道下車徒歩８分〜15分。

＊1　清少納言をはじめ、藤原公任《ふじわらのきんとう》・源俊賢《みなもとのとしかた》・藤原行成《ふじわらのこうぜい》などが集まった。
＊2　紫式部・和泉式部《いずみしきぶ》・赤染衛門《あかぞめえもん》などが仕えた。

●天才文学者 紫式部《むらさきしきぶ》――『源氏《げんじ》物語』の誕生

『源氏物語』

平安時代文学の最高傑作は、なんといっても『源氏物語』につきる。その意義は一言ではとても言いつくせないが、文学の世界と無縁であった女性がはじめて執筆した本格的文学作品だし、漢字だけが文字という固定観念をうち破り、仮名という人々の親しみやすい文字を使ったのも画期的だった。

なによりも平安女性の地位を高めた功績は、決定的ともいえる。女性は名前すら伝わることのなかった場合が多く、紫式部（生没年未詳）本人も実名はわかっていない。男性の陰に隠れ、ひたすら静かに歴史を生きることを余儀なくされていたのだ。そんななかで式部は、当時盛り上がっていた仮名文字流行の気運を受けて、感じるところ、思うところを筆にたくした。むろん『万葉集《まんようしゅう》』の時代から女性によってなされた文学表現はあるので、彼女が最初の女性文学者というわけではないが、紫式部による『源氏物語』は、女性文学のなかでの最高峰を誇っている。

一九六四年、紫式部はユネスコによる「世界の偉人」の選定に、

「源氏物語絵巻」（鈴虫・五島美術館蔵）と『源氏物語』（古代学協会蔵）

日本人からただ一人選ばれている。世界にも誇る文学作品の著者としてのものであることはいうまでもない。

紫式部の生い立ち

『源氏物語』はたしかに華麗で、匂《にお》うがごとき宮廷社会の姿をあますところなくえがいている。だが、ただ宮廷にいるだけでは文学にはならない。それを感受性豊かにうけとめ、叙述する能力にめぐまれていなければ、『源氏物語』はできなかった。彼女が文学者として天才・偉人であったことは疑いないにしても、それだけでは『源氏物語』は書けない。舞台となった貴族社会の実相を、深く探求する能力を備えていなければならない。そうした能力を持っていたことを考えるためには、彼女の生い立ちを追ってみる必要がある。

紫式部は、れっきとした藤原《ふじわら》氏の出身である。ただいわば傍流であって、祖父の兼輔《かねすけ》が文人として著名な程度の、弱小貴族であった。受領《ずりょう》*1クラスの家であり、国司《こくし》になるくらいが関の山といったところだろう。この中級貴族の家に生まれたことが、彼女の文学の大きな栄養となった。上のことも下のこともわかるという、感性豊かな人物に育つ素地となったのだ。『源氏物語』はたしかに王朝の華やかさに満ちた世界を舞台とし、光源氏《ひかるげんじ》という貴公子を主人公とす

「石山寺縁起」に描かれた紫式部（石山寺蔵）

＊1　遙任国司《ようにんこくし》（国司に任命されながら任地に赴任せずに在京し、収益だけを受け取る国司）に対し、実際に任地に赴任して実務にたずさわる国守。中小貴族は、その徴税権の悪用で富を築いた。

るが、ただ栄華の世界をえがいているだけではない。そこがほかの平安文学とは異なるすぐれた作品であるゆえんだが、その背景には、紫式部の人生そのものが反映しているといってよい。

彼女の結婚生活が、あまり幸福ではなかったことも見逃してはならないだろう。当時としてはとうに適齢期を過ぎた三〇歳ほどで結婚したが、夫はすでに子供のある二〇歳ほども年の離れた藤原宣《ふじわらののぶ》孝《たか》。一女をもうけ、三年後に死に別れることになるが、その前にもう宣孝の彼女への愛情は冷めていたようだ。こののちに、時の権勢人藤原道長《ふじわらのみちなが》の娘の中宮彰子《しょうし》のもとに出仕することになる。

彰子サロン

もうひとつ注意しておかねばならない『源氏物語』誕生の背景が、この中宮への出仕である。彰子は一条天皇の中宮となるが、父の道長は彰子の立場を強めるため彼女の周りにサロンをつくり、このサロンが文化の中心となる。特に彰子は、道長の兄で政敵でもあった藤原道隆《ふじわらのみちたか》を父とする皇后定子《こうごうていし》と張り合っていたから（ただしもう道隆は死去していたが）、よけいに華やかなサロンをつくる必要があった。

式部がいつこのサロンに招請されたかは不明だが、出仕ののちに『源氏物語』の執筆は急速に進んだらしい。子育ても忙しかったは

廬山寺の「源氏の庭」にある紫式部邸宅跡の碑と、紫式部の墓

ずだが、文筆に意欲を燃やしてとりくんだ。完成まではまだ日がかかったが、作品は宮廷内で読まれ、きわめて好評だった。

紫式部の性格

式部の性格は鷹揚《おうよう》で、物事にこだわらない寛容なものと思いがちだが、それは『源氏物語』のイメージからきたもので、実態はどうもそれとはかなり違ったようだ。たとえば、彼女といつも対比して論じられる清少納言《せいしょうなごん》のことを、

清少納言こそ、したり顔にいみじう侍《はべ》りける人。さばかりさかしだち、真字《まな》書きちらして侍《はべ》るほども、よく見れば、まだいとたへぬことおほかり。

といっている（紫式部日記）。清少納言は、高慢な顔の大変な女で、かしこぶって漢字で文学を書いているけれども、よく見てみると欠点がいっぱいあるではないか、というのだ。完全な非難の口調であって、先輩の女性文学者に対する尊敬の念はまったく見られない。べつに清少納言だけが槍玉《やりだま》にあがっているわけではないが、どうも式部は気位がたかく、高慢で気が強い女性だったらしい。あまり好きにはなれない感じだが、その才能の豊かさについては異論はない。

非難された清少納言の紫式部への批評も聞いてみたいが、残念ながらそれは残っていない。*1 式部より早くに文壇を去っていたからだ。

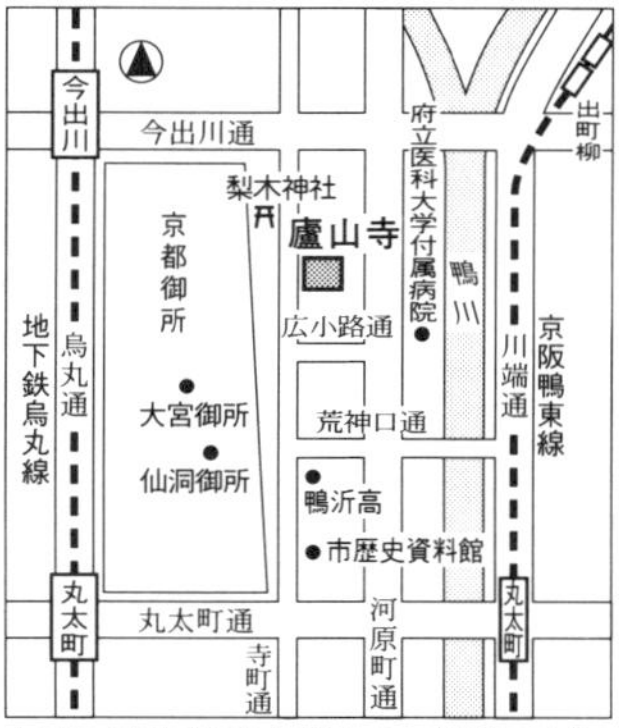

上京区寺町通広小路上ル。節分の日に行われる"鬼の法楽"は有名。京都駅より市バス4・14・特17・205系統にて府立医大病院前下車徒歩5分。

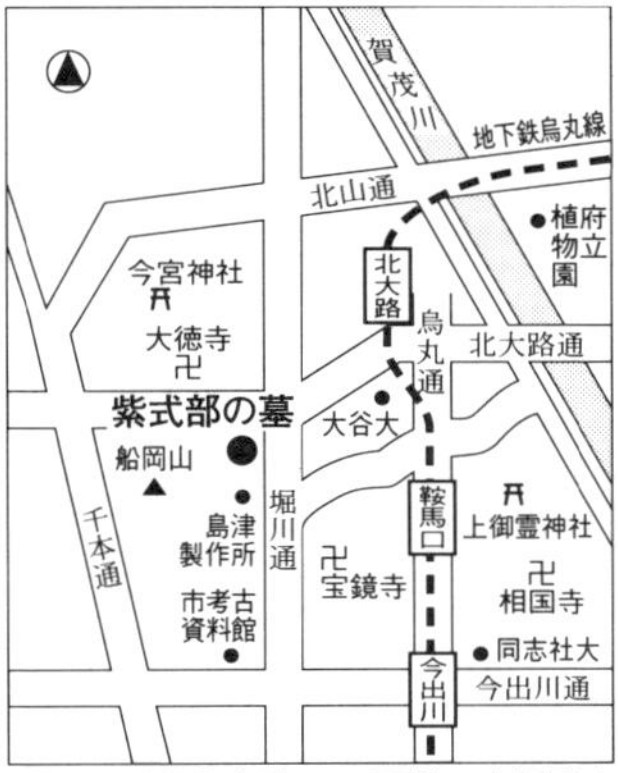

北区堀川通北大路下ル西側。京都駅より9・205・206系統にて北大路堀川下車すぐ。

＊1 清少納言は、一〇〇〇年に定子《ていし》が死去したのち後宮を去ったと思われる。一方、紫式部が宮廷に出仕したのは一〇〇五年ころと思われ、二人が同時期に後宮内にいたことはないだろうと思われる。

トピックス

平安王朝裏事情——政争の舞台裏

●王朝の裏側

平安京というと、王朝を思い出し、王朝というと華麗な世界を思い出す。しかし現実の平安京は、そんな甘いものではなかったし、裏ではどろどろとした、陰惨《いんさん》な争いが繰り広げられていた。そうした現実に目を開かないと、雑多な人の住む街・平安京の実相はつかむことができない。ここでは政治の世界について、ながめてみよう。

　考えてみれば、別に平安京に限ったことではないが、古代の政界は、いつも政争にみちみちていた。政治の世界はいつも政権が基軸だから、政権の座をめぐって争いが起こるのは当たり前でもあった。しかし、平安京にはさまざまなタイプの政争が起こり、一概には論じることができない。多様な政争が起こったのだが、平安王朝の裏に隠された、華やかさの背後の影の部分を眺めてみよう。

●藤原氏全盛への道

　奈良時代は、藤原《ふじわら》氏が勢力を伸ばしていく過程でもあった。藤原氏は鎌足《かまたり》から始まる新興貴族で、大伴《おおとも》氏・紀《き》氏といった、ヤマト政権以来の豪族に起源を持つ貴族とは根本的にちがっていた。歴史はないし、味方になってくれる貴族もそうはいなかった。藤原氏からはつぎつぎに優秀な人物が出たから、なんとか伝統的氏族に対抗して勢力を伸ばすことができたが、そのプロセスは陰惨な政争の連続だった。

　このことは、奈良時代の政治の動きを、政権担当者に焦点をすえて考察してみるとよくわかる。

　まず藤原不比等《ふじわらのふひと》が政界を牛耳《ぎゅうじ》る。大宝律令《たいほうりつりょう》を制定し、平城京遷都を実現するなど、辣腕《らつわん》を発揮した。このあとは長屋王《ながやおう》が政権を担当するが、やがて長屋王の変に巻き込まれて失脚し、不比等の四人の子、すなわち藤四子政権が誕生する。この四子が天然痘《てんねんとう》で死去したのち、橘諸兄《たちばなのもろえ》の政権が生まれ、ついで藤原仲麻呂《なかまろ》政権となり、その乱ののちは道鏡《どうきょう》政権となる。道鏡も称徳《しょうとく》天皇の死去とともに失脚し、光仁《こうにん》・桓武《かんむ》政権が藤原氏の後押しによって成立した。

　このプロセスは、完全に原則をもって動いている。藤原氏と非(反)藤原氏が、交替で政権を運営しているのである。つまり藤原氏が勢力を持ちはじめると、それに反発する勢力がこれを打倒し、しばらくすると藤原氏が勢力を盛り返してくる。それが折々に政争となって現れた。

●藤原氏の他氏族排斥

平安時代は、藤原氏の勢力が確立した時代といえる。この時代には藤原氏がその勢力をより拡大するがために、他氏族を排斥する事件が多く起こる。

その最初は八四二年の承和《じょうわ》の変である。伴氏（大伴氏）・橘氏を陰謀によって失脚させた事件で、同時に藤原氏の血縁につながる道康《みちやす》親王（のちの文徳《もんとく》天皇）を新皇太子にしようとしたものであった。陰謀は成功し、対抗する大伴氏・橘氏を打倒した。

これにつぐのは、八六六年の応天門《おうてんもん》の変である。台頭してきた大納言《だいなごん》伴善男《とものよしお》を失脚させようとしたもので、応天門の放火事件のあとその犯人がなかなか見つからなかったが、密告によって伴善男とされて失脚した。善男は父が大罪を犯していたが、そのハンデから立ち直り大納言にまで至った才人だった。それだけに藤原氏にとってはなんとか排除したい人物だったわけで、応天門放火にかこつけて葬り去ったのだった。これで藤原氏の摂関政治への道は開けたのだが、かなり強引なでっちあげ事件であった。古代でも誣告《ぶこく》罪というのはあったが、大体においていったんこうした犯罪の嫌疑《けんぎ》がかけられると、立ち直ることは不可能だった。善男も大納言という最高に近い地位ではあったが、藤原良房《よしふさ》という策士と、藤原氏の団結の前にはどうしようもなかった。

これで藤原氏の勢力は安泰だったかというと、そうでもなかった。もう一度起こったのが、九六九年の安和《あんな》の変であった。醍醐《だいご》天皇の皇子の源高明《みなもとのたかあきら》が、藤原氏の陰謀で失脚させられた。これで摂関政治が確立することになり、以後摂政・関白が常置され、その地位を藤原氏が世襲することによって政権を独占的に運営する。これで他氏族の排斥に成功した藤原氏は、以後ほぼ完全に勢力を確立する。

●藤原氏内部の抗争

次には藤原氏内部の抗争が頭をもたげ、同じ氏族内部で政権を争うことになる。もっともこのころは同じ藤原氏といっても、どの家系に属するかで随分と違ったものだったが、藤原四家で、またそのなかで勢力を誇った北家のなかで、対立が起こった。血縁につながる抗争だったのであり、その意味でかなりにダーティなものだった。政権の座がどれほど魅力のあるものかわたしにはわからないが、親族内部ですら抗争が繰り返されたということは、相当に惹《ひ》き付けるものがあったということだろう。

藤原氏抗争年表

西暦	事件	
六四五	●大化の改新。中大兄皇子《なかのおおえのおうじ》・中臣《なかとみ》(藤原)鎌足《かまたり》らの新政権発足。七〇八 不比等《ふひと》、右大臣に就任。	他氏との政権抗争期
七二九	●長屋王《ながやおう》の変。藤原氏の陰謀により長屋王自害。光明子《こうみようし》(不比等の子)立后・藤原四子政権実現。	他氏との政権抗争期
七三七	●天然痘流行。四子相次ぎ没。四子政権崩壊。	他氏との政権抗争期
七四〇	●広嗣《ひろつぐ》の乱。橘 諸兄《たちばなのもろえ》が鎮圧。藤原氏復権失敗。	他氏との政権抗争期
七五七	●橘奈良麻呂《ならまろ》の乱。仲麻呂《なかまろ》がこれを鎮圧し、専制体制確立。	他氏との政権抗争期
七六四	●恵美押勝《えみのおしかつ》(仲麻呂)の乱。道鏡《どうきよう》政権の成立。	他氏との政権抗争期
七八五	●造長岡宮使種継《たねつぐ》暗殺。大伴《おおとも》氏ら処罰され没落。	他氏との政権抗争期
八一〇	●式家の仲成《なかなり》・薬子《くすこ》の変。冬嗣《ふゆつぐ》が蔵人頭《くろうどのとう》に就任し、北家が台頭。	
八四二	●承和《じようわ》の変。伴健岑《とものこわみね》・橘逸勢《はやなり》らが流罪となり、良房《よしふさ》の妹の子道康《みちやす》親王(文徳《もんとく》)が新皇太子に。	政権確立、他氏排斥期
八六六	●応天門《おうてんもん》の変。伴善男《よしお》が流罪になる。	政権確立、他氏排斥期
八八八	●阿衡《あこう》事件。基経《もとつね》が橘広相《ひろみ》ら文人派官人を牽制。	政権確立、他氏排斥期
九〇〇	●菅原道真《すがわらのみちざね》、時平《ときひら》により大宰府《だざいふ》へ左遷。	政権確立、他氏排斥期
九六九	●安和《あんな》の変。源 高明《みなもとのたかあきら》配流。以後摂政・関白常置。	政権確立、他氏排斥期
九七二	●兼通《かねみち》・兼家《かねいえ》兄弟で摂関の地位争い。	氏族内抗争期
九九〇	●道隆《みちたか》、関白に就任。	氏族内抗争期
九九五	●道長《みちなが》と伊周《これちか》、叔父《おじ》・甥《おい》で摂関の地位争い。	氏族内抗争期
一〇一六	●道長、摂政に就任。一〇一九 頼通《よりみち》、関白に就任。	氏族内抗争期

藤原氏系図

1・2…は系図中の天皇即位順。①・②…は摂関就任順。

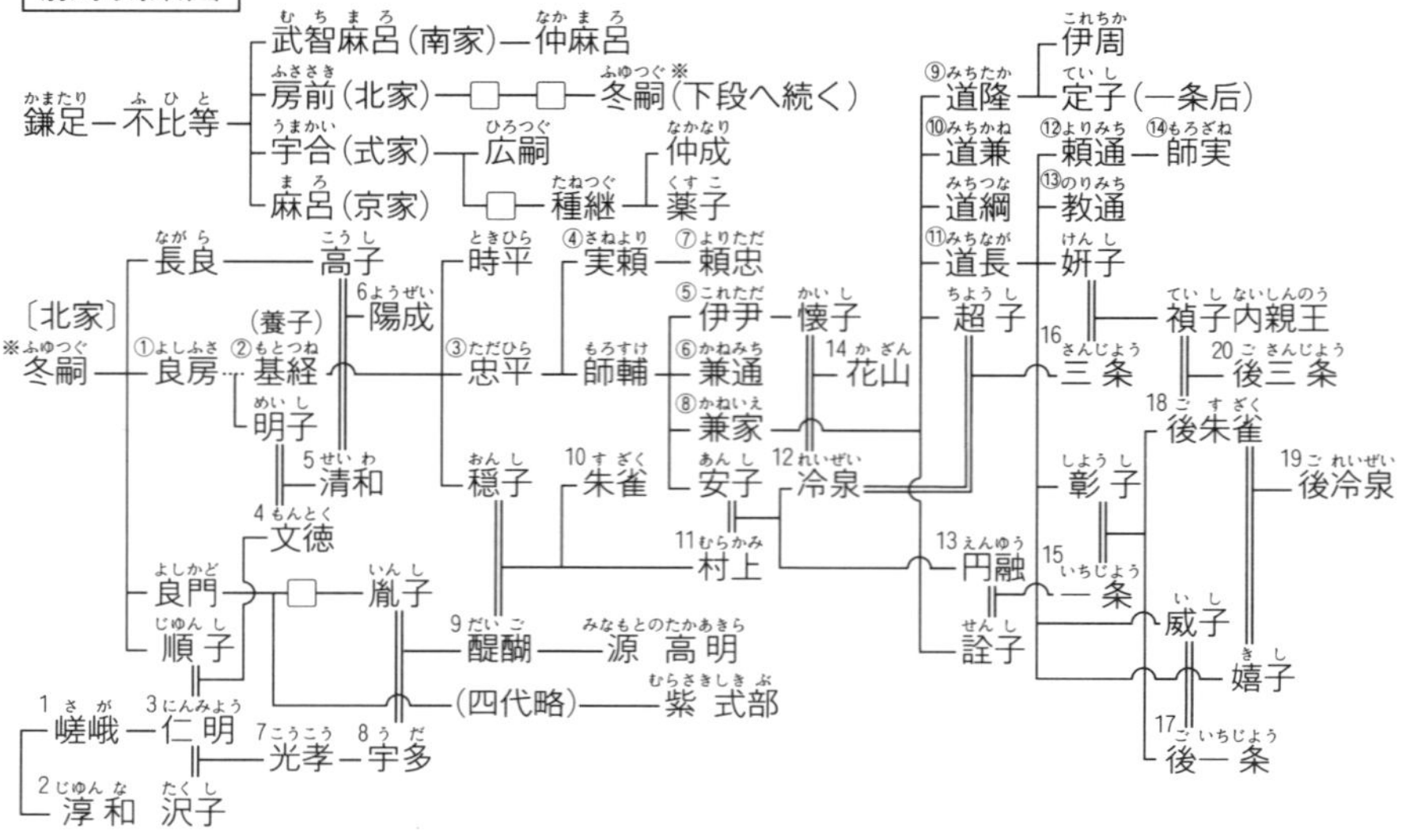

Ⅳ　院政の時代

● 洛南の離宮 ―― 鳥羽《とば》法皇《ほうおう》と安楽寿院《あんらくじゅいん》

「宛《さなが》ら都遷《うつ》りの如《ごと》し」

一〇八六年、白河《しらかわ》天皇（一〇五三〜一一二九、在位一〇七二〜八六）は洛南《らくなん》の鳥羽《とば》の地で後院を建設しはじめた。後院とは、退位した天皇の居所で、院、あるいは院御所などとも呼ばれた。天皇退位後の居所は皇極《こうぎょく》天皇（在位六四二〜六四五）から始まるから、古くから退位後の居所は営まれたわけだが、このときの後院建設は、それらとは違った意味をもっていた。

というのは、この年に白河天皇は上皇となって、院政を始めたのである。したがって、ただの隠居所ではなく、院政政権の拠点としての位置をも占めるものだった。つまり、政庁建設という意図があったのであり、新首都の都市建設ともいえた。史料に、

およそ百余町を卜《ぼく》するなり。近習の卿相・侍臣、地下《じげ》の雑人《ぞうにん》、各《おのおの》家地を賜い、舎屋を営造す。さながら都遷りのごとし。

とあって（扶桑略記《ふそうりゃっき》）、都市計画もほどこされていたらしい。

「水石風流」の地

洛南鳥羽の地は、風物にめぐまれていた。特に流れの豊かな鴨川《かもがわ》・桂川《かつらがわ》の合流地域が、美

安楽寿院と、そのそばに建つ白河法皇・鳥羽法皇院政の地の石碑

しい水辺を形成していた。平安京はすぐ東に鴨川があったとはいえ、とても水遊びのできる川ではなかった。水遊びをするためには、西郊の嵐山あたりまで出向くことになる。しかしそこは舟遊びはできても、水郷という感じの場所ではない。

そこで洛南の鳥羽までその場をもとめ、進出した。ここはまさに水郷で、水はいつでもそばにあったし、「水石風流」の地だった。

実際にはこうした地理的環境にある場所は、住宅を営むのにはきわめて不便である。いつも湿気があるから、柱や壁もくさりやすい。地面の上に、そのままでは住宅は建設できない。まず地業、すなわち地面に住宅を建設できるような土地造成の処置をほどこしてから、邸宅を建てることになる。鳥羽の周辺からは、こうした地業のあとを示す遺跡が随所に発見されている。こうした面倒を覚悟のうえで鳥羽を選んでいるわけで、いかにこの地が皇族・貴族たちにとってあこがれのものであったかがわかろう。一度宅地の整備をしてからでないと邸宅が建設できないということがわかっていながら、あえて鳥羽にその地を求めているのである。

安楽寿院

鳥羽の地は、まずはこうした住宅地であった。院の御所をはじめ、皇族・貴族たちの邸宅が多く営まれたが、

安楽寿院・鳥羽天皇陵・近衛天皇陵▼伏見区竹田内畑町。近鉄・地下鉄竹田駅より徒歩5分。**城南宮**▼伏見区中島宮ノ後町。近鉄・地下鉄竹田駅より市バス南1・南2系統にて城南宮東口下車すぐ。

当然そうした人々の生活を支える商工業者などが近くに住むことにもなった。周辺には人口が集中し、一大都市ともなった。

さらに住宅のみにとどまらないのも、鳥羽《とば》の特徴であった。住宅の周辺に寺院が建立《こんりゆう》されたのである。寺院も、人口をこの地にひきつける原因となった。寺院といっても、僧侶だけではとうてい生活は成り立たず、やはり商工業者や、また僧侶の炊事洗濯などを世話する人々が近くに住んだ。これも相当な人口であって、鳥羽に都市の景観をつくり出す要因となった。

現存する鳥羽の寺院は、安楽寿院《あんらくじゆいん》のみである。院政の衰退とともにほぼその生命を終え、たくさんあった寺院はつぎつぎに姿を消していった。安楽寿院周辺には、鳥羽天皇《とば》(一一〇三〜五六、在位一一〇七〜二三)の御陵があり、それがために後世にその姿を伝えることになった。わずかに鳥羽の地の院政時代を偲《しの》ぶことのできるようすがといえる。鳥羽法皇・美福門院《びふくもんいん》の肖像画が伝わることも興味深い。安楽寿院は、もともと鳥羽法皇の御願によって、鳥羽東殿という院御所に付属して建立されたものである。御殿と寺院とが一体のものであることがよくわかるが、法皇は生前からこの安楽寿院を「終焉《しゆうえん》の地」と定め(台記《たいき》)、念願どおりここで最期《さいご》を迎えている。

鳥羽法皇像(安楽寿院蔵)

鳥羽天皇陵

鳥羽地域の意味

このように鳥羽の地は、院政の拠点であったが、「水石風流」ということだけでは説明できない重要な要素があった。その点を見逃しては、鳥羽のもつ意味を正確に理解することはできない。

平安京・京都は、港を持たない。これは都市としては致命的な欠陥である。近代以前の物資や人の移動は、基本的には船を使って行われた。大量に、かつ安全に運べるからである。内陸国は別として、今でもたいていの世界各国の首都は海岸に面している。港が、その都市の経済の生命線だからだ。ところが、京都には港がない。では、多量の物資や人の移動はどうしたのか。

とにかくできるだけ近くの港を利用し、そこまで船で運ぶ。そこからは人力なり馬牛なりで運送するほかないが、その京都に最も近接した港が、鳥羽であった。しかも鳥羽は西日本から運送される物資のすべてが通過する港であり、ここをおさえておけば経済的にはむろん、政治的・軍事的にも日本の半分を制圧したも同然だった。そうした鳥羽の地のもつ地理的位置に注目して、院政政権の拠点地域としたのである。ただ景観がよく、「水石風流」という趣味的環境がよかったためではなかったのだ。

鳥羽離宮の名勝秋ノ山

近衛天皇陵

●院政の拠点――白河《しらかわ》・六勝寺《ろくしょうじ》(岡崎《おかざき》)の界隈《かいわい》

都市白河

院政政権には、鳥羽《とば》のほかにもうひとつの拠点地域があった。白河である。ここは明白に都市であることをしめす地域であって、「京・白河に四、五万間《げん》(軒)」(平家《へいけ》物語)といった表現がみられ、京都市域と白河とが、ともに都市として発展したさまを物語る。一条・九条・東京極《ひがしのきょうごく》・西京極《にしのきょうごく》という四本の道路で囲まれた、中国に源流をもつ厳密な規格に基づく平安京のプランはくずれ、鴨川《かもがわ》をこえて新しい都市域がここにも誕生したのである。

ここ白河も、鳥羽と似た地域であった。早くから貴紳の別荘地となり、また遊覧、特に桜の花見によく用いられた。天狗《てんぐ》、つまり妖《よう》怪《かい》が出没する山里ではあったが(栄花《えいが》物語)、都に近く、そばを鴨川が流れるその環境は、王朝人たちの好みによく合っていた。

八角九重の塔

白河の都市開発は、法勝寺《ほっしょうじ》の建立《こんりゅう》から始まった。当時の藤原氏の氏長者《うじのちょうじゃ》の藤原師実《ふじわらのもろざね》から土地の寄進をうけた白河《しらかわ》天皇は、ただちに寺院の建立に着手した。それが法勝寺である。「国王の氏寺《うじでら》」(愚管抄《ぐかんしょう》)とよばれたほど天皇一族が深

十二世紀半ばの白河の様子。右手が北となっている。左手にそびえるのが法勝寺の八角九重塔(小学館『日本歴史館』より。イラスト飯島満)

くかかわり、壮大な寺として建設がすすめられた。造寺・造仏や寺社参詣が大流行する幕明けの時代でもあったが、前例をみない巨大な寺院として造られた。

この寺で特に注目する必要があるのは、八角九重塔である。三年をかけて完成したこの塔は、八角形で九重というのも例をみないが、高さが二七丈[*1]（約八一メートル）もあった。京都の街のどこからでも見えたであろうし、人々は当然その塔を建てた人、つまり白河天皇のことをいやおうなしに意識することになる。意識させるために建てたといっても、過言ではない。いわば白河天皇の自己顕示《じこけんじ》のための寺院であったともいえるのだ。

院政の開始

ではいったい、何を顕示するためだったのか。目的はなんだったのか。この直後の一〇八六年に白河天皇は退位し、院政を開くが、この政治と深く関係するものであった。自分を顕示するためでなく、自分のはじめた院政という政治権力を顕示するためだったのだ。それがいかに偉大であり、正しいものであるかを、巨大な塔に託して鼓舞《こぶ》したのである。

法勝寺自体の本尊が、ビルシャナ仏であることも注目される。この仏は、すべての仏像を統一するという役目を持っていた。病気を

＊1　わが国最高の東寺の五重塔の高さで、約五五メートル。

法勝寺九重塔跡の石碑（右）と、白河院跡の石碑（左）

治《なお》す薬師《やくし》仏、穢土《えど》から衆生を救う阿弥陀《あみだ》仏、来世に出現する弥勒《みろく》仏、と仏像にはそれぞれに役目があるが、ビルシャナはいわば仏像の世界の統一者であった。

現世を生きる人々とあまり直接的なつながりをもたない仏像だから、作例は少ないが、東大寺《とうだいじ》の大仏がビルシャナ仏であるように、政治的には重要な仏であった。聖武《しょうむ》天皇は、巨大なビルシャナ仏をつくり、その仏の持つ仏の世界を統一する権能を、現世の政治の世界で持とうと願ったのである。白河《しらかわ》上皇も、院政を執行する政治権力の巨大さを願い、法勝寺《ほっしょうじ》本尊《ほんぞん》にビルシャナ仏を選んだ。

このことと考えあわせてみると、八角九重塔の意味もいっそうあきらかになる。政治的な意味を持ってのことだったのであり、純粋な宗教心によってだけこの寺や塔が建立《こんりゅう》されたわけではなかった。もっと世俗的な存在だったということを、見逃してはならない。

六勝寺

法勝寺に続き、白河には多くの寺院が建立された。すべて皇族の祈願によるもので、堀河《ほりかわ》天皇の尊勝寺《そんしょうじ》、鳥羽《とば》天皇の最勝寺《さいしょうじ》、待賢門院《たいけんもんいん》璋子《しょうし》の円勝寺《えんしょうじ》、崇徳《すとく》天皇の成勝寺《せいしょうじ》、近衛《このえ》天皇の延勝寺《えんしょうじ》と、寺名に「勝」を持つ寺院があわせて六寺建立された。そこでこれらを総称して、六勝寺とよぶ。左京区岡崎《おかざき》のあた

もと法勝寺にあったと伝える西教寺（滋賀県大津市）の薬師如来像

白河天皇陵（伏見区）

りには、壮大な寺院が林立したのである。

鳥羽と同じく、白河もまた寺院だけではその本質は理解できない。白河北殿・南殿、押小路殿《おしこうじ》といった殿舎が営まれたのである。ここも院政の拠点となり、政治権力の発信基地となった。まわりには皇族・貴族、また僧侶、さらにはかれらの生活を支える商工業者も集まり住んだし、まぎれもなく都市であった。

「関路《かんろ》」の要衝

政治的・軍事的ないし経済的にも、白河地域は重要な意味を持った。*1 逢坂《おうさか》の関を越え、東日本にむかう、「関路《かんろ》」とよばれる要路が白河を通っていた。東日本との交通は、すべてここを通過しないことには成立しない。物資・人間ともにかならずここを通るのであり、ここを押さえておけば、日本の半分を制圧できる。鳥羽は西日本、白河は東日本のそれぞれ生命線をなすのであり、さらにいえば京都の死命を制する地でもあった。風景の良さだけから、都市域となったわけではないのである。

院政権力は、こうした地理的位置に注目して鳥羽・白河を開発し、都市とし、そこで政治を行ったのであった。いまもその「関路」が日本で最も重要な幹線道路の国道一号線として利用されていることが、なによりもよくそのことを物語る。

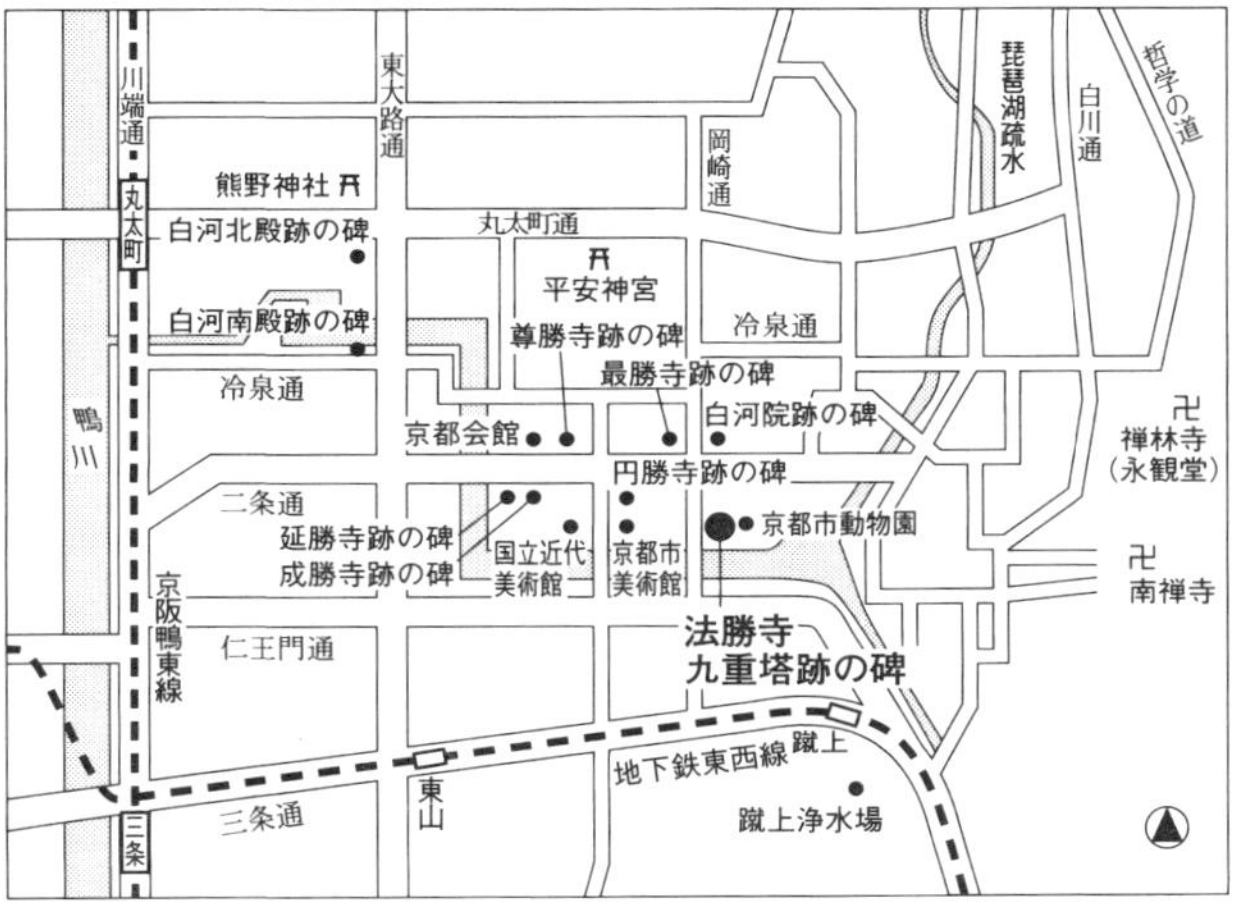

左京区岡崎法勝寺町の京都市動物園内。JR京都駅より5・100系統にて動物園前下車すぐ。付近には、六勝寺の石碑が建つ。

*1 滋賀県大津市と京都市との境にある逢坂山にあった関所。

トピックス

平安京の治安――犯罪と市民の自治

●古代の治安

古代の治安は、そう不安定なものではなかった。社会の秩序を維持するだけのことはできたようで、そうでなければ国家は維持できないから、いってみれば当たり前のことなのだが、平安京では大きく事情が変わる。

都市社会の発展が飛躍的となり、犯罪の種類も規模も、前代とは比較にならないほど拡大した。いつの時代でもそうだが、社会の発展は新しい犯罪を生み出すことにもなる。都市平安京は日本の縮図でもあるから、あらゆる犯罪がそこには見られた。

●盗　賊

まず盗みである。時代によってその規模と、盗みの対象物は異なる。身分と階級が発生し、貧富の差が生まれて以後、たえず盗賊はいたはずだが、そうは目立っていない。

平安京の盗賊は、初期は官公庁などに侵入した。そこには税物など、全国から集まった品々が保管されていた。また宮中奥深くにも盗賊はおよんだ。警備が厳重で危険をともなうが、高貴な人々の使用する贅沢《ぜいたく》な調度、綾《あや》や錦《にしき》の衣装など、貴重な〝戦果〟が期待できたからだ。

やがて、国司を経験した中下級貴族の邸宅が襲われるようになる。彼らは地方で蓄えた財宝を京都に持ち帰り、自宅の倉に貯《た》めこんでいた。宮中への侵入より危険は少ないし、収穫も多くなった。

こうなると平安京内に点在する彼らの住宅がねらわれるし、彼らも盗賊のなすがままになっていたわけではないから、市民も流れ矢に当たったり、盗賊に逃げ込まれたりの被害をこうむる。盗みのためにまず放火することもあったので、市民の住宅が被災することにもなった。芥川龍之介《あくたがわりゅうのすけ》の『羅生門《らしょうもん》』にみるごとく、平安時代中期、平安京の治安は急速に悪くなっていったのである。

専業の盗賊も、平安京で史上初めて現れた。多くは集団を組んで行動し、おそらくは郊外を根城にした。また「袴垂《はかまだれ》」(今昔《こんじゃく》物語集)などと称された、盗賊のいわば〝有名人〟も出現した。盗賊集団の頭目として活躍したのだろうが、けっして庶民を襲わなかったし、個人名で記憶されるほどその活躍が目立っていたことも事実であろう。

●賭《と》　博《ばく》

　賭博も平安京では大流行した。主として双六《すごろく》で、「鳥獣戯画《ちょうじゅうぎが》」に身ぐるみ剝がれた男のさまが滑稽に描かれているが、たえず賭物《かけもの》をともなった。「双六を日ひと日うちて、猶《なお》あかぬ」、一日中打っていても飽きなかったといい（枕草子）、楽しかったらしい。奈良時代以前から流行はあったが、平安京ではいっそう流行した。地方から流入してくる人々が増え、また社会が発達すると、賭博も当然盛んになるわけで、国家はしばしば禁止令を出している。

　禁止令が出されるということは、いかに流行が激しいかということであり、博打《ばくち》のプロも出現したようで（新猿楽記《しんさるがくき》）、その流行がとどめがたいものであったことがよくわかる。「鳥獣戯画」の例はその姿から考えて庶民だろうから、一般市民も、束《つか》の間《ま》のものであったろうが、賭博を楽しんだのである。

●平安京の治安

　こうした犯罪の多発に対して、平安京はどのようにして治安の維持をはかったのか。制度的にいえば、平安京内などを担当する六衛府《ろくえふ》・京職《きょうしき》、京内・京外担当の検非違使《けびいし》などの警察組織と、市民の自治的組織、の二種があった。前者は自治体ないし国家の警察というところか。時代の流れとしては、やがて検非違使が前面に出るようになる。かなり臨機応変に行動できたことが絶大な警察権力を持つようになる原因だが、かえって市民からは、検非違使庁は地獄のようなところだと恐れられている（今昔物語集）。権力を振りかざすその姿は、市民から毛嫌いされたのである。

　市民の自治的組織だが、本来市民は、法的に自治組織を持つことを義務づけられていた。「五家」の制がそれで、五軒を単位として互いに「検察」、つまり相互管理をさせた。自治的とはとうてい言いがたいが、一応は民間だけで運営された。

　平安京の都市的発展が急速になった十世紀ころ、道守屋《ちもりや》という組織が生まれた。舗とも呼ばれる建物をつくり、これを保《ほ》に警備を担当させた。この保は、四つの町からなる京内の行政区域で、そこに住む市民に平安京の治安を請け負わせた。だからこれを自治的と呼ぶには相当問題があるが、とにかくも市民自身が平安京の治安にかかわっていたことは事実であった。やがて町衆《まちしゅう》などの中世京都市民が、自主的・自立的に都市を動かすようになる基礎は、すでに平安京でできていたといってよいと思う。

●美女と歌人・西行《さいぎょう》——法金剛院《ほうこんごういん》

悲運の女人

王朝の華麗な時代にも、悲劇の主は現れる。王朝という名にまどわされて、明るい時代を想像することが多いが——たしかにそういう側面があったが、実際はもっと陰湿で、暗黒の部分があったのである。

院政の行われた平安時代後期、上皇・法皇は「治天《ちてん》の君」とよばれて大きな権力をふるったが、その陰で泣く人物もいた。とりわけか弱い女性にとっては、けっして生きていきやすい時代とはいえなかった。権謀術数の渦巻くきびしい環境のなかでは、いつも弱者は泣きをみる。待賢門院《たいけんもんいん》璋子《しょうし》(一一〇一～四五)もそのひとりであった。

璋子は、藤原北家とはいえ傍流の閑院《かんいん》流の出身で、そう有力な家系ではなかった。幼時から白河《しらかわ》天皇によって養育され、一七歳で鳥《と》羽《ば》天皇の皇后となり、崇徳《すとく》天皇・後白河《ごしらかわ》天皇をもうけた。のち院号宣下《せんげ》をうけ、待賢門院を名乗るところとなった。六勝寺のひとつの円勝寺《えんしょうじ》を営み、また熊野詣《くまのもうで》に何度も行くなど、仏教にも篤《あつ》い崇敬を捧げた、心やさしい女性である。

法金剛院本堂と、境内にある青女の滝

「叔父子《おじご》」

こう書くと、璋子の人生は順風満帆のように思われるが、けっしてそうではなかった。この白河天皇のもとでの養育ということそのものがどうも不透明だったらしく、すでに白河の子を身ごもっていた璋子が鳥羽の中宮となり、生まれた皇子が崇徳天皇で、そこで崇徳天皇は「叔父子」と呼ばれたという噂《うわさ》もあったくらいである（古事談《こじだん》）。事実のほどは不明というほかないが、かなりに複雑な人間関係があったことだけは疑いない。のちにこれが保元《ほうげん》の乱の一因となるわけで、乱れた男女関係というほどではないが、相当に入り組んだ関係があったといえる。

女の闘い

女性同士の闘いも、相当に熾烈《しれつ》であった。璋子が敵対した女性は、鳥羽天皇の皇后だった美福門院得子《びふくもんいんとくし》（一一一七～六〇）である。得子は、鳥羽の父白河天皇のもとで絶大な権勢をほこった藤原長実の娘で、その出身家系の力が違うし、また政治力も璋子よりはるかにすぐれていた。璋子の皇子の崇徳天皇を二三歳で退位させ、我が子の近衛《このえ》天皇を即位させることに成功している。

得子が太陽だとすると、璋子は月であった。目立たず、静かに人生を過ごした。皇后と中宮*1という地位の微妙な違いも、それをよく示している。ともに四〇歳代なかばで世を去っているが、保元・平《へい》

待賢門院像（法金剛院蔵）

美福門院像（安楽寿院蔵）

＊1　この時代、皇后・中宮ともに天皇の夫人の称号であり、実質的な差はないが、第一夫人を皇后と称する場合が多かった。

治《じ》の乱の修羅場をみ、それを切り抜けてきた得子《とくし》と、和歌を愛し、歌人とも多くの交流をもった璋子《しょうし》とでは、ずいぶんと生き方に差があるように思われる。

西行《さいぎょう》との交流

文化の育成にも力を入れた璋子であったが、歌人として著名な西行（一一一八～九〇）も、後世璋子に熱いまなざしをそそいだ。一一七一年のことと考えられるが、待賢門院璋子の再建した法金剛院《ほうこんごういん》をおとずれた西行は、すでに璋子の死後長く経ってはいたが、当院の紅葉を観賞し、滞在していた璋子の娘の上西門院統子《じょうさいもんいんとうし》に、璋子の生前を思い出して、

もみぢみて君が袂《たもと》や時雨《しぐ》るらん　むかしの秋の色をしたひて

と詠んでいる（山家《さんか》集）。よほど璋子のころは華やかであったのだろうが、だからこそまた西行の時代にはその没落がいっそうあわれを誘った。西行のような歌詠みは、よほどの感慨をもよおさなければ歌にはしない。法金剛院の美しい景観に感激したこともあろうが、それよりも璋子の、自然のままにしたがい、なんの権勢も求めず、ひたすら達観した生き方に大きな感動を感じたのではないか。七一年といえば、西行は五〇歳を少しこえたばかり、最も油ののりきった時期のことであった。待賢門院は一一四〇年に西行が出家し、歌

西行が庵を結んだとされる地に建つ西行庵の西行堂

西行像（弘川寺蔵）

人として著名になるまでにすでにこの世を去っているから、生前に出会ったふしはまったくないが、西行の生き方に、璋子と共通するものがあったと考えてよい。

法金剛院の創建

洛西花園《らくさいはなぞの》にある法金剛院は、この待賢門院の手によって建立《こんりゅう》された。といっても最初は貴族で右大臣にまで昇進した清原《きよはら》夏野《なつの》（七八二〜八三七）の山荘で、その死後に寺院とされ、地名にちなみ双丘《ならびがおか》寺とも、また年号をとって天安《てんあん》寺《じ》とも称された。平安時代中期に衰退したらしく、待賢門院が御願寺を建設しようとしたときに占わせたところ、この天安寺の地が最適との結果が出て、天安寺跡に新しく法金剛院が建立されるところとなった。池を掘り、*1滝をつくり、御堂を建てて、かなりに大規模な建設事業が行われている。

法金剛院は西行が愛《め》でたように、双ケ丘《ならびがおか》や北山を借景にし、自然を取り入れた壮大な庭園を持っていた。権勢人の待賢門院の建立ということもあったが、周囲の景観は抜群であった。当寺を訪れるときには、そういう意味で十分にまわりにも注意したいものだ。丸《まる》太町《たまち》通の拡張でかつての寺域の南部は縮小されたが、平安の面影をよく伝えている。

右京区花園扇野町。JR嵯峨野線花園駅下車徒歩3分。

東山区鷲尾町、円山《まるやま》公園南。京都駅より100・206系統にて祇園下車徒歩5分。

*1 庭園は平安末期の遺構といわれ、青女《あおめ》の滝と呼ばれる滝が復元されている。

●村上《むらかみ》源氏《げんじ》と久我《こが》水閣《すいかく》——菱妻《ひしづま》神社と久我《こが》大臣の墓

*1源氏というと、だれもが武士の源氏を思い出す。源平合戦に活躍し、果敢《かかん》に闘う勇士の姿を想像するだろう。むろんそれも源氏のひとつの在り方だが、むしろ源氏は、初め武家ではなく、京都朝廷の公家として出現した。

公家《くげ》源氏

最初の源氏は、嵯峨《さが》天皇(在位八〇九〜八二三)の皇子たちが臣籍《しんせき》に降下したのに始まる。八一四年のことである。武士として有名な清和《せいわ》源氏は、これよりかなり後になってできた。

源氏が出現したのには、明白な理由があった。天皇が多くの皇子・皇女をもうけ、その養育費が国家財政に負担となり、臣下に下《くだ》して皇族籍からはぶき、財政出費を軽減しようとしたのである。したがって、本来は源氏といえば『源氏物語』の主人公の光源氏《ひかるげんじ》のように、公卿《くぎょう》(大臣)として国政に参加し、文化に親しむ王朝の華麗な大宮人《おおみやびと》であった。じつはこの点は、平氏《へいし》も同じことであった。

「貴種《きしゅ》」の人

つまり源氏は、天皇の子孫という「貴種」であるところに最大の特徴があった。これがほかの氏族と違

久我源氏代々の墓と伝える御墓山《みはかやま》と、源雅実創建と伝える菱妻神社

うところで、臣籍に下っても生活していける原因であった。していけるどころか、天皇の血続きとして高い地位を占め、国政を運営し、政治を動かした。源氏というと、すぐに武士として活躍した清和源氏を思い浮かべるが、むしろこれは例外的な源氏であり、本来は臣籍に降下しても、もと皇族出身の貴族として国政に参画するのがふつうの在り方だった。

政界での活躍ということでは、なんといっても村上《むらかみ》源氏が群を抜く存在だった。村上天皇（在位九四六〜九六七）の孫の師房《もろふさ》系統が最も繁栄し、多くの上級公卿をだした。高い官位にあって政治を運営し、よく藤原氏に対抗した。当時は藤原氏全盛だから、いくら血筋がよくても源氏が活躍できる場所は限られていたが、藤原氏が内部対立を繰り返して勢力をすり減らしていくなかで、静かに勢力を蓄え、上昇していった。まさに『源氏物語』にみるように高貴な身分であったから、まわりにも多くの人材が集まり、権力・権威は高まった。

院政と源氏

この村上源氏が最大の政治勢力となるのは、院政時代のことである。院政の定義は難しいが、摂関《せっかん》政治のもとで不遇だった中下級貴族や、また藤原氏以外の貴族たちが上皇・法皇のもとに結束し、自分たちの利益を確保するために行った

＊1　「源氏」とは、「源《みなもと》」の姓をもつ氏族のこと。皇族賜姓《しせい》の一つ。嵯峨《さが》天皇がその皇子らを臣籍に下して源氏としたのが初めで、以後、清和《せいわ》源氏・村上《むらかみ》源氏・宇多《うだ》源氏などの諸流が出た。「源」姓であるのは、皇室に源《みなもと》を発する意味を持っていたからとする説がある。

菱妻神社▼伏見区久我石原町。竹田駅より南1系統にて菱妻神社前下車すぐ。久我神社▼伏見区久我森の宮町。竹田駅より南2系統にて神川小学校前下車徒歩7分。羽束師神社▼伏見区羽束師志水町。南2系統にて菱川下車7分。

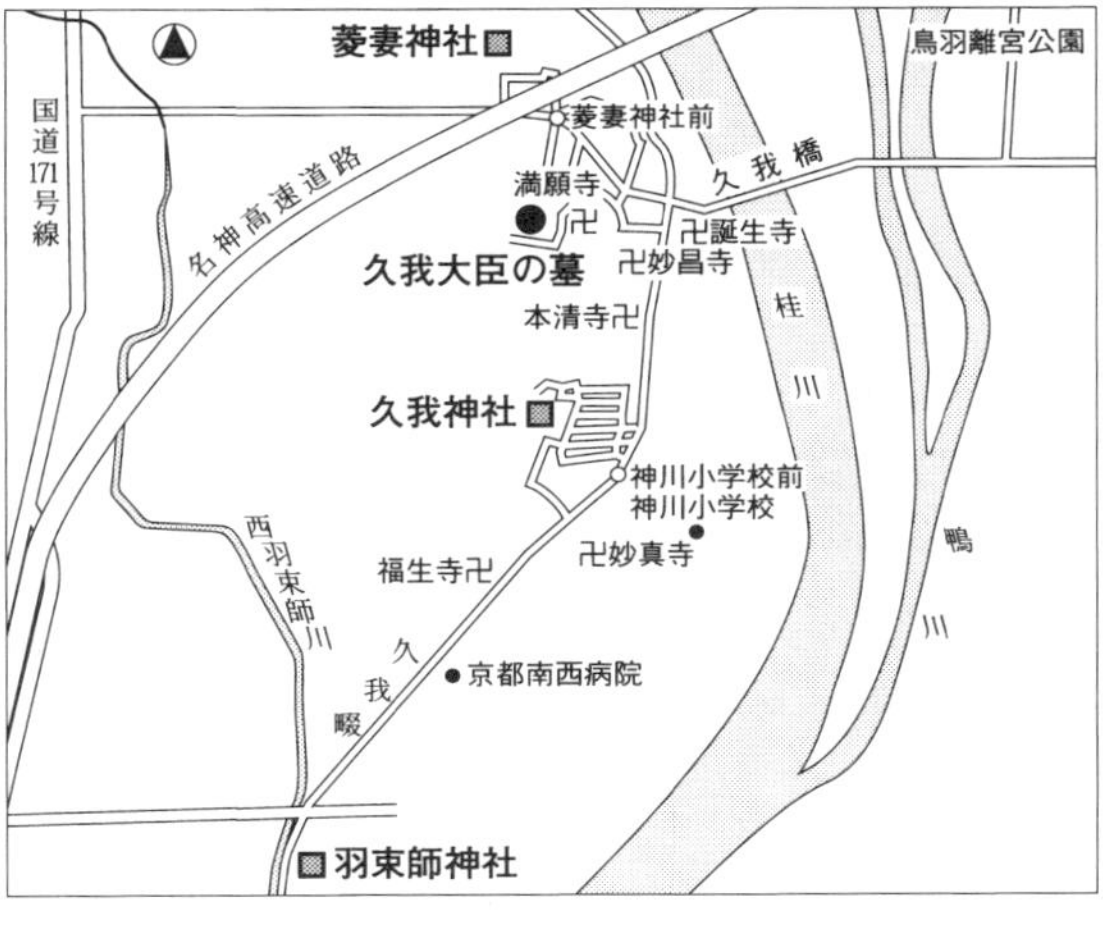

政治といえようか。院政開始のころに、有能な政治家が藤原氏に出なかったことも院政にとっては幸いだったが、源氏登場への時機が熟していたのである。

院政の最盛期の白河《しらかわ》法皇の一〇九八年は、一挙に三人の源氏が公《く》卿《ぎょう》となった記念すべき年だが、これからしばらく藤原氏と源氏は拮抗《きっこう》する。源氏は、同族ともいうべき法皇のもとに集まり、その院政を支えることになる。法皇の強烈な個性によって運営された院政だが、その背後には公卿源氏の人々がいたのである。

村上源氏だけではなく、多くの源氏一族の公卿たちが国政を動かした。ちなみに平安時代に活躍した公家《くげ》流の源氏には、ともに左大臣になった雅信《まさのぶ》・重信《しげのぶ》兄弟たちの宇多《うだ》源氏、村上天皇の政治を支えた高明《たかあきら》、琵琶の名手博雅《ひろまさ》たちの醍醐《だいご》源氏、などが史上に名をとどめている。

久我《こが》の別業《べつぎょう》

村上源氏一族は、久我(伏見区)に別業をもった。久我は同じ洛南《らくなん》の鳥羽《とば》と並んで水郷ともいうべき土地柄で、低湿ではあったが、水の美しさにめぐまれ、水に親しむのが難しい平安京貴族たちのあこがれる場所でもあった。

久我の地は桂川《かつらがわ》と鴨川《かもがわ》の合流する場所で、たしかに低湿ではあっ

羽束師神社

久我神社

たが、いっぽうで西日本に向かう街道である久我畷《こがなわて》が通っており、交通の要衝でもあった。この道は平安遷都以後に幹線道として敷設された街道で、ということは低湿ではありながらも安定した地形環境であったということを示す。水害を頻繁《ひんぱん》にうける場所に、主要道が敷設されることはありえないからである。式内社の久我《こが》神社・羽《は》束師《づかし》神社がこの道に接して存在することも、このことを裏づける。

村上源氏がこの久我に関係をもったのは、近隣の鳥羽が院政の拠点として開発されるころのことである。一〇八七年には、退位して院政をはじめたばかりの白河《しらかわ》上皇が、「右大臣の古河《こが》水閣」をおとずれた(中右記《ちゅうゆうき》)。「古河」は「久我」のことで、「久我」が「コガ」と読まれたことをも示すが、当時の右大臣は源顕房《みなもとのあきふさ》(一〇三七〜九四)で、久我家の祖とされる雅実《まさざね》(一〇五九〜一一二七)の父にあたる。菱妻《ひしづま》神社がこの雅実の創建だという伝承とあわせて、興味深い。

雅実は久我太政大臣と通称された。久我とのかかわりが深く、子の顕通《あきみち》が久我大納言、孫の雅通《まさみち》が久我内大臣と呼ばれているから、ほぼこのころ、つまり院政の成立と時を同じくして久我に村上源氏が別業と私領をもったことも注目される。しかも院政拠点の鳥羽に至近の地でもあり、この氏族の性格を考えるうえでもおもしろい。

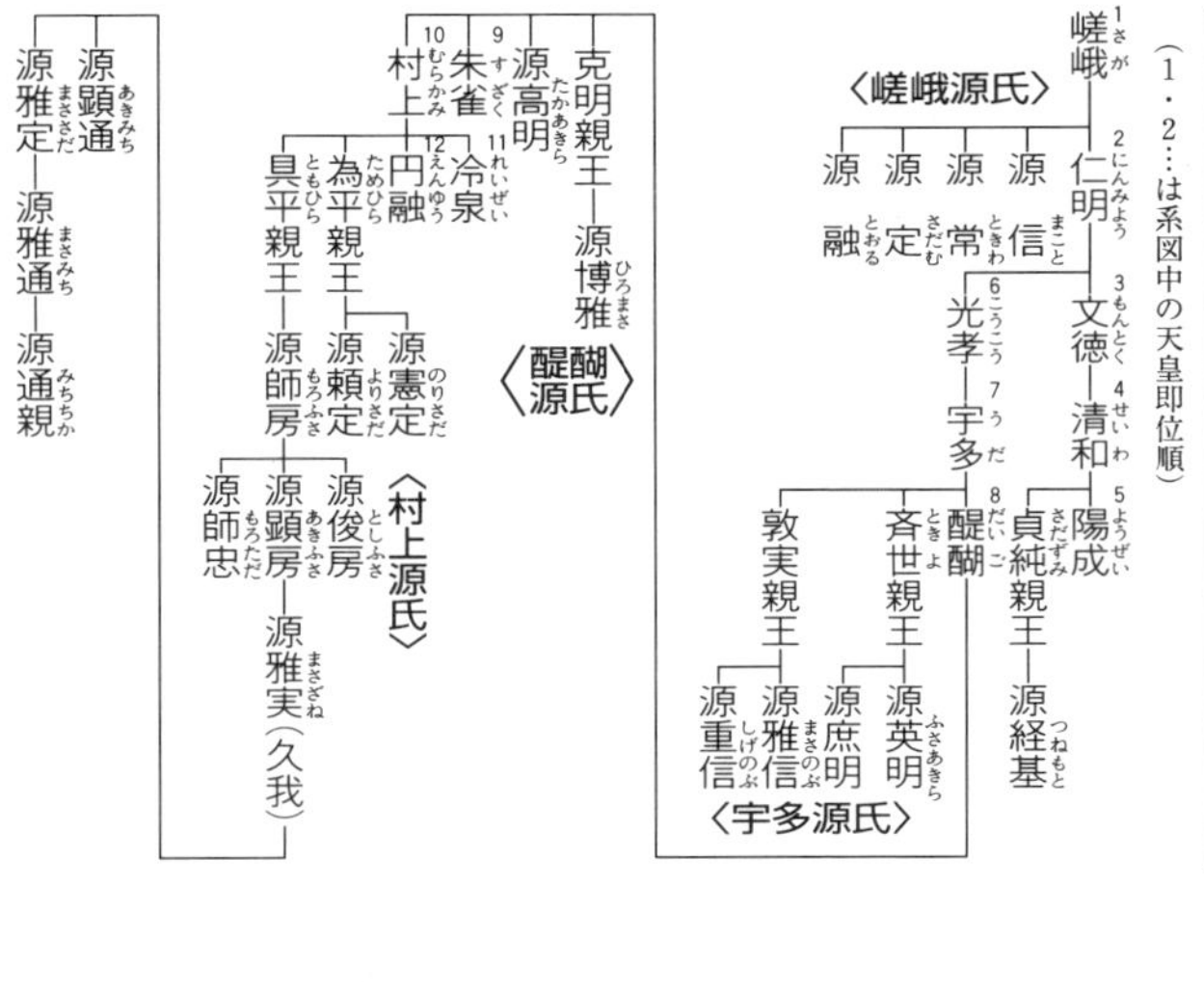

嵯峨・宇多・醍醐・村上源氏の系図

●広がりゆく京都——名所と名産

『梁塵《りょうじん》秘《ひ》抄《しょう》』

平安末期、後白河《ごしらかわ》法皇は当時民間に流行していた歌謡を集め、『梁塵秘抄』を編んだ。院政時代の文化の傾向《けいこう》を示す重要な作品でもあるのだが、庶民の文化に法皇が重大な関心を寄せていたことがよくわかる。同時代の説話を収集した『今昔《こんじゃく》物語集』とあわせて、この時代の躍動する庶民世界を伝えてあまりある。

『梁塵秘抄』には、合計五六六首の歌謡が載せられている。その多くは神仏にかかわるものだが、そこに歌われた世界は京都だけにとどまるものではなく、じつに大きな広がりをもっていた。京都が、京都以外の地域の文化・文明に興味をもち、吸収しようとしていたことをよく示している。この書物に、当時の京都の貴賤の人々がどういう名所や名産に関心を持っていたかが、詠《よ》み込まれている。

洛中《らくちゅう》・洛外《らくがい》

平安京内部については、わずかに六角堂《ろっかくどう》が見えるのみである。都に暮らす人々にとっては京都洛中は、そこに生き、暮らすという生活の場であって、それを客観化して名

六角堂と、六角堂境内にあるへそ石（要《かなめ》石）

所として把握することはない。実際にも洛中には、貴賤の市民が一緒になって集まり、憩うような場所はなかったし、寺社といっても邸内のものか、また東寺・西寺のような官製のものしかなかった。

これに対して、洛外には多くの名所があった。洛北《らくほく》では、大原《おおはら》・静原《しずはら》・加茂《かも》・比叡《ひえい》、さらには貴船《きぶね》・岩倉《いわくら》・八瀬《やせ》などもある。北山とその麓は環境もよく、延暦寺《えんりやくじ》や鞍馬寺《くらまでら》、また上賀茂《かみがも》・下鴨《しもがも》神社など多くの寺院や神社があり、おりにふれてここを人々は訪れた。洛東《らくとう》では、清水寺《きよみずでら》*1・愛宕寺《おたぎでら》・六波羅蜜寺《ろくはらみつじ》、また吉田《よしだ》神社などが人気を集めた。鴨川も市民には親しまれた川で、落とした*2綾藺笠《あやいがさ》を拾うさまが謡《うた》われている。

洛西《らくさい》では、やはり嵯峨野《さがの》・大堰川《おおいがわ》(桂川《かつらがわ》)が見えている。特に貴族には親しみ深い地だったが、庶民も足を運んだ。鵜船《うぶね》・筏流《いかだなが》しなどの風物は、ここでなくては見られないものだった。松尾《まつお》大社、また今も*3十三詣りで有名な法輪寺《ほうりんじ》(虚空蔵《こくぞう》さん)も平安の昔から参詣人でにぎわった。

洛南《らくなん》にはあまり名所はなかったが、石清水八幡宮《いわしみずはちまんぐう》・城南寺《じようなんじ》(城南宮)が詠まれている。城南寺は羅城門《らじようもん》を出てすぐだが、石清水は鴨川・桂川などを経由し、淀《よど》を経ての水路である。そう簡単には行け

法輪寺

*1　一九二二年右京区嵯峨に移転した。愛宕念仏寺とも。

*2　藺草《いぐさ》を編み上げて作った笠。男子の外出用に用いられ、のち流鏑馬《やぶさめ》などにも用いられるようになった。

*3　数え年十三の子どもが知恵と福徳を授かるために、三月十三日から五月十三日まで参詣する。

なかったようで、「八幡大菩薩《はちまんだいぼさつ》よ船で迎えに来てくれ」と謡《うた》っている。洛中・洛外より、その外側や、はるか遠方の名所が多く収載されているのもおもしろい。

近郊では山崎《やまざき》・逢坂《おうさか》・宇治《うじ》が見えている。いずれも交通の要衝だし、景観もよい。西日本へは山崎、東日本へは逢坂、南都の奈良へは宇治と、京都と地方の交通を考えればかならずこのうちのどこかを通ることになる。なじみの深い地だったのである。

むしろこれらよりも、ずっと遠方のほうがたくさん登場する。頻出するのはなんといっても近江国《おうみのくに》（滋賀県）で、彦根山《ひこねやま》・竹生島《ちくぶじま》・石《いし》山寺《やまでら》・比良山《ひらさん》などがあるし、また余呉湖《よごのうみ》・老蘇森《おいそのもり》など歌枕の地もある。大和国《やまとのくに》（奈良県）も多く、吉野《よしの》・高野山《こうやさん》・大峰山《おおみねさん》・金峰山《きんぷせん》などの霊地が見え、紀伊国《きいのくに》（和歌山県）でも熊野《くまの》・日前《ひのくま》・国懸《くにかかす》などが登場する。いずれも京都からは遠いが、さりとて行けないほどの距離でもなく、しばしば京都の人々が足を運んだ名所だった。

さらにそれ以上に遠方もある。西日本では広峰《ひろみね》・厳島《いつくしま》・吉備津《きびつ》、また書写山《しょしゃざん》・明石《あかし》・須磨《すま》・赤穂《あこう》・牛窓《うしまど》といった瀬戸内に面する名所、日ノ御崎《ひのみさき》・大山《だいせん》の山陰地方も見える。四国では室戸《むろと》・多度津《たどつ》、九州では大宰府《だざいふ》・安楽寺《あんらくじ》・門司《もじ》がある。東日本でも多くの名所があって、

城南宮と、城南宮境内の楽水苑内の平安の庭。ここで毎年、曲水の宴が催される。

北陸日本海側の白山《はくさん》・珠洲岬《すずみさき》、東海・東山道方面の鹿島《かしま》・香取《かとり》、諏訪《すわ》・戸隠《とがくし》・富士山《ふじさん》・熱田《あつた》などが見えている。じつに遠くにまで京都人の関心が及んでいることがわかろう。

諸国の名産

こうした諸地方への関心は、ただ遊覧地であることから始まったわけではない。生活の面で京都を支える存在だったからであり、それは各地に名産が成立したことからうかがうことができる。むろん十世紀の『延喜式《えんぎしき》』の時代から特産物はあるし、南北に長い日本列島の特質でもあった。しかし院政時代の名産は、またそれとは違った意味をもっていた。これ以前のものは税物としてしか入ってこなかったが、この時代の名産は市民生活と深くかかわっていた。だからこそ民間の歌謡にも謡われた。

近いところでは、大原《おおはら》・静原《しずはら》などの木・炭、淀川《よどがわ》の鮎《あゆ》、山城《やましろ》の茄《な》子《す》などがある。いずれも京都の市民生活には欠かせないもので、樵夫《きこり》や鵜飼《うか》いなどの、生産にあたる民衆の姿も詠まれている。

少し離れると、大津《おおつ》の雑魚《ざこ》、楠葉《くずは》の土器がある。遠方では田子浦《たごのうら》の塩があるが、これだけは飛び離れて遠い。いずれにせよこうしたさまざまな物品が京都にその名をとどろかせ、また運びこまれてもいた。京都は、まさに日本列島の縮図となっていったのである。

中京区六角通烏丸東入ル。地下鉄御池駅下車徒歩5分。へそ石は本堂前にある。

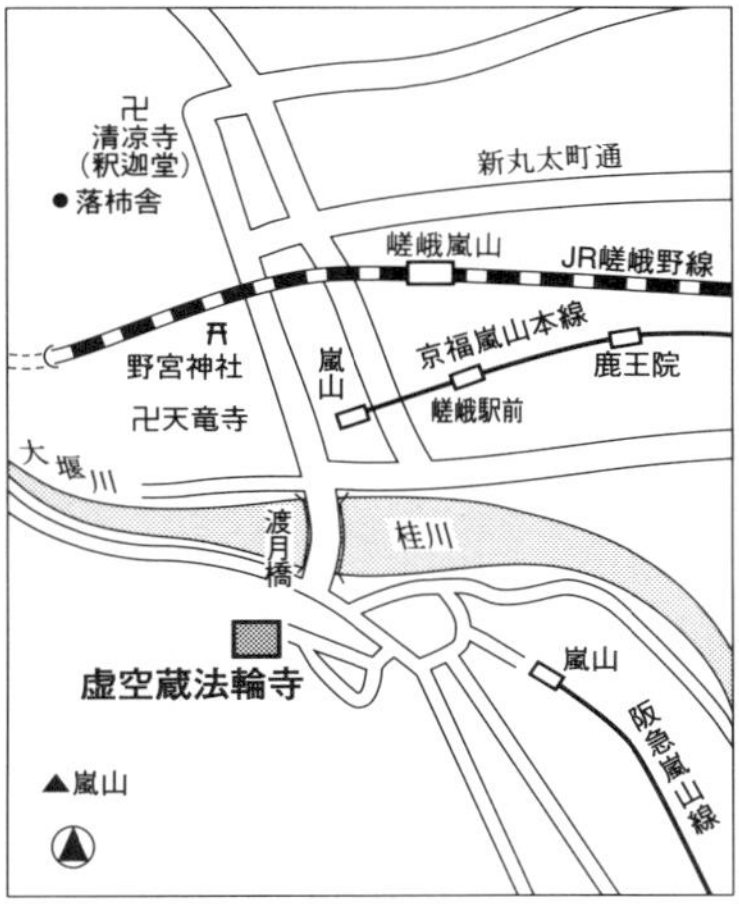

西京区嵐山虚空蔵山町。京福・阪急嵐山駅下車徒歩10分。

●日本一の大天狗《おおてんぐ》——後白河法皇《ごしらかわほうおう》と三十三間堂《さんじゅうさんげんどう》

辣腕《らつわん》・後白河

平安時代の京都に生きた政治家は綺羅星《きらぼし》のごとくいるが、有能と思われる政治家は多くはない。そう有能でなくても国政は運営していけた、おおむね平和な時代だったからだ。そんななかで、後白河法皇(一一二七～九二、在位一一五五～五八)は、まぎれもなく有能で、辣腕をふるった人物といえる。

平治《へいじ》の乱で敗死した信西《しんぜい》入道は、法皇を「人の制法にかかわらず必ずこれを遂《と》ぐ」人だと言ったという(玉葉《ぎょくよう》)。人がなんと言おうと、こうと思ったことは必ず実行したというのだ。強い個性と、自信を持った人物だった。

天性の才能に恵まれていたこともたしかだが、後白河自身の生涯が、微妙で複雑な背景をもっていたことも見逃せない。したたかに、しぶとく生きていかないかぎり、流され、忘れ去られてしまうような激動の時代であった。

天皇に即位する事情からしてそうだった。美福門院《びふくもんいん》の後押しによってかなり強引に即位は実現されたが、結局これが保元《ほうげん》の乱の原因

三十三間堂と、法住寺殿跡の石碑

となっている。即位のとき二八歳だったが、四年で退位し、上皇となって院政を執行する。後白河の真価が発揮されるのは、実はこれからあとである。直後に起こった平治の乱を、平《たいらの》清盛《きよもり》に付くことによって勝利者になり、院政の存続にも成功した。

平治の乱の武家同士の戦いは、軍事力を持たない院政政権にとっては脅威であった。政治の舵取《かじと》りをあやまれば、院政そのものが消滅してしまいかねない状況にあった。清盛の機嫌をそこねれば、院政は打倒される可能性すらあったのだ。その危機を乗り切るためには、なんといわれようが、周到な根回しをほどこし、強力な権限をふるう必要があった。

「大天狗《おおてんぐ》」

後白河の最大の好敵手であった源《みなもとの》頼朝《よりとも》（一一四七〜九九）は、法皇のことを「日本国第一の大天狗」、つまり妖怪変化に異ならないと評した（玉葉）。一一八五年十一月のことで、この年三月に平家を滅ぼしはしたが、急速に頼朝と義経《よしつね》との仲は悪化し、法皇は義経のほうに味方する。その行為を批判したものだが、単なる批判をこえて、法皇に対する畏敬すら見られる。敵をも恐れさせるスケールの大きな人物だったということであろう。義経はやがて滅亡するが、法皇自身はこの頼朝・義経の敵対という危機をなんと

後白河天皇陵

後白河法皇像（長講堂蔵）

かうまく泳ぎわたって、朝廷の権力の保持に成功している。並の政治家ではとても対応できない源平の内乱や、また朝廷と武家の対立を乗りきったのであった。

考えてみれば、時代は急激な転換期であった。源《みなもとの》頼朝《よりとも》の挙兵、木曽義仲《きそよしなか》の挙兵と、朝廷を制圧していた平家に対抗する勢力があいついで蜂起した。とりわけ義仲の入京は都人《みやこびと》には脅威であって、皇族・貴族の風潮・趣味にあわない義仲は、たちまちに反発を受けた。とはいっても、義仲の勢力をはねかえすだけの実力を朝廷は持たないから、事態は深刻だった。京都周辺と北陸は義仲、西日本は平家、東日本は頼朝、と三者鼎立《ていりつ》のなかで院政権力を保持するのはたいへんなことだったことは想像に難くない。

三十三間堂《さんじゅうさんげんどう》

後白河《ごしらかわ》法皇の生き方と関係もするし、またこういう場合にしばしば見られるものともいえるが、文化の育成にはずいぶんと貢献した。動乱の世を生きる魂の平安を、文化に求めたのだ。それは、造寺・造仏、また寺社参詣という事業・行動となって現れた。

その最大のものは、蓮華王院三十三間堂《れんげおういんさんじゅうさんげんどう》の建立《こんりゅう》である。法皇が御願を発し、清盛《きよもり》が全面的に財政的協力をして完成する。観音が三

三十三間堂内の千体観音像と、長講堂（上）

十三に姿をかえて民を救済するというのにちなみ、三十三間にしつらえられた堂には、びっしりと観音が立ちならぶ。現在の堂は一二四九年にいったん焼失して以後の再建だが、平安の様式をよく伝えており、その巨大さから後白河の熱意と、清盛の財力を十分にうかがうことができる。

この堂は法住寺《ほうじゅうじ》千体観音堂《せんたいかんのんどう》とも呼ばれた。法住寺は平安中期に建立されたがやがて廃滅し、その跡地に院御所の法住寺殿が建てられた。その付属の堂のような関係にあったので、こう呼ばれた。御所という世俗の建物と、寺という宗教的施設が一体となっていた。

後白河法皇というと、長講堂《ちょうこうどう》のことも忘れることができない。院御所のひとつである六条殿内に建設された持仏堂から出発したものだが、建物としてはたいしたことはなかったし、宗教的にも大きな役割を果たしたとはいいがたいが、法皇は死に先立って八八箇所の荘園をここに寄付した。この膨大な荘園は、法皇が寵愛《ちょうあい》していた丹後局《たんごのつぼね》こと高階栄子《たかしなえいし》との間に生まれた宣陽門院覲子《せんようもんいんきんし》内親王に相続され、＊1両統迭立《りょうとうてつりつ》時代から南北朝時代にかけて持明院《じみょういん》統の重要な経済的基礎となった。後白河法皇の遺産は、遠く中世にまで歴史的影響を与え続けたのであった。

三十三間堂▼東山区七条通大和大路東南角。京都駅から100・206・208系統にて博物館・三十三間堂前下車すぐ。

長講堂▼下京区富小路通五条下ル。地下鉄五条駅下車徒歩5分。

＊1　鎌倉時代に皇室が後深草《ごふかくさ》天皇系の持明院《じみょういん》統《とう》と、亀山《かめやま》天皇系の大覚寺《だいがくじ》統《とう》に分かれ、皇位継承を争った。その後、後醍醐《ごだいご》天皇に至るまで両統から交互に天皇を出したが、建武の親政が失敗に終わると南北朝の対立に発展した。

トピックス

平安京の発掘 ―― 遺跡と遺物

平安京最大の発掘成果といわれる豊楽殿《ぶらくでん》跡から出土した緑釉鳳凰文鴟尾《りょくゆうほうおうもんしび》(右上)。冷然院《れいぜいいん》跡から出土した土器(左上)。平安京跡から出土した陶器片(中)。豊楽殿跡の発掘現場(右)。

V 源平の時代

清和源氏《せいわげんじ》の始まり――源《みなもとの》経基《つねもと》と六孫王神社《ろくそんのうじんじゃ》

源氏とは

源氏というと、草深い関東の農村で興《おこ》った荒くれ男たちの集団と思いがちだが、実はそうではない。れっきとした京都貴族の一員であり、しかも先祖は天皇である。たしかに落ちぶれて都を去った人々には違いないが、もとを正せば天皇にまでさかのぼる、特別の血筋につながっていた。

それほど尊い血筋なら、どうして、野蛮《やばん》で文化の遅れていると考えられていた関東にまで行かねばならなかったのか。源氏のナゾを解く最初の鍵《かぎ》は、そこにある。

六孫王こと源経基

清和源氏は、その名のごとく清和天皇（在位八五八〜八七六）から始まる。その皇子であった貞《さだ》純《ずみ》親王の子に、経基王（？〜九六一）と呼ばれた人物がいた。父の貞純親王が清和天皇の六男であったところから六男の孫ということで、六孫王と通称された。

六孫王は、政治的にはあまり能力がなかったので、中央政界では出世の見込みがなかった。しかし武芸には勝れていたものだから、

六孫王神社本殿

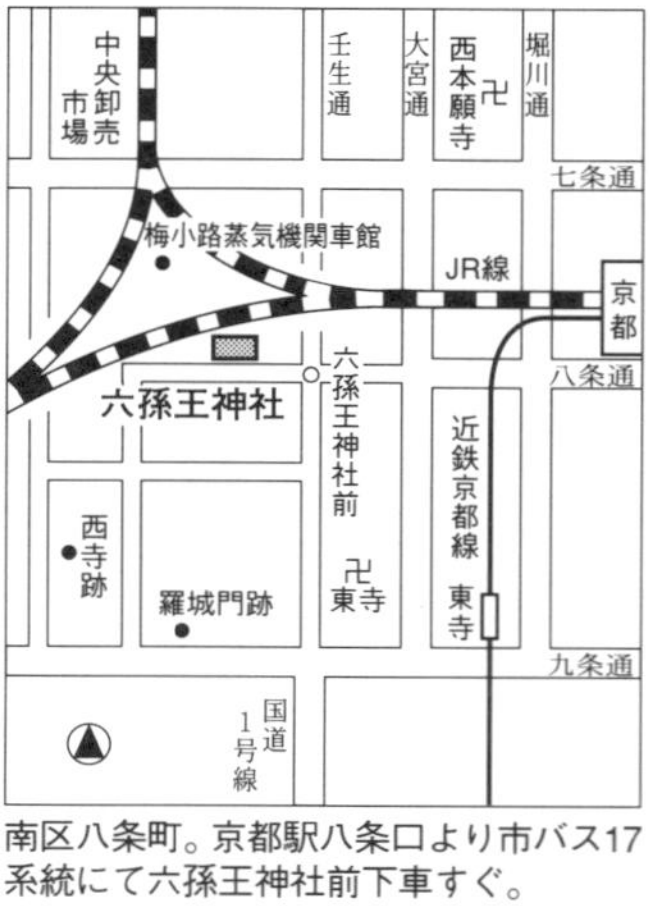

南区八条町。京都駅八条口より市バス17系統にて六孫王神社前下車すぐ。

治安が乱れ、武芸の能力を生かすことのできる関東に下り、武蔵介《むさしのすけ》（今でいえば府県の副知事）となった。ほどなくして起こった平将門《たいらのまさかど》の乱を、てこずりはしたが鎮圧し、ついで瀬戸内海を中心とした藤原純友《ふじわらのすみとも》の率いる海賊たちを滅ぼした。

これで京都の朝廷から頼りにされるようになり、出世への道が開ける。源氏という氏族名ももらうことができたのだが、もし彼がそのまま京都にとどまっていたなら、おそらく名もない皇族の一人としてその生涯を終えたに違いない。

京都では出世できず、地方へ出るしかなかったから出たのだが、人生なにが幸いになるかわからないもので、だからこそ清和源氏の始祖となることができたのだ。

六孫王神社

やがて京都に戻った経基は、邸宅を建設した。やはり京都が彼の故郷ということであろう。帰心は止《や》みがたかったのである。かといって京都ではたいした出世はしなかったようだが、その子の満仲《みつなか》（九一三～九九七）が、源氏の基礎を築く。

満仲も京都ではなく、摂津国《せっつのくに》多田《ただ》（兵庫県川西市《かわにし》）に出て勢力を伸ばした。諸地方に起こった反乱などを鎮圧するのに手柄をあげた頼信《よりのぶ》・頼義《よりよし》・義家《よしいえ》の三代でその勢力は確固たるものになり、ついで頼《より》

源経基像（六孫王神社蔵）

源満仲産湯の井戸

朝《とも》が平家を滅ぼして天下を平定し、鎌倉幕府をたてることになる。
この一族が清和源氏《せいわげんじ》と称されるのだが、実質的な確立者は満仲《みつなか》であり、満仲が京都の父の邸宅を墓所として、霊廟《れいびょう》を建設した。これが六孫王神社《ろくそんのうじんじゃ》の起源だ。

満仲自身もここで生まれたと伝えられ、真偽のほどは不明だが、産湯《うぶゆ》の井戸と伝わるものが境内にある。経基《つねもと》の墓所は今も神殿の背後にあり、長方形の石を積み上げただけという珍しいものである。

しかし、平安京の昔から、今に見るような立派な神社だったわけではない。何度も荒れるのだが、そのたびの復興に源氏が関係するのが興味深い。

神社の整備

その最初は、一三九八年の火災による焼失で、時代はちょうど足《あし》利義満《かがよしみつ》の全盛期。足利氏は源氏の一族で、六孫王神社は先祖を祭った神社ということになる。荒れるにまかせることは、自分の氏族に傷がつくことだから、ただちに再建した。

だが、義満再建の社殿は、京都をおそった戦国の争乱で焼失した。このときは再建に手間どったようだ。神社を再建するほどの経済的な余裕をだれも持たなかったからだ。ようやく再建されたのは江戸時代に入ってからのことで、徳川幕府が全面的に援助の手をさしの

源経基の墓

六孫王神社内にある徳川家寄進の灯籠

べた。徳川氏は、本当はそうだったか疑問があるが、とにかく自分たち一族は源氏だと主張していたからである。現在の神社の姿は、だいたいこのころにできあがった。

清和源氏か陽成《ようぜい》源氏か

源氏といえば清和源氏が最も有名だが、ほかにも多くの源氏があった。ここでもう一つ触れておかねばならないのは、六孫王経基[*1]を祖とする清和源氏が、実は陽成天皇(在位八七六〜八八四)の子孫、つまり陽成源氏ではないかという説についてである。

陽成天皇は、[*2]乱行の天皇としてあまりいいイメージを持たれていなかった。そのため、陽成源氏であるということになると、源氏の氏族としての品格に問題が残る。そこで、聖帝として尊敬されていた清和天皇に先祖を結びつけ、清和源氏としたのである。

わたしはこの説のほうが正しいと考えているが、ともあれ、六孫王神社は、こうした源氏の光と影をさぐる平安京の貴重な遺跡である。

源氏は、地方を主たる根拠地とし、武芸をもって活躍した、都の華やかな文化と関係のない荒くれた存在と思われがちだが、決してそうではないのだ。

清和源氏の系図

丸番号は鎌倉幕府将軍
角番号は室町幕府将軍

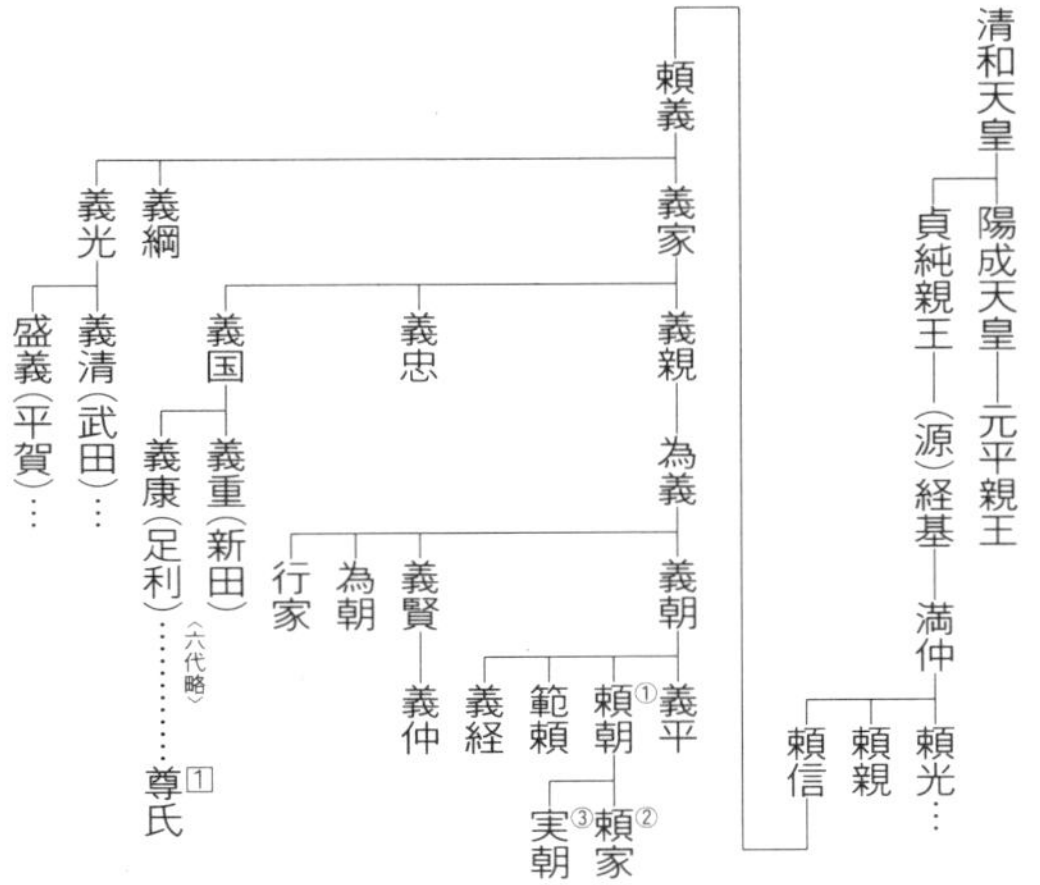

＊1　源頼信《よりのぶ》が石清水八幡宮《いわしみずはちまんぐう》に納めた願文(源頼信告文)に、陽成天皇の子孫であるとする記述が見られる。

＊2　天皇としてふさわしからぬ行動が多かったと伝えられ、天皇の乳母の子が宮中に侍している際に殺された事件をきっかけに、伯父の関白藤原基経《ふじわらのもとつね》によって廃された。

●桓武平氏《かんむへいし》の始まり――平正盛《たいらのまさもり》と六条院《ろくじょういん》

伊勢《いせ》平氏

清盛《きよもり》の父の忠盛《ただもり》（一〇九六〜一一五三）は、都の貴族からその出世を妬《ねた》まれ、ある日宮廷でからかわれたことがある。

忠盛は少しすが目、つまり斜視だったようで、そのときからかった人々は、忠盛のことを「伊勢《いせ》平氏はすがめなりけり」と囃《はや》したてた（平家《へいけ》物語）。平氏の本拠が伊勢であることと、伊勢産の質の悪い、酢しか入れられない瓶《かめ》（酢瓶）とを掛《か》けたものである。平氏の本拠・出身地が、伊勢国《いせのくに》（三重県）であることをよく物語る。

しかし最初に平氏が勢力を植え付けたのは、関東であった。平《たいらの》将門《まさかど》・平忠常《たいらのただつね》たちがまさにそうで、桓武天皇の曾孫《そうそん》の高望王《たかもちおう》が上《かず》総介《さのすけ》（千葉県中部）に任命されて関東に土着し、平を名乗ったことから始まる。高望の父の高見王《たかみおう》がはやく亡くなったものだから、京都朝廷では高位高官は望めず、地方へ出て土着し、現地で勢力を切り開くしかなかったのだ。東国というとすぐに源氏を思い出すが、むしろ早くに勢力を築いたのは、こうした武家流平氏だった。

ところがこの平氏は、将門の甥で、将門を滅ぼした貞盛《さだもり》の子にあ

源義親を追討する平正盛（右）。舟上で指揮をとるのが正盛（「大山寺縁起」東京大学史料編纂所蔵）。三重県津市に建つ伊勢平氏発祥の地の石碑と忠盛塚（上）。

たる維衡《これひら》の時代に、伊勢国に進出する。隣の伊賀国《いがのくに》（三重県西北部）にも勢力を伸ばし、これらの地域の武士たちを主従関係でもって組織し、畿内《きない》周辺でも実力をつけてきた。

源氏もそうだが、平氏も公家《くげ》流と武家流があったことに注意する必要があろう。平氏の場合は葛原親王《かずらはらしんのう》の子の高棟王《たかむねおう》*1が臣籍に降下してまず平氏を名乗るが、この家系は京都朝廷で貴族としての道を歩む。そう有名人を出したというわけではないが、公卿《くぎょう》も出ているし、武家流の平氏が政権を握ったときに、公家流平氏もこれを支えた。「平氏にあらずば人にあらず」と放言した平時忠《たいらのときただ》（一一二七～八六）は公家流の出身であるし、清盛の妻の時子《ときこ》もそうである。公家流と武家流という違いはあっても、同じ一族として政権を支え、助け合ったのである。武家流と公家流の平氏の、同質性と異質性の両方に目を配っておかないと、平氏の歴史的な理解は難しい。

正盛の活躍

武家流源氏が頼信《よりのぶ》・頼義《よりよし》・義家《よしいえ》の三代で急速に力を伸ばしたのに対し平氏は、平将門・忠常が反逆者だったこともあるが、沈滞ぎみだった。有能な人材も出なかったし、天皇の子孫でありながら、実力的には一地方武士にとどまっていた。

そこへ出現したのが、清盛の祖父にあたる正盛《まさもり》（生没年未詳）であ

桓武平氏の系図

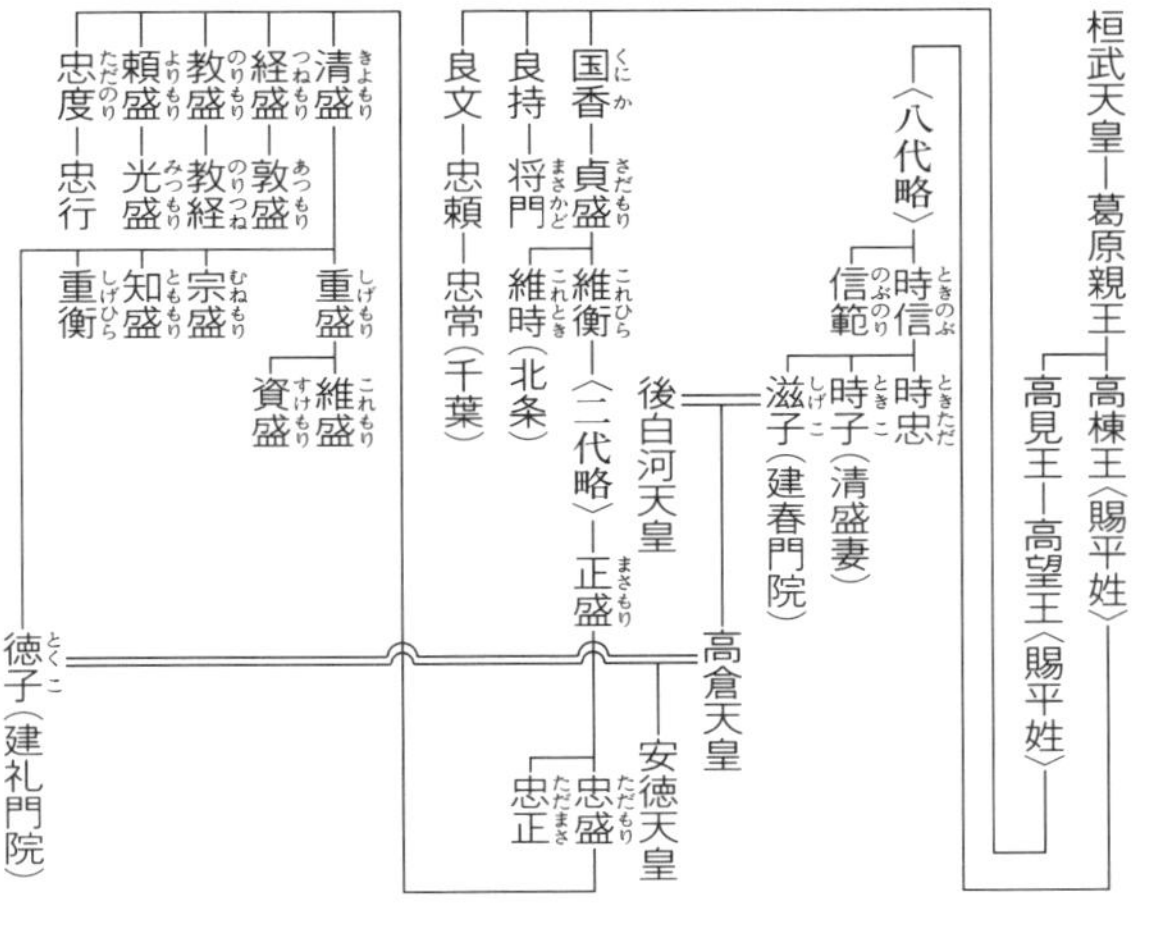

*1　平氏としてはむしろこの高棟王系のほうが本流で、武家流の高望王系は傍流であった。清盛の妻の平時子の妹滋子《しげこ》（建春門院《けんしゅんもんいん》）は、後白河院の女御《にょうご》となり高倉《たかくら》天皇を生んだ。

る。生まれつき武人の才能をそなえており、源《みなもとの》義親《よしちか》の反乱を鎮圧して声望を高めた。義親は、武家源氏の勢力を格段に上昇させた八幡《はちまん》太郎《たろう》こと義家《よしいえ》の嫡子《ちゃくし》だったが、戦略家としてはどうも才能のない人物であったようだ。それはともかく、対馬守《つしまのかみ》(長崎県対馬)として九州に赴任したのはいいが、そこで乱暴をはたらき、流罪となるがその処分に従わず、ついに追討《ついとう》命令が出る。父の義家がその追討にあたるという、源氏一族にとってはなんとも危機的状況になるが、結局は追討を果たさないままに義家は死去してしまう。

源氏はこれで沈滞を余儀なくされるのだが、源氏の勢力の拡大し過ぎるのを快く思っていなかった白河《しらかわ》法皇は、ここで正盛《まさもり》を登用して源氏の力を一挙に抑制しようとした。この義親鎮圧の結果、正盛の地位は格段に上がり、朝廷での地歩を築く。僧兵の鎮圧や、海賊の退治に大活躍するところとなり、法皇と、法皇によって執行されていた院政政権の絶大な支持を得る。

六条院《ろくじょういん》への寄進

正盛は、ただの武人ではなかった。政治的にもすぐれた才能とカンを持っていた。平氏一族の地位を上昇させ、武士の政治的地位を高めるのに大きく貢献する。

そのきっかけは、彼が伊賀国《いがのくに》に持っていた鞆田《ともだ》村・山田《やまだ》村という

万寿寺仁王門と、もと万寿寺のあった下京区の万寿寺通高倉近辺

私領で、これを白河法皇が創建した六条院へ寄進したことである。[*1]これがどうして政治的に効果があったのかというと、それは六条院の成り立ちにある。

法皇には、媞子《ていし》内親王という最愛の娘がいた。「進退美麗にして、風容盛りなり」（中右記《ちゆうゆうき》）といわれたほど美人だったし、法皇はどこへ行くにも連れていったほど溺愛《できあい》していたが、不幸にして二一歳で死去する。この娘の菩提《ぼだい》をとむらうために白河上皇は出家したのだが、このときに生前の御所であった六条殿を寺院にしたのが六条院だった。つまり正盛は、直接法皇に土地を寄進するのでなく、その子の、それも菩提寺に寄進したのだ。「将《しよう》を射《い》んと欲《ほつ》すれば、まず馬を射よ」の見本のようなもので、やはり白河法皇とて人の子、最愛の、それも早世した娘の寺に私財を寄進した正盛を抜擢《ばつてき》し、多大の便宜を与えるのは無理からぬことであろう。

この行為は法皇にたいへん好印象を与えたようで、正盛は軍事的な地歩を固めると同時に、政治的にも朝廷への進出の手がかりを築く。正盛以前には、平氏は京都ではまったく目立たない氏族にすぎなかったが、この寄進によって、内外に名声をとどろかせるきっかけをつかんだのであった。

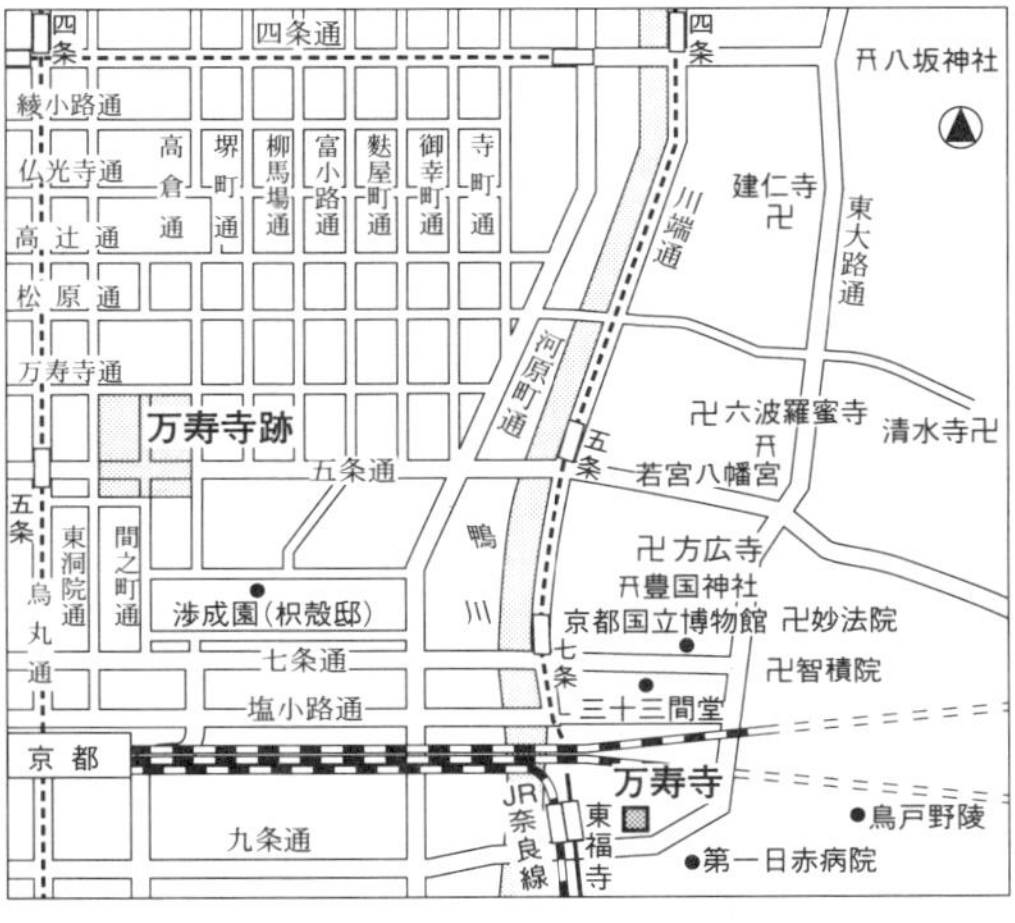

万寿寺跡▼下京区五条間之町近辺。地下鉄五条駅より徒歩2分。　**万寿寺**▼東山区本町十五丁目。京阪電鉄東福寺駅より徒歩1分。

＊1　六条院内の媞子内親王のために建立された阿弥陀堂を禅寺に改めたのが万寿寺《まんじゆじ》。もと下京区万寿寺通高倉近辺に広大な寺域を持ち、京都五山のひとつとして栄えたが、室町時代に火災にあってから衰微し、東福寺(東山区)の塔頭《たつちゆう》のひとつとして現在地に残る。

●武士の棟梁《とうりょう》源氏の氏神——源《みなもとの》義家《よしいえ》と若宮八幡宮《わかみやはちまんぐう》・石清水八幡宮《いわしみずはちまんぐう》

源氏三代

清和《せいわ》源氏は、たしかに源《みなもとの》経基《つねもと》がその基礎を築いた。

しかしその勢力が確立されるのは、その孫頼信《よりのぶ》から頼《より》義《よし》・義家《よしいえ》のいわゆる源氏三代のときである。河内国《かわちのくに》（大阪府中・南部）を拠点とし、武士としての名声を築くところとなる。

まず頼信（九六八〜一〇四八）が、藤原道長《ふじわらのみちなが》の私兵的な存在ではあったが、一〇二八年に東国で起こった*1平忠常《たいらのただつね》の乱を鎮圧してその名をあげた。便利な護衛役にすぎなかった武士が、京都朝廷の鎮圧することのできなかった内乱を終わらせたのだ。実力の時代の到来が近いことを思わせる、象徴的な事件であった。

つづく頼義（九八八〜一〇七五）は、陸奥国《むつのくに》で一〇五一年に勃発し、その後一二年にわたって東北地方をまきこんだ*2前九年《ぜんくねん》の役《えき》を鎮圧して、関東にゆるぎない勢力を形成した。陸奥国に長く君臨してきた安倍《あべ》氏《し》を制圧したのであり、これで東国を中心に多くの家来を獲得するところとなる。

その子の義家（一〇三九〜一一〇六）は、前九年の役にも活躍したが、その

現在の若宮八幡宮。五条坂一帯で夏に催される陶器市は、この神社の祭礼。上は、源氏堀川館跡に建つ左女《さめ》牛井《がい》跡の石碑。

後に起こった*3後三年《ごさんねん》の役《えき》では先頭に立って戦い、清原《きよはら》家の内紛に介入、清衡《きよひら》を勝利させて奥州に平和をもたらした。これで奥州藤原氏が成立し、源氏も東国に大きな勢力を築くところとなる。この頼信・頼義・義家の源氏三代によって、ふつう源氏というとすぐに思い出す武家源氏の勢力は、後世にまで伝えられることになる基礎が築かれたのだ。

河内源氏《かわちげんじ》

この三人は、河内国に拠点をもっていた。そのために河内源氏と呼ぶ。京都とはあまり縁がなかった。頼信の父の満仲《みつなか》が摂津国多田《せっつのくにただ》(兵庫県川西市)に住み、勢力を伸ばしたが、その子の頼信は河内守《かわちのかみ》を二度歴任したこともあって、河内国に地盤をつくった。通法寺《つうほうじ》跡(大阪府羽曳野《はびきの》市)には、頼信・頼義・義家の源氏三代の墓が今もある。

三代の最後の義家は、八幡太郎《はちまんたろう》義家と呼ばれた。八幡とは石清水八幡宮のことで、朝鮮半島へいわゆる〝三韓征伐〟*4をこころみた仲哀《ちゅうあい》天皇、女性ながらもそのあとをついだ神功《じんぐう》皇后、同じようにあとをつぐその子の応神《おうじん》天皇の三人が祭神である。この八幡三神をまつる神社で元服《げんぷく》したためにこうした通称ができたわけだが、なぜ義家がここで元服したのかはよくわからない。ただ、この三人は、

*1 反乱を起こした忠常に対し、朝廷は初め、検非違使《けびいし》の平直方《たいらのなおかた》を派遣したが失敗し、頼信を派遣した。忠常は源氏と聞いて戦わずして降伏したという。

*2 俘囚《ふしゅう》(律令国家に帰服した蝦夷《えぞ》の呼称)の長で陸奥に勢力を持った安倍氏の反乱。一時帰順したが再度反攻に転じ、頼義《よりよし》側は苦戦したが出羽《でわ》の清原氏の援軍を得て鎮圧した。

*3 前九年の役後、陸奥に勢力を持った清原氏の内紛。この乱ののち、清衡は藤原氏を名乗り平泉を根拠地として平泉政権を築き、中尊寺《ちゅうそんじ》を建立した。

*4 熊襲征伐《くまそせいばつ》のために九州に赴いていた仲哀天皇は、神憑《かみがか》りした神功皇后から宝の国(朝鮮三国)を与えるとの神託を得たが、これを信じなかったため急死した。再度皇后に神が憑《つ》き、今度は胎内の子(応神天皇)にそれを授けるとの神託を得て、神功皇后は身重のままを新羅《しらぎ》を攻め、服従させたという伝承で、史実ではない。

ともに『古事記』『日本書紀』のなかに武勇の人物として記録される、武神としてはまことにふさわしい対象なわけで、おそらくはこうした記紀のなかの人物像が、源氏の氏族としての願望に合致したのであろう。河内国《かわちのくに》に拠点を持ち、そこで生まれ育ったと思われるにもかかわらず、元服は京都近辺の神社で行っているのだから、京都との強いかかわりがよくうかがえる。

武家源氏と京都とのかかわりは、すでに満仲《みつなか》からあるが、それが深まってくるのはこの三代からである。嫡流《ちゃくりゅう》であった頼信《よりのぶ》の兄の頼光《よりみつ》は、藤原兼家《ふじわらのかねいえ》・道長《みちなが》父子につかえて権勢を誇り、ほとんど京都の一条堀河邸に在住した。坂田金時《さかたのきんとき》たちの＊1四天王《してんのう》や、また＊2酒呑童子《しゅてんどうじ》退治などの武勇で有名だが、その実像はあまりよくわからず、どうも京都で貴族の侍として生涯を過ごしたらしい。ふつうに想像するような武士とは、その実像はかなり違ったものだったようだ。

これに対して三男の頼信は、はじめ河内国《かわちのくに》を本拠とし、平忠常《たいらのただつね》の乱鎮圧後に京都朝廷とのかかわりを深め、子の頼義《よりよし》にいたって京都に邸宅をかまえるところとなる。

若宮八幡宮《わかみやはちまんぐう》

源頼義は、京都に邸宅を持った。武勇をうたわれただけでなく、朝廷にも出仕してその名を高めるが、

石清水八幡宮と、「後三年合戦絵巻」（東京国立博物館蔵）に描かれた源義家。

京都へ進出し、政治的地位を獲得するには、どうしても京都に拠点を持つ必要があった。その拠点が、六条に営んだ邸宅である。

邸宅は六条左女牛井《さめがい》(下京区)にあったが、その邸宅内につくられたのが若宮八幡宮である。その名のとおり八幡三神を勧請《かんじょう》したもので、石清水八幡宮《いわしみずはちまんぐう》が本社ということになる。邸内社だからそう大きな規模ではなかったと思われるが、後世にまで崇敬を受ける。八幡神がその後長く源氏の氏神とされるのは、実にこの頼義の邸内への勧請より始まる。

頼朝《よりとも》は特に父祖の地としてここをあつくうやまい、領地を寄進したり、なにくれとなく保護を加えたりした。幼少期に過ごしているとはいえ、京都に基礎を持たない頼朝にとって、京都進出の重要な足掛かりでもあったのだ。

頼朝政権の鎌倉幕府が置かれた鎌倉は、いうまでもなく鶴岡八《つるがおかはち》幡宮《まんぐう》の門前に発達した町である。その鶴岡八幡宮は、頼義が京都からはるばる勧請して鎌倉に建立したものだ。六条邸宅での勧請は一〇五三年、鎌倉へのそれは一〇六三年という。のちには、同じく源氏出身の足利《あしかが》将軍家も、若宮八幡宮に手あつい保護を加えている。京都における、まさに源氏の氏神であった。

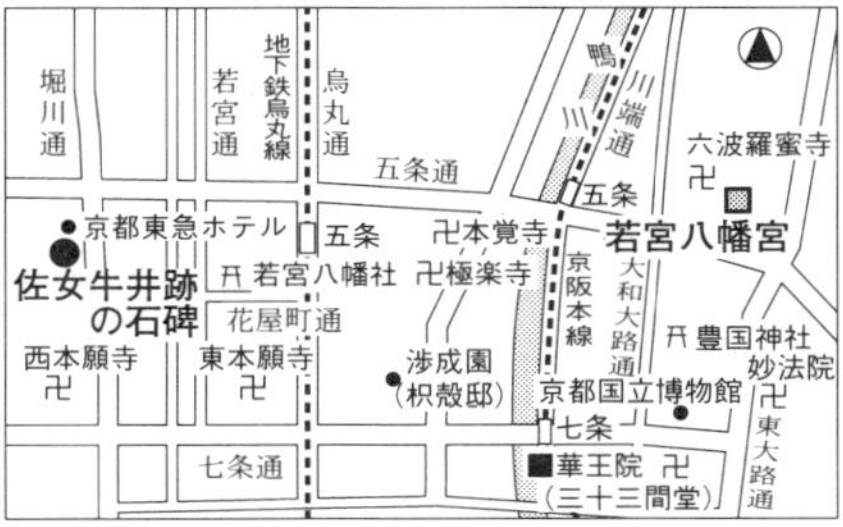

若宮八幡宮▼東山区五条通東大路西入ル。陶器市は八月七〜一〇日に催される。京都駅より市バス100・206系統にて五条坂下車徒歩2分。**佐女牛井跡の石碑**▼下京区堀川五条下る西側。源氏堀河館のあった付近と伝えられる。同地より東の若宮通花屋町上ルにある若宮八幡社は、もと若宮八幡宮のあった地と伝える。

石清水八幡宮▼八幡市八幡高坊。京阪電鉄八幡市駅よりケーブルカー乗り換え男山山上下車すぐ。

＊1 他の三人は、渡辺綱《わたなべのつな》・碓井貞光《うすいさだみつ》・卜部季武《うらべすえたけ》。

＊2 頼光とその郎等の四天王が大江山《おおえやま》(西京区大枝《おおえ》とする説と、京都府与謝《よさ》・加佐《かさ》両郡の境とする説がある)に住む酒呑童子という鬼を退治したという伝説。

●武者の世の到来——保元《ほうげん》・平治《へいじ》の乱と六条河原《ろくじょうがわら》

「武者ノ世」

希代の秀才で、摂関家《せっかんけ》の出身でもある僧慈円《じえん》（一一五五〜一二二五）は、保元の乱について「日本国ノ乱逆《らんぎゃく》ト云《い》フコトハヲコリテ後、ムサノ世ニナリニケル也」と述べた（愚管抄《ぐかんしょう》）。「乱逆（謀反《むほん》）」である保元の乱が起こってのち、時代は「武者ノ世」へと転換していったというのである。乱そのものは、動いた兵力もそう多くはないし、大きな戦乱とは言いがたいが、時代の画期ということでは重要な変革であった。

「武者の世」とは、武家によって歴史が動く時代のことをいう。むろんそれは鎌倉幕府の成立のときであるし、さらに厳密にいえば、武家が公家《くげ》政権である京都朝廷を、完膚《かんぷ》なきまでに打ちのめした一二二一年の承久《じょうきゅう》*1の乱以後であるが、全体としてみれば、保元・平治の乱が貴族政権から武家政権への画期と意識された。

保元の乱

保元の乱は、一一五六年に勃発した。鳥羽《とば》法皇の死を契機に、一気に対立は高まった。後白河《ごしらかわ》天皇を推す美《び》福門院得子《ふくもんいんとくし》と、重仁《しげひと》親王を推す崇徳《すとく》上皇（一一一九〜六四、在位一一二三〜四二）

三条河原で信西の首を検非違使に渡す源光保《みつやす》の一行（「平治物語絵巻」静嘉堂文庫美術館蔵）

との対立、氏長者《うじのちょうじゃ》であった兄藤原忠通《ふじわらのただみち》とその座を奪いたい弟頼《より》長《なが》の対立、のふたつがからみ合って乱は起こった。皇位や氏長者をめぐる対立はいつの時代でもあるが、これまでは策略と陰謀でほとんどは決着がついていた。陰険だが、血を見ないで結論が出されたわけで、ある意味では平和的な解決ではあった。

しかしながら、武士の出現によって、政争が武力で解決がはかられるという新局面が現れた。鳥羽法皇が生きている間はなんとか押さえられていたものの、いわばスーパーチャンピオンの死によって矛盾《むじゅん》は噴出する。我が子を皇位に就けられなかった崇徳上皇は、源為義《みなもとのためよし》とその子たち、また平忠正《たいらのただまさ》たちを味方につけて事態を打開しようとした。一方の後白河天皇方は、源義朝《よしとも》(一一二三〜六〇)・平清盛《きよもり》(一一一八〜八一)を動員し、結果は義朝・清盛が勝利をおさめる。乱の原因は皇室・摂関家の内部対立ではあったが、勝敗は武力でついたのであり、まさに武家政権の成立の近いことをうかがわせた。

戦法ということでも画期的だった。夜討《よう》ちが採用されたのである。義朝が提案し、後白河天皇方のブレーンであった入道信西《にゅうどうしんぜい》がこれを受け入れた。崇徳上皇方が、武人である為義の意見を採用しなかったのと対照的といえる。武士の力をどう評価・利用するかで、勝

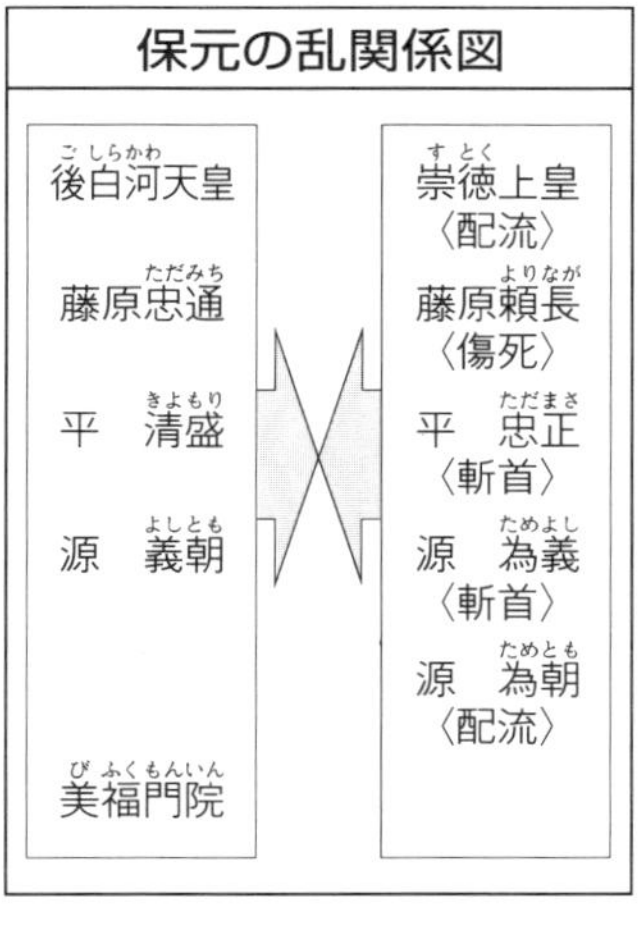

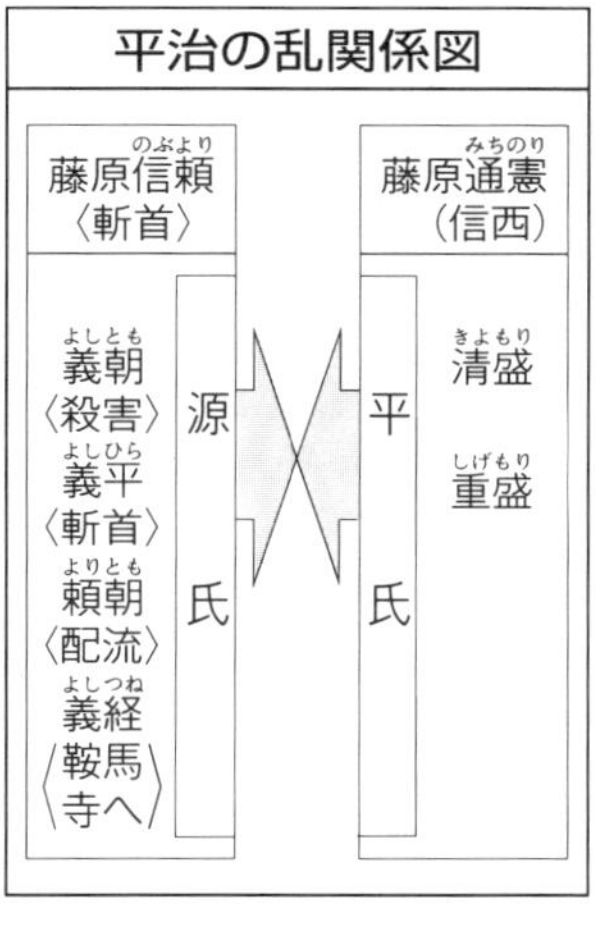

*1 頼朝《よりとも》の死後、朝廷勢力の回復を謀《はか》った後鳥《ごと》羽《ば》上皇は討幕の兵を挙げたが、執権《しっけん》北条氏を中心とする幕府軍に敗れ、後鳥羽・土御門《つちみかど》・順《じゅん》徳《とく》の三上皇が配流《はいる》され、朝廷方公卿《くぎょう》・武士の所領は没収、六波羅探題《ろくはらたんだい》の設置などにより、公家政権の勢力は急速に衰えた。

敗は決したのだ。このときにほぼ二五〇年ぶりに死刑が復活したのとあわせて、武士の時代の到来を如実《にょじつ》に告げる事件であった。動いた軍勢はわずかに千騎程度だが、歴史を画する出来事だった。

平治《へいじ》の乱

続く平治の乱は、武者の活躍がいっそうはっきりとする。この乱は、完全に武士同士の対立だった。平清盛《たいらのきよもり》と源義朝《みなもとのよしとも》が正面からぶつかり、清盛が勝利する。貴族は脇役にすぎず、武士同士の戦いが、乱のすべてだった。一一五九年、清盛と義朝の対立は抜き差しならないところまで達し、ついに義朝は清盛の熊野参詣《くまのさんけい》の間隙《かんげき》をぬって挙兵したが、急遽《きゅうきょ》引き返した清盛に敗れる。戦略的には清盛のほうが上手《うわて》で、しかも保元《ほうげん》の乱で一族のほとんどを失っていた源氏には勝ち目はなかった。義朝は東国に脱出して再起をはかろうとするが、途中の尾張国《おわりのくに》(愛知県西部)で先祖以来の家臣の裏切りによって殺され、乱は終わる。

六条河原の合戦

平治の乱の最後の戦闘は、六条河原を戦場として行われた。六条河原とは、六条大路と鴨川《かもがわ》が交差するあたりの河原をいう。いまでも浅い流れが鴨川の特徴だが、当時は中州《なかす》があったろうし、また日照りが続くと水流はなかったから、広い河川敷《かせんじき》は武士たちのかっこうの戦場であった。

八瀬(左京区)の高野川。源義朝が平治の乱で敗走する際にこのあたりを通ったと伝える。

源義朝の挙兵をきいた平清盛は熊野参詣の途中から帰京し、六波羅にあった邸宅に入る。どうも義朝の蜂起《ほうき》は清盛の挑発にのせられたふしが強いのだが、それはともかく、いったんは義朝は二条《にじょう》天皇と後白河《ごしらかわ》上皇を手中におさめ、京都朝廷の全権を掌握する。クーデターは成功したのだ。

だが清盛は、慎重に策をめぐらしていた。天皇・上皇が相手方にあるかぎり動きがとれないから、まず内裏《だいり》から二人を奪回することをくわだて、これに成功し、六波羅《ろくはら》の清盛の邸宅にむかえ入れた。これで義朝が、今度は賊軍《ぞくぐん》ということになる。あせった義朝は、京内で平氏相手にとにかくも奮戦するが、平氏に内裏を占拠されてしまう。そこで平氏の本拠の六波羅に攻め込み、一挙に戦況の打開をはかろうとした。

六波羅を攻めるためには、鴨川を渡ることになる。そこで六条河原をはさむ戦いとなり、六条河原は、平治の乱の最後の戦場となった。同じ源氏一族の源頼政《よりまさ》の裏切りにあった義朝は敗北し、東国に逃れようとする。朝廷内の義朝同調者である藤原信頼《ふじわらののぶより》もこの河原で斬《き》られ、平治の乱は終わった。この乱は完全に武士同士の戦いであり、武士の世の出現を強烈に京都市民に印象づけるところとなった。

六条河原から五条大橋を望む

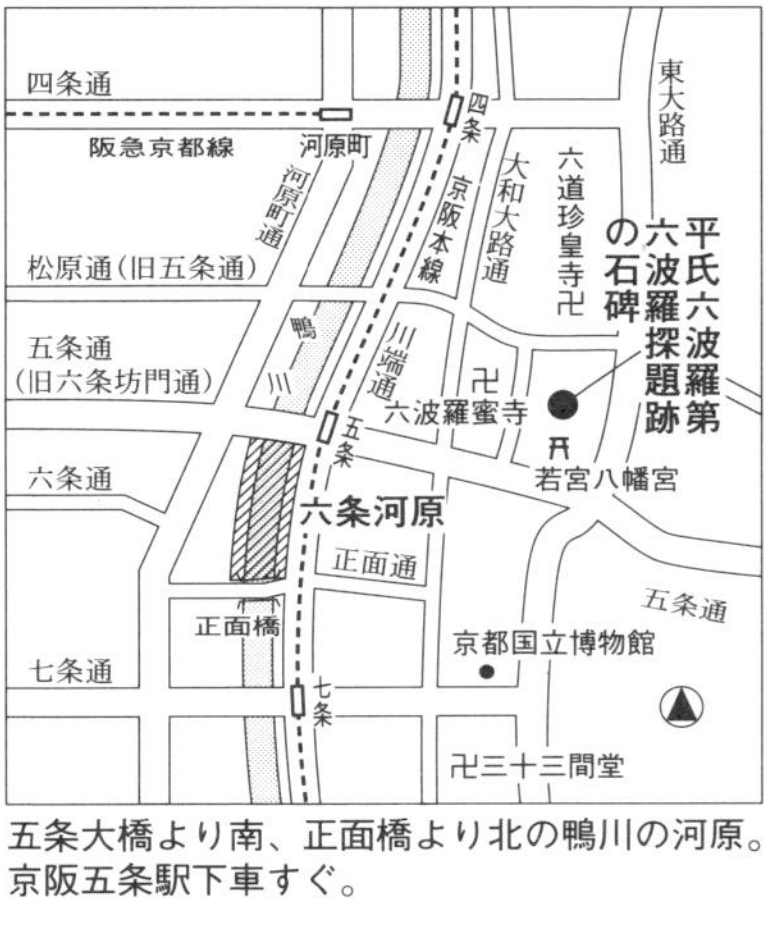

五条大橋より南、正面橋より北の鴨川の河原。京阪五条駅下車すぐ。

トピックス

平安京お墓事情

●お墓のかたち

現在わたしたちが想像するような、墓石が立ち、花が供えられているような墓は、江戸時代くらいから一般化したもので、平安時代までは到底さかのぼることができない。霊魂、まして遠い祖先の霊魂をどう祀《まつ》るかは、その時代の信仰と密接にかかわっているのであり、墓もその信仰の反映であるから、時代によって大きく異なることになる。

だいいち、墓が地上構築物の形をとるのは、古代ではよほどのことだ。古墳時代はいざ知らず、ふつうは一定の場所が埋葬場所と決まっているだけで、特にそこに人が葬られているという表示はしない。権力者は古墳のように壮大な規模の構築物を築くが、それは葬られている人物の後継者が、その権力を受け継ぐためのきわめて世俗的目的を持ったものであって、被葬者の霊魂を尊重するためだけではない。

●墓への意識

最近は、交通事故で亡くなる人が多い。街角で、よく電柱などの脇に花束が置かれているのを目にすることがある。そこで亡くなった人の霊魂を慰めるために飾られるのだが、その人の霊魂は葬儀では別の場所で祀られ、また墓はさらにそれとは別の場所に設けられる。ある人物の霊魂が、三か所で祀られているのである。現在はこのうち最後の墓のみが残り、他の場所は忘れられてしまう。

道長によって左遷された藤原伊周《ふじわらのこれちか》が、前年に死去した父道隆《みちたか》の墓に愚痴《ぐち》をいう話があるが、宇治《うじ》木幡《こわた》にあった藤原氏の墓地のなかをさんざん探し回って、やっと尋ねあてたという（栄花《えいが》物語）。一応墓標は立っていたらしいが、要するに父の墓さえ知らないわけで、葬儀は盛大にやるが、墓にはほとんど興味を持っていないのである。

●化野《あだしの》と鳥辺野《とりべの》

「あだし野の露、鳥部山《とりべやま》の煙」（徒然草《つれづれぐさ》）は、人の世のはかなさのたとえであった。遺体を火葬に付す場所として、化野と鳥辺野は大墓地だった。平安京の人口は十数万、毎年何千もの死者が出る。疫病《えきびょう》でも流行しようものなら、一挙に倍増する。それらの人々を火葬にするには、墓前での祭祀《さいし》、火葬の薪《まき》、などに相当の費用がいる。上流階級なら可能だが、一般庶民はとても十分な葬儀などできない。

墓すなわち埋葬には、守らねばならない規定があった。平安京近辺と道路のそばには墓をつくってはならないし、また墓は三位以上の人にしか原則的には造営が認められていなかった。これに該当しない中下級貴族以下の人々が火葬にした場合は、ほとんどが遺骨は捨ててしまうことになるし、土葬の場合も、法的には墓とわかる施設を設けてはいけないことになる。現在の常識をもって当時の墓を考えることはできないことがよくわかるが、もっとも、実際には法をかいくぐって多くの墓が営まれていたらしい。

●庶民の墓

財力ある人々はなんとか埋葬することができても、一般庶民はどうしたのか。

長岡京《ながおかきょう》時代のことだが、七九二年に深草山《ふかくさやま》(伏見区)に埋葬してはならないという禁止令(類聚国史《るいじゅうこくし》)、また、平安遷都直後の七九七年には、自宅のそばに埋葬してはならないという禁止令(日本後紀《にほんこうき》)が出ている。これは貴族たちの目から見たものだから実態はよくわからないが、要するに手間をかけないで、手近な方法で死者が葬られていたということである。八六六年には、神楽岡《かぐらおか》(左京区)での埋葬が下鴨《しもがも》神社の清浄を汚すというのでやはり禁止されていて(日《に》本三代実録《ほんさんだいじつろく》)、依然として手近での埋葬がやまないことが理解できる。いくら禁止されても、死者は常に出るし、儀式をともなうか、単なる遺棄かは別にして、埋葬も行わねばならない。

化野や鳥辺野は、こうして成立する。平安京から適当に近く、しかし近すぎもせず、という場所が自然と葬儀ないし墓地の場となる。しかし人口が増え、遺骸の処理がキャパシティーをこえると、ほかにも多くの墓地ができる。船岡《ふなおか》から蓮台野《れんだいの》周辺などがそれである。

また、なんといっても安易なのは、道端に放置することであった。瀕死《ひんし》の病人は、平気で道端に捨てられたのであり、当然医療に浴することなどできないし、財力もない彼らは、路傍《ろぼう》で死ぬことになる。疫病などの天災に襲われなくとも、死人はいつでも出たし、その遺骸はほとんどモノとして処理された。

また鴨川《かもがわ》も、遺骸を捨てる場所だった。「鴨川の水で産湯《うぶゆ》を使う」という言い伝えがあるほど清浄な河川であったが、庶民は葬送の場にも使用した。河流が死体をあらい流し、自然が葬送をしてくれるわけで、遺棄には近かったが平安京市民にとっては真剣な葬送の場であった。

●驕《おご》る平氏の夢のあと——平《たいらの》清盛《きよもり》と西八条殿《にしはちじょうどの》

『平家《へいけ》物語』の世界

平安京の美のひとつは、そこにあらゆる日本歴史上の縮図があるということであろう。栄枯盛衰《えいこせいすい》は世の常だが、光も影も体験し、それを栄養素にして京都は発展してきた。そのなかでも、王朝最末期の源平の内乱は、

祇園精舎《ぎおんしょうじゃ》の鐘の声、諸行無常《しょぎょうむじょう》の響きあり。娑羅双樹《しゃらそうじゅ》の花の色、盛者必衰《じょうしゃひっすい》のことわりをあらはす。

と『平家物語』の冒頭の文が示すように、特に平家の滅びの美学を残したことにおいて、注目される。わずか一〇年ほどに、京都一二〇〇年の歴史と文化がつまっている。

平氏は、その栄華の軌跡がはなやかなだけに、よけいに没落がきわだつ。短期間で頂点から一気に奈落へ落ちるそのさまは、歴史上例のない転変であり、叙情にみちた『平家物語』が執筆されるのは、無理からぬことといえる。古来から日本人の心情に訴える、悲劇的歴史がそこにはあった。だが平氏の栄華は、一朝にしてつくられたものではない。天皇の子孫という「貴種」ではありながらも、初め

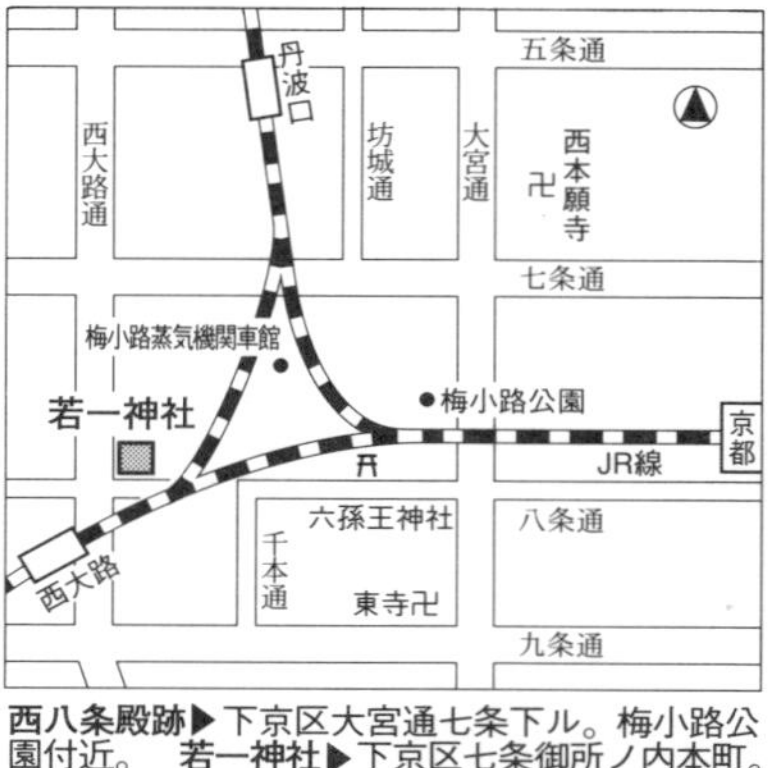

西八条殿跡▶下京区大宮通七条下ル。梅小路公園付近。　**若一神社**▶下京区七条御所ノ内本町。京都駅より市バス208系統にて西大路八条下車すぐ。

若一神社前にある清盛手植と伝える楠

は貴族の侍《さむらい》としてさげすまれてきた平氏の武士たちが、栄華の地位を得るまでには苦難の道があり、その道を切り開く優秀な人材が出てはじめて達成されたものだった。

平氏三代

源氏の勢力を築いた頼信《よりのぶ》・頼義《よりよし》・義家《よしいえ》の源氏三代に対応する平氏三代は、正盛《まさもり》・忠盛《ただもり》・清盛《きよもり》である。この三代をかけて、平氏は政権への道を駆け上がる。

最初平氏の基礎をつくるのは、正盛による六条院への荘園寄進と源氏の義親《よしちか》追討の成功だが、これを受けついでいっそう一族の勢力を発展させたのは、忠盛であった。そして、これを清盛が完成させる。よく言われることだが、やはり一族の力を確立するためには三代、およそ百年間がひとつの目安となる。それくらいの時間が必要なのであって、平氏は十一世紀末からのほぼ百年間で氏族としての勢力を築き、政権の座についた。

忠盛の実力

平氏は院政政権と深い関係を保ちながら勢力を伸ばすが、忠盛（一〇九六～一一五三）は鳥《と》羽《ば》院政と密着していた。これがたいへん興味深いところで、白河《しらかわ》院政を支えた貴族たちがほとんど鳥羽院政の時期には退けられたにもかかわらず、忠盛だけは引き続いて重く登用されている。

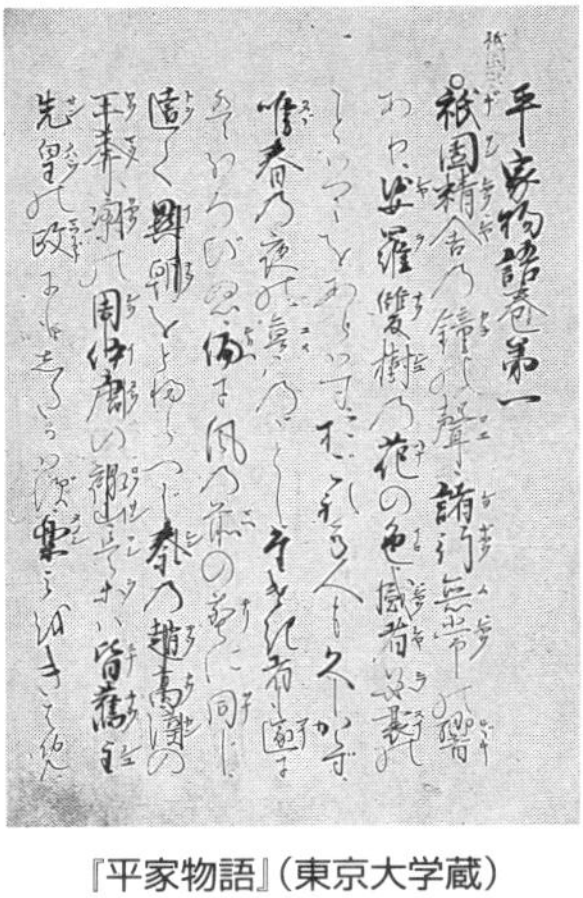

『平家物語』（東京大学蔵）

八坂神社境内にある忠盛灯籠。雨の夜に忠盛が白河法皇の伴をして祇園女御の所へ向かうとき、蓑《みの》を着た僧が灯籠の火をともそうとしていた。その姿が鬼のように見えたので法皇は斬《き》れと命じたが、忠盛の冷静な判断によって僧は難を免れたという伝説の灯籠。

その原因はかなりはっきりしていて、ひとつは忠盛《ただもり》の政界遊泳術が長じていたこと、今ひとつは院政政権に忠盛の武力を必要とした理由があったこと、である。西日本、特に瀬戸内《せとうち》一帯に植え付けた平氏の勢力は、じつに巨大なものだった。しかもその力を背景として＊1日宋《にっそう》貿易にも乗り出し、財力をも蓄えた。ついには正《しょう》四位下・刑部卿《ぎょうぶきょう》にまで中央政界での地位を高めた。富は巨万で、家来は全国に満ちていたと書き残されている。

清盛《きよもり》登場

清盛（一一一八～八一）はこの忠盛の子だが、母は不明である。

忠盛が、白河法皇の寵愛《ちょうあい》をうけた祇園女御《ぎおんにょうご》を、すでに法皇の子を宿していたがもらい受け、生まれたのが清盛だという落胤《らくいん》説もあるが、後世の人が作りあげた伝説である。祇園女御が法皇の女官だったことは確かだが、落胤である証拠はない。

だが落胤と噂《うわさ》されるほど清盛の出世が異常に急激であったことも事実で、保元《ほうげん》の乱で後白河《ごしらかわ》方を勝利に導き、続く平治《へいじ》の乱では同じ武家の源　義朝《みなもとのよしとも》を破って、＊2揺るぎない地位を築いた。

これ以後の昇進は順調で、たちまちに階段を昇りつめ、一一六七年には太政大臣《だじょうだいじん》・従《じゅ》一位になって、平氏政権をつくった。翌年には出家するが政権は手放さず、一一七九年には後白河法皇を鳥羽殿

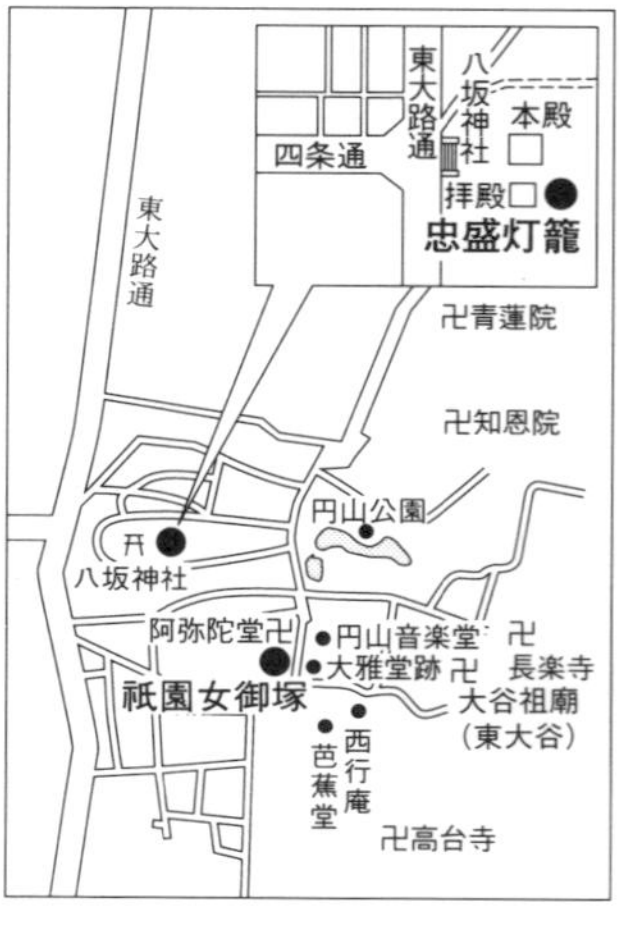

祇園女御塚と脇に建つ阿弥陀堂（右上・下）。平清盛像（六波羅蜜寺蔵）

に幽閉して院政を停止してもいる。晩年は権力の亡者の色彩が強いが、豊かな才能に恵まれていたことも確かであった。

西八条殿《にしはちじょうどの》

平氏の拠点は六波羅《ろくはら》だが、清盛は京内にも邸宅を営んだ。西八条殿がそれである。六波羅は鴨川をはさんで東郊外にあたり、平氏の基盤である伊勢《いせ》・伊賀《いが》方面にアクセスする点では有利だったが、京都政界を掌握するには不十分だった。そこで京内の南方の、比較的六波羅に近い場所に邸宅をつくった。

この邸宅は八条北・東大宮《ひがしのおおみや》西にあり、六町（約二万六千坪）をしめた広大なものであり、平安時代四百年間に貴族たちは多くの住宅を営んだが、そのなかでも最大の邸宅だった。いかに清盛の権勢が巨大なものだったかがわかる。財力にまかせて「玉をみがき、金銀をちりばめ」て建設され、五〇棟もの建物があったという（平家《へいけ》物語）。

一一八三年七月、木曽義仲《きそよしなか》軍に攻め立てられ、ついに平氏一族は安徳《あんとく》天皇を奉じて都落ちすることになる。清盛はすでに世を去っていたが、ぜいたくのかぎりをつくした西八条殿は火をかけられ、一瞬のうちに灰燼《かいじん》に帰した。平安時代の最後をかざる象徴的な出来事として、たいへんに印象深い。いま平氏をしのぶよすがはなにもなく、邸宅の鎮守だったという*3若一王子《にゃくいちおうじ》社が鎮まるのみである。

清盛の臨終の場面。熱病に冒され、板の間で水をかけて体を冷やすが、水はすぐに黒煙となって蒸発したという。（「平家物語絵巻」林原美術館蔵）

＊1　忠盛は肥前《ひぜん》神崎荘で日宋貿易を行った。清盛は大輪田泊《おおわだのとまり》（神戸市）や音戸《おんど》の瀬戸《せと》（広島県呉《くれ》市と倉橋島との海峡）を整備して、瀬戸内航路を整備した。

＊2　正三位・参議となり、武士として初めて公卿に列せられた。

＊3　若一《にゃくいち》神社とも。清盛が熊野《くまの》の若一王子《にゃくいちおうじ》の御霊を祀ったのが始まり。社前に「清盛手植えの楠《くすのき》」という伝承のある大楠がある。

●日本人好みの英雄――源《みなもとの》　義経《よしつね》と五条大橋《ごじょうおおはし》

判官《はんがん》《ほうがん》びいき

もう死語になった感があるが、「日本人は判官びいきである」とよく言われる。弱いものに味方し、応援する気質が強いということだが、この「判官びいき」の語源が、源義経（一一五九〜八九）である。彼は検非違使《けびいし》の判官（長官《かみ》・次官《すけ》・判官《じょう》・主典《さかん》の判官）、正確には左衛門少尉《さえもんのしょうじょう》だったものだからこう呼ばれた。

たしかに彼の生涯は、波乱と苦渋にみちたものだった。謀反人《むほんにん》の子としての苦難の前半生、華やかな合戦《かっせん》の英雄としての青年期、兄と仲違《なかたが》えしての無残な最期、とわずか三一年間の人生を急ぎ足で去っていった。時代の変わり目を生きねばならなかったのは運命だとしても、その運命に翻弄《ほんろう》されたのは悲劇であり、人々の同情を買うところとなり、判官びいきの対象となった。

義経・弁慶《べんけい》の遭遇

弁慶（?〜一一八九）は都で千本の太刀《たち》を奪おうとし、九九九本に達したところで、義経に出会ったという（義経記《ぎけいき》）。弁慶が義経と出会ったのは、*1京の五条、つまり五条大路にかかる橋の上だった。ここで義経に負けた弁慶は、服

現在の五条大橋とその西側に建つ牛若丸・弁慶像（右）。平安京の五条通にあたる松原通にかかる松原橋（上）

属して彼の家来になり、一生をともにする。

この話は、どうも脚色の匂《にお》いが濃く、史実ではないらしい。しかし伝説としてはよくできており、後世にまで語りつがれている。

ただこの橋は、今の五条大橋ではない。弁慶・義経の石像が立ってはいるが、これはむしろ歴史に反するもので、たとえこの伝承が史実であったとしても、現在の五条大橋でのことではない。

というのは、平安時代の五条大路は今の松原《まつばら》通にあたり、今の五条通は六条坊門小路《ろくじょうぼうもんこうじ》にあたる。だから現在の橋は〝六条坊門〟橋とも称するべきもので、弁慶・義経の遭遇した五条大橋とは別物ということになる。

ところで、いにしえの五条大橋は石橋であったようだ（梁塵秘抄《りょうじんひしょう》）。清水寺《きよみずでら》へ行く道でもあったので清水橋とも称されたが、平安時代には石橋はたいへんめずらしく、堅牢《けんろう》な橋が必要なほど人々の清水への参詣が盛んであったということであろう。人々の行き交う道路であったから、弁慶・義経の出会う場所としては説得的だったのだ。

鞍馬《くらま》での修行

義経は、幼時には鞍馬山《くらまやま》で修行したという。そしてのちには奥州に藤原秀衡《ふじわらのひでひら》（？～一一八七）をたより、平泉《ひらいずみ》に入る。母の常盤御前《ときわごぜん》に連れられて各地を放浪したことは確

弁慶が投げたと伝える弁慶石

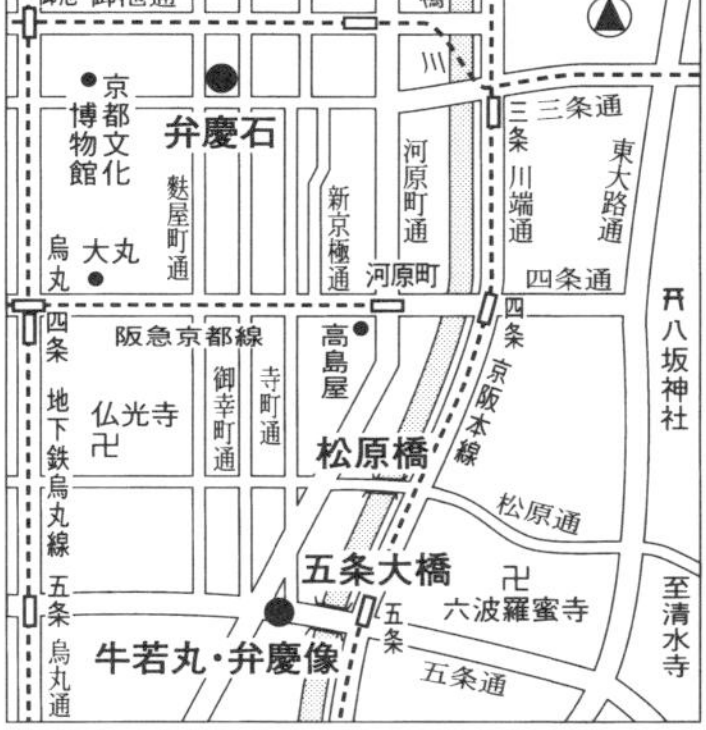

牛若丸・弁慶像▶下京区五条通河原町東入ル五条通上。　弁慶石▶中京区三条通麩屋町東入ル北側。

＊1　義経は幼名を牛若丸《うしわかまる》といい、五条大橋での牛若丸と弁慶との対戦を描く「橋弁慶伝説」は名高い。牛若丸と弁慶の出会いの場所については異伝があり、五条天神・清水寺とする伝承もある。

かなようだが、どうも義経《よしつね》の前半生はよくわからない。平治《へいじ》の乱に敗北した義朝《よしとも》の子であったから、義経も死罪は免れないところだが、なんとか生き延びることができたのは、清盛《きよもり》が常盤の美貌にひかれたためらしい。ただ正面きっては許すわけにいかないから、とにかく*1鞍馬寺《くらまでら》に入れて出家したことにしたのだ。おそらくは平氏の監視のもとにあったはずで、そう自由な行動はできなかったと思うが、やがて奥州に行き、時を待つところとなる。

一一八〇年、兄の頼朝《よりとも》(一一四七～九九)が待望の反平氏の挙兵をした。ほぼ同時に信濃国《しなののくに》(長野県)にいた従弟《いとこ》の木曽義仲《きそよしなか》(一一五四～八四)も挙兵する。義経は、ただちに兄のもとに駆けつけ、軍に加わる。これからあとは、破竹の進撃と、赫々《かくかく》たる戦果とが義経の人生をいろどる。

戦士義経

義経の活躍は、軍神と称するにふさわしかった。連戦連勝で、鎌倉の頼朝の軍事的支配圏をつぎつぎに拡大していった。兄の代官として軍事的指揮権を一手ににぎり、一足はやく京都に入った義仲をまず滅ぼし、ついで西国に都落ちした平氏を追い詰め、ついには*2壇ノ浦《だんのうら》で滅亡させる。

だがこの輝かしい戦歴は、義経にとって、かならずしも政治的には有利なことではなかった。しかも彼自身はあくまで戦士で、政治

源義経像（中尊寺蔵）と壇ノ浦の合戦
（「平家物語絵巻」林原美術館蔵）

的駆け引きにはまったく疎《うと》かった。無能といってもよいほど、判断力は鈍かった。裏の裏まで読み取る頼朝と、単純で実直なだけの義経が対立するのは、時間の問題だった。

はたして義経は、源氏の総領である頼朝の許可をえないで、朝廷の官職へ任官する。しかも海戦に持ち込んだために、頼朝が無事に保護するようにといった三種《さんしゅ》の神器《じんぎ》と、安徳《あんとく》天皇を海中に失ってしまった。これで頼朝は激怒し、義経は関東の実力者の武士たちからも忌避《きひ》されて、＊3鎌倉に入ることすら許されなかった。戦果は、義経にとってなんの役にも立たなかったということになる。

進退極まった義経は、ついに朝廷最大の権力者・後白河《ごしらかわ》法皇に保護をもとめる。頼朝追討の命令をとりつけ、兄と全面的対立になるのだが、結局は敗北し、京都を脱出して、なつかしい平泉に向かおうとする。奥州の平泉政権は、頼朝にとっては平氏なきあとの最大の相手であり、なんとしても滅ぼさねばならない勢力だったから、義経がここへ逃げ込んだことは、かっこうの攻撃の口実を頼朝に与えたことになる。鎌倉幕府の威信をかけた大軍勢に攻められた義経は、平泉政権とともに滅亡し、その生涯を終えた。戦争には強いが、政治にはまったく弱い人物だった。

＊1　左京区鞍馬にある寺。本殿裏手、奥の院から貴船へ抜ける「木《き》の根《ね》参道」（右の写真）は、牛若丸が大天狗《おおてんぐ》と師弟の契りを交わし小天狗《こてんぐ》らと武芸に励んだという伝説が残り、牛若丸背くらべ石・義経堂などがある。

＊2　山口県下関市の東端の海上での源平最後の合戦。敵将に追われた義経が、船から船へと飛び移って難を逃れた「八艘飛《はっそうと》び」の伝説は有名。

＊3　壇ノ浦の合戦で捕らえた平宗盛《たいらのむねもり》（清盛の三男）らを護送して腰越《こしごえ》（鎌倉市）に到着した義経は、頼朝に鎌倉入りを拒否されて「腰越状」を書いて弁明したが、許されなかった。

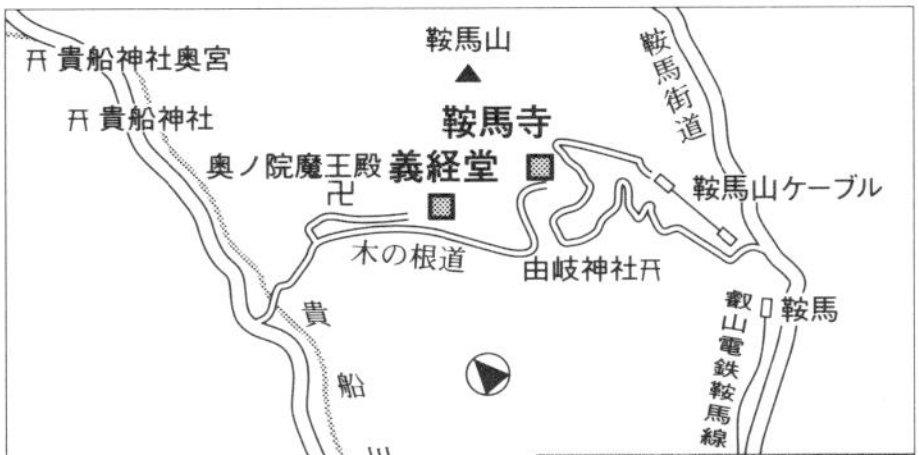

左京区鞍馬本町。叡山電鉄よりケーブルカー乗り換え多宝塔下車徒歩20分。

トピックス

平安京貿易事情――遣唐使廃止後の国際関係

●遣唐使《けんとうし》の廃止

八九四年、六三〇年以来一五度の派遣を見た遣唐使が廃止された。以後、日明《にちみん》貿易(一四〇一～)まで日中の国交はなく、日本は国風文化の時代に入る。

これが教科書に書かれた、標準的な平安京の国際関係であろう。間違ってはいないが、かなりに短絡的で、これではあたかも平安時代の日本は鎖国《さこく》をしていたかのように聞こえる。それに、遣唐使といっても派遣は合計一五回だし、だから影響が少ないとはいわないが、日本の国際関係のなかで遣唐使が占める位置は、もっと客観的に考察する必要がある。

遣唐使廃止後も、東北アジアの渤海《ぼっかい》、朝鮮半島の新羅《しらぎ》とは依然として国交があった。使節の往来は続いていたし、文物は不断に日本にもたらされていた。遣唐使ばかりが、日本の国際関係を形づくっていたわけではない。もっと広い東アジア全体の国際環境が平安京を、日本を、支えていたことを見逃してはならないだろう。

●東アジアの激動

東アジアのなかでの日本の位置は、十世紀ころに大きく変貌する。遣唐使の廃止もそのひとつで、これで日中の国交はたしかになくなった。しかもその直後の九〇七年に唐は滅亡し、五代と呼ぶ内乱の時代に入る。渤海も、新しく興ってきた契丹《きったん》に九二六年に滅ぼされ、その属国として東丹国《とうたんこく》ができた。新羅も後三国《ごさんごく》時代をへて、九三五年に最終的に高麗《こうらい》に滅ぼされた。十世紀前半は、まさに日本をとりまく東アジアの国際的環境の激動期であった。

これらの国家と、日本は国交を持たなかった。その意味では〝鎖国《さこく》〟だった。孤立の道を選んだわけで、爛熟《らんじゅく》した国風文化はたしかにこの孤立のなかで形成された。激動する国際関係に対応するだけの外交能力を、当時の貴族は持たなかったのである。

●盛んな貿易

国際的環境から完全に無縁かというと、むろんそうではない。鎖国に近くはあったが、それはただ門戸を閉ざしてすむものではなく、敏感に国際情勢を読み取る能力と、慎重な外交的行動を必要とする。平安貴族は、消極的なだけではつとまらなかった。

では、そうした国際関係に関する情報は、どのようにして日本にもたらされたのか。

正式の国交はなくなったのだが、私的というか、経済的な関係はずっと続いていた。遣唐使時代もそうで、一衣帯水《いちいたいすい》ともいうべき朝鮮半島とは小さな船でも往来できるし、少し本格的な船舶があれば東シナ海だって横断できる。貿易の利益を求めて、多くの民間商人たちが日本を訪れていたのである。

貿易商人は、国際情勢に敏感なセンスを必要とする。交通路の安全性が、そのまま貿易利益の多寡《たか》につながるからだ。だから国際情勢についての情報はたえずたくさん持っており、そうした商人と接すれば、いつでも情報を得ることができた。私的な貿易ではあったが、まず朝廷に報告することが義務づけられていたのは、そういう意味もあったのでないか。

●輸入された物品

商人たちがもってきた物品は、まず貴族たちからなる朝廷が独占することができるようになっていた。しかし貿易物品への要望がいっそう高まってくると、そうした仕組みは崩れていく。争って先に購入しようとするのであり、そうするとさらにいっそう多くの商人たちが、利益を求めて日本に渡航してくることになる。

平安京跡からは、多くの輸入陶磁器が出土している。遣唐使時代からそれはあるが、十一世紀後半から爆発的に増加すると考えられている。九六〇年に宋が建国されて中国に安定が回復したことも影響しているが、それらは民間商人たちによってもたらされたのであって、特に江南《こうなん》地方の、東アジア・東南アジアをまたにかけて活躍していた商人の行動は、日本の陶磁器使用に決定的な影響を与えていた。膨大なその量は、貴族たちだけが使用していたものとはとうてい考えられない。海外商人はむろんのこと、それを仕入れて平安京でいわば小売りをしていた日本商人がいたことも疑いない。けっこう平安京は多様な国際的な顔をもっていたのであって、そうした環境に支えられて都市生活が成り立っていたことを忘れるわけにはいかない。

平安京の都市としての変容の時期が、十世紀後半からであることは周知の事実だが、ちょうどそのころが、こうした輸入物品が頻繁《ひんぱん》に平安京にもたらされる変わり目でもあった。

多くの市民たちの生きる都市・平安京は、〝鎖国〟のなかで形成されてきたわけではない。東アジア全体にひろがる、豊かで、国際的な環境があってはじめて実現しえたものだった。

● 貴族化する平氏—— 平《たいらの》重盛《しげもり》と六波羅《ろくはら》・浄教寺《じょうきょうじ》

平氏の良識

平氏というと、どうもあまりイメージがよくない。平清盛《きよもり》の権勢が強すぎたせいだと思うが、乱暴で、権力にまかせて政治を運営し、あげくのはてには源氏との戦闘に敗北して西海に海の藻屑《もくず》と消えた、というようなところであろうか。こうしたイメージが誤りというわけではないが、あまりにも平氏には冷たすぎるように思われる。たしかに「平氏にあらざれば人にあらず」と堂々と広言するような横暴な人物もいたが、おおむね貴族的で、荒々しい武士という姿にはほど遠いものだった。

評判のよくない平氏の中にあって、ただ一人見識の高い人物とみなされていたのは、清盛の長男の重盛《しげもり》（一一三八〜七九）だ。「忠ならんと欲すれば孝ならず、孝ならんと欲すれば忠ならず」と、[*1]父の清盛と主君後白河《ごしらかわ》法皇との間に立って悩む姿は、頼山陽《らいさんよう》（一七八〇〜一八三二）が『日本外史《にほんがいし》』でとりあげて以来有名になったものである。

重盛の実像は

はたして、このような重盛の姿は、史実を伝えたものなのだろうか。重盛だけが物わかりのよい、

清盛を諌《いさ》める重盛（「平家物語絵巻」林原美術館蔵）

客観的に物事を判断できる人物だと書かれているのは、かえってその実像を疑わせる。というのは、重盛の次男資盛《すけもり》が受けた恥辱《ちじょく》の報復に、摂政《せっしょう》・藤原基房《ふじわらのもとふさ》*2に大恥をかかせているのである。国事の遂行にも影響を及ぼすほどの大事件であり、重盛が良識的な人間なら、こんなことはしなかっただろう。

ただ彼が平氏政権の運営に疑問をもっていたことは確かなようで、失敗には終わったが、平氏政権最大の決断であった後白河法皇*3の院政の停止と鳥羽殿《とばどの》への幽閉の直前に、「父入道ガ謀反心アルトミテ、トク死ナバヤ」と早く死ぬことを願ったという(平家物語)。

身内の反対者ともいえる重盛の死去だったから、これによって重石《おもし》のとれた清盛は、専制的な行動にでることができた。もし重盛が生きていれば、翌年の源頼朝《みなもとのよりとも》*4の挙兵からはじまる平氏のみじめな没落への道は、また違ったものになっていたことは確実である。

小松殿《こまつどの》

重盛は、小松殿と呼ばれた。邸宅を小松殿といったからだが、おそらくは邸内の庭園に小松が植えられていたのだろう。そのさまが印象的だったため、小松殿の名が生まれた。あたりは東山《ひがしやま》山麓だから、特に緑が珍しいというわけではないが、目を引くような瀟洒《しょうしゃ》なものだったのではないか。現在も小松谷《こまつだに》(東

平重盛像(神護寺蔵)

*1　一一七七年、藤原成親《ふじわらのなりちか》・僧俊寛《しゅんかん》ら後白河院の近臣たちが、東山の鹿ケ谷《ししがたに》の俊寛の山荘において平氏討伐を謀議したが発覚し、俊寛らは鬼界ケ島《きかいがしま》に流された(鹿ケ谷事件)。この時、清盛は後白河法皇をも配流しようとしたが、重盛に諫《いさ》められて思いとどまったという。

*2　基房と資盛がささいなことから路上で争い、資盛の車が破壊された。基房は自身より下の位にもかかわらず、重盛に謝罪したが、重盛は昇殿途中の基房の車を襲わせた。

*3　清盛は福原《ふくはら》(神戸市)に引退していたが、一一七九年に重盛が死去し、その知行国を院が奪うと、福原から大軍を率いて上洛し、院を追放し、院を鳥羽殿に幽閉した。この後、院の近臣たちを追放し、平氏独裁政権を作り上げるが、反平氏の機運をいっそう強める結果となった。

*4　一一八〇年、後白河法皇の第二皇子の以仁王《もちひとおう》が平氏討伐《とうばつ》の令旨《りょうじ》を発し、これに呼応した源頼朝が伊豆で挙兵した。

山区）という地名が残っており、あるいは邸宅が営まれるより先に小松に満ちた景観が有名だったので、邸宅の名になったのかも知れない。

　小松殿は平氏の都落ちと同時に焼失し、その規模などはわからない。しかし重盛《しげもり》は清盛《きよもり》の跡を継ぐべき嫡男《ちゃくなん》であり、官位のうえでも清盛に継ぐ高位・高官の内大臣・正《しょう》二位にまで栄達した人物だから、豪壮な邸宅をもっていたことは確かだ。少なくとも一町（約四四〇〇坪）より大きいものだったろう。『平家《へいけ》物語』では小松殿の邸内に四八間（柱間が四八あるということ）の仏堂を建て、四八の灯籠《とうろう》をつるしたという。そのために重盛は灯籠《とうろう》大臣と呼ばれた。この四八間がどれだけの大きさかは判断できないが、相当のものだったことは疑いない。

　小松殿炎上後もこの灯籠堂だけは続いたらしく、のち灯籠町（下京区）の名を残す地に移転、さらに荒廃して、中興されたのち寺名を浄教寺《じょうきょうじ》として、豊臣秀吉のお土居《どい》建設と京都都市改造によって現在の寺町四条近くの場所に移った。

都市・六波羅

　小松殿のあった地は、六波羅《ろくはら》と称された平氏一族の居住地である。最初に正盛《まさもり》が、小さな私堂をつ

現在の六波羅界隈（右）。洛東中学校門前に建つ平氏六波羅第跡・六波羅探題跡の石碑。

くった。しかしまだ居住はしていなかったようで、つぎの忠盛《ただもり》の代になって、はじめてここに一町の邸宅を建設した(平家物語)。平氏の本拠である伊賀《いが》・伊勢《いせ》方面への道が延びる六波羅の地は、京都で権力を拡大することを目指した一族にとって、最適の場所だった。

六波羅の全体像については、残念ながらよくわからない。「もとは方一町」だったが、のちには「家数百七十余宇」、これに「郎《ろう》党《どう》・眷属《けんぞく》」を入れると「五千二百余宇」に及んだが(同)、平氏都落ちとともにすべてが焼失してしまったからだ。しかし、現存する地名に、わずかながらその規模を偲《しの》ぶことができる。

池殿町《いけどのちょう》は池殿とよばれた、清盛の異母弟の平頼盛《たいらのよりもり》の邸宅の跡である。頼盛は清盛の弟ではあったが、その政治方針に批判的であったらしく、都落ちにも同行せず、頼朝《よりとも》の保護のもとで天命を全《まつと》うしている。すぐ東に接する三盛《みつもり》町も、頼盛《よりもり》の子息の光盛邸宅あとだったと思われる。

門脇《かどわき》町は、門脇中納言《かどわきちゅうなごん》と称された平教盛《たいらののりもり》に関係する。六波羅地区全体の門があって、その門の脇に邸宅があったところから門脇中納言の名称が生まれた。弓矢《ゆみや》町も武士の伝統を伝えて興味深く、六波羅はまさに武家平氏の基地ともいうべき性格の場所だった。

下京区寺町通四条下ル。阪急電鉄河原町駅より徒歩5分。

浄教寺

●王城の没落——建礼門院徳子《けんれいもんいんとくこ》と長楽寺《ちょうらくじ》・寂光院《じゃっこういん》

「月にたとへし」

一一八六年四月、後白河《ごしらかわ》法皇は洛北大原《らくほくおおはら》の里を訪れた。息子・高倉《たかくら》天皇の妻である建礼門院こと平徳子《たいらのとくこ》（一一五五〜一二一三）に会うためである。新緑の大原を舞台にしたこの大原御幸《ごこう》は、『平家《へいけ》物語』の最後を飾るロマンとして人々の胸を打つ。法皇に同行した左大臣《さだいじん》藤原実定《ふじわらのさねさだ》は、その庵室に、

いにしへは月にたとへし君なれどそのひかりなき深山辺《みやまべ》の里

と書き付けた（平家物語）。昔は月にもたとえられたあなたですが、今はひっそりとした山里で暮らしておられるそのさびしいことよ、といった意味だ。

たしかに月にたとえられるほど華麗な前半生を、徳子は送った。後半生もその華麗ななかに終えるはずだった。ところが歴史の歯車は完全に狂い、失意のうちに人生を終えざるをえなくなった。平氏一族の転変を象徴するかのような一生だった。

国母《こくも》への道

徳子は平清盛《たいらのきよもり》の娘である。清盛は摂関家《せっかんけ》の例にならって娘を天皇に入内《じゅだい》させ、もうけた皇子を即位さ

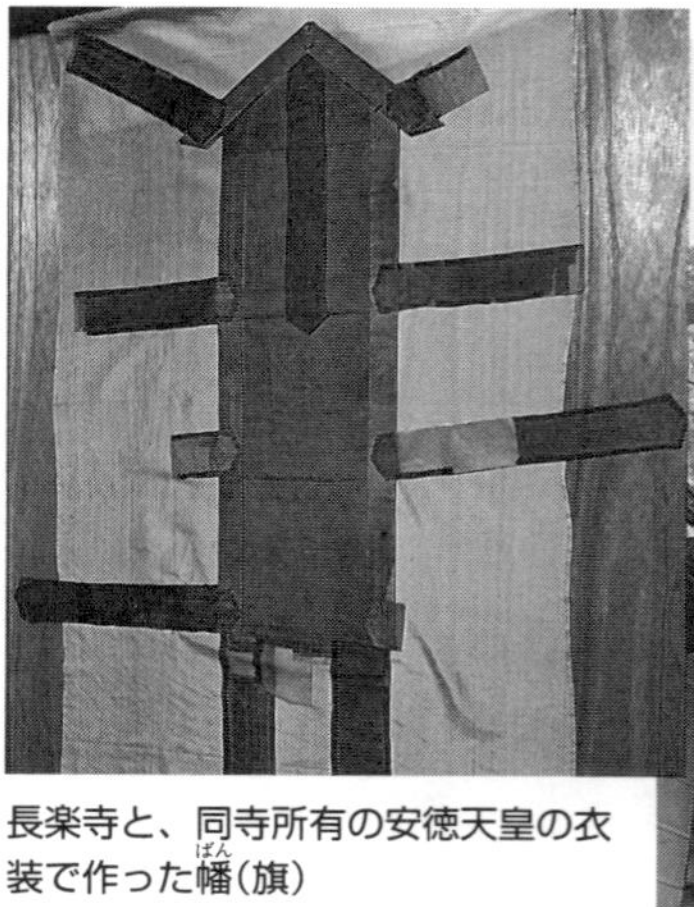

長楽寺と、同寺所有の安徳天皇の衣装で作った幡《ばん》（旗）

せて外祖父《がいそふ》となり、摂関政治と同じような仕組みで政治を動かそうとした。高倉天皇の中宮となった徳子は、＊1言仁《ときひと》親王をもうけ、一一八〇年に親王は三歳（満一歳）で即位し、清盛は待望の天皇の外祖父となる。徳子は国母となり、建礼門院の院号の宣下《せんげ》をうけ、女院《にょういん》となった。清盛も徳子も、得意の絶頂期にあったはずで、これで平氏の政権も万代にわたって安定するかに思われた。ところがそれは、つかの間の喜びにすぎなかった。即位後半年もたたないうちに、源《みなもとの》頼朝《よりとも》・木曽《きそ》義仲《よしなか》という源氏が挙兵し、翌年春には平氏の頼みの清盛が死去する。あとは、没落への道を一気に突き進む。

壇《だん》ノ《の》浦《うら》の合戦

一一八三年七月、木曽義仲に追い立てられて都落ちした平氏は、同閏《うるう》十月、いったんは水島《みずしま》（岡山県）で義仲軍に勝利する。平氏というと源氏に敗けつづけていたかのように思われるが、そうではないことを示す出来事である。しかし、やがて頼朝の代官の義経《よしつね》に攻められ、翌八四年二月一ノ谷《いちのたに》、八五年二月屋島《やしま》、と敗戦を重ねる。この間が一年もあいているのが興味深いが、いわば戦線は膠着《こうちゃく》状態というか、関東武士たちに厭戦《えんせん》気分も生まれて、簡単に源氏が勝利できたわけではなかった。

最後は壇ノ浦の合戦で、これは平氏得意の海戦だった。海上に源

後白河法皇が大原の寂光院を訪れる大原御幸の場面。山から降りてくる後方の女人が建礼門院。（「平家物語絵巻」林原美術館蔵）

＊1　安徳《あんとく》天皇（一一七八〜八五）。

氏を誘いだし、水軍によって源氏軍を倒そうとしたのだが、源氏も *1 熊野《くまの》水軍などをすでに味方につけており、平氏は敗北する。これで平氏は壊滅的打撃をうけ、一族は滅びる。もちろん生きのびた人々もいるが、勇敢な武士たちはことごとく戦いに死んだ。

東山の麓《ふもと》

建礼門院《けんれいもんいん》はこのとき、自ら海に身を投じた。我が子の安徳《あんとく》天皇は、祖母で、徳子の実母の平時子《たいらのときこ》に抱かれてやはり入水《じゅすい》した。ところが徳子だけは、源氏の兵士に助け上げられてしまう。不本意にも生きながらえることを余儀なくされたわけで、棄《す》てたはずの京都に連れ戻された。

京都では、「東山の麓、吉田の辺」の小さな坊に入り（平家《へいけ》物語）、髪をおろした。夫・子はむろん、一族の菩提《ぼだい》をとむらうがためだった。そして長楽寺《ちょうらくじ》の印誓《いんせい》を戒師《かいし》とし、出家する。布施《ふせ》には安徳天皇の衣装をあてたが、今も長楽寺にはそのときの衣装でつくった幡《ばん》が伝えられており、女院の供養にと立てられた十三重石塔とあわせて、平氏の女人の悲劇を偲《しの》ばせる。

大原《おおはら》寂光院《じゃっこういん》

しかし、東山あたりでは都にも近く、人目にもつく。菩提をとむらうには適切ではなかった。人里離れた山奥に行き、ひたすら仏につかえたく思い、比叡山《ひえいざん》山麓、洛北大原

焼失前の寂光院本堂と、本堂内の建礼門院像　寂光院は、2000年に焼失したが、2005年に新本堂が建てられた。

の里に入る。寂光院である。一一八五年九月、壇ノ浦《だんのうら》の合戦から半年後のことだった。平氏ゆかりの女性たちだけが静かにつかえる庵《いおり》だったが、山も水も美しく、余生をおくるには絶好の場所といえた。

翌年、ここに後白河《ごしらかわ》法皇が御幸する。一代の辣腕《らつわん》政治家ではあったが、源氏の世の中になった今となっては、法皇にとっても我が孫安徳天皇について語りあえる唯一の女性だった。

雪の解けるのをまって、夜明け前の暗いうちに京都を出る。忍びの御幸だから、人目をさける必要があった。供をするのは公家《くげ》六人、殿上人《てんじょうびと》八人、それに警備の武士が少しと、権勢人である法皇の御幸にしては規模は小さかった。鞍馬《くらま》通と呼ばれた道を通るが、京都をまっすぐに北へぬけ、深泥池《みどろがいけ》の西を木野《きの》へ、さらに西北に静原《しずはら》・市原《いちはら》あたりにあった補陀落寺《ふだらくじ》を過ぎ、そこから大きく東に折れて、低い江文《えぶみ》峠を越えるともう大原である。そこで法皇と女院は涙にくれて往時を思い出し、語りあう。

平氏の没落は、王朝都市・京都の没落の姿でもあった。貴族が消滅したわけでもないし、武士が京都を完全制圧したわけでもない。しかし貴族・武士をはじめ雑多な人々が織りなす、都市と呼ぶのにふさわしい京都が、ここに完成するのである。

＊1 紀伊国《きいのくに》熊野（和歌山県）に勢力をはった水軍。熊野海賊とも呼ばれ、その一党である九鬼《くき》水軍は、織田信長・豊臣秀吉の水軍として活躍し、その後徳川家康に従った。

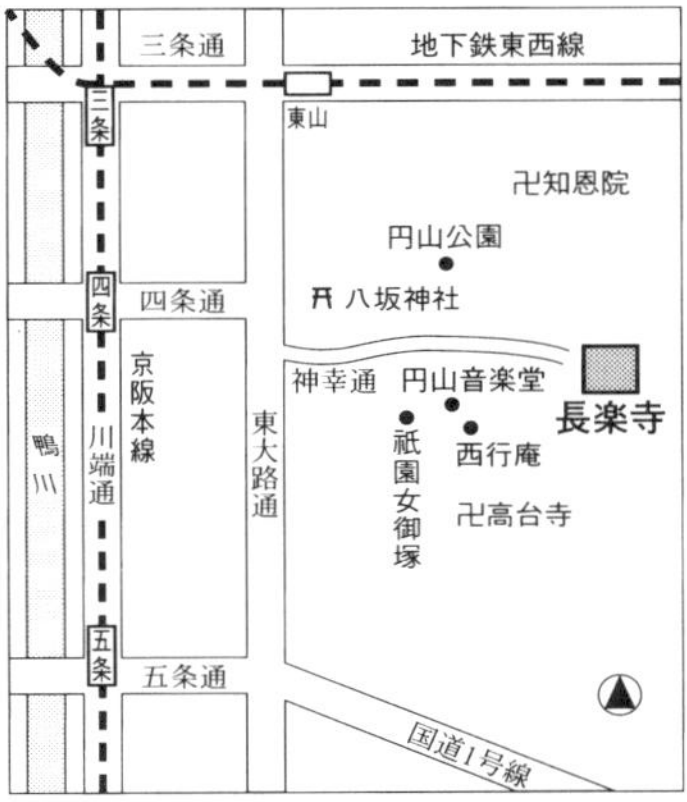

長楽寺▶東山区八坂鳥居前東入ル。京都駅より市バス100・206系統にて祇園下車徒歩15分。　**寂光院**▶左京区大原草生町。京都駅から京都バスにて大原下車徒歩20分。

トピックス

平安京糞尿譚《ふんにょうたん》——トイレの話

●トイレの話

歴史学というのは、過去の事実を明らかにすることが目的だが、そのためには資料が残されていないとどうしようもない。歴史家は小説家ではないから、想像でものを言うことはできない。

そうなると困るのは、資料に残されにくいものはなかなか解明できないことである。特に生活に密着した事象は、意外とその解明が進んでいない。たとえば、どんなものを着ていたか、食事のメニューや食器の種類、また庶民住宅の具体的な姿、などいわゆる衣食住生活に関するものは、古代文献にはまず現れてこない。

トイレも同様で、ある意味では現代でも同じだが、ウンコやオシッコのことなど、古代貴族はほとんど表現の対象にしなかったし、まして庶民はまるで記録を残していない。けれども、人間の生理にとってトイレほど重要なものはないし、かならず一日に一度以上はトイレの世話になる。トイレなしでの生活は、まさにありえないのだ。平安京に暮らしたすべての人々にとって、トイレは大きな意味をもった。

●トイレの遺構

近年、発掘調査によってトイレ遺構が発見されはじめた。おそらくは従来もあったのだろうが、それと気が付かなかったのではないか。学問とはそんなもので、ただ漫然と目で見ているだけでは見過ごし、その意味に気がつかないのだ。

平安京跡からは、残念ながらトイレの遺構はまだ発見されていない。しかし藤原京・平城京の遺構や、あるいは絵巻物などに見えた数少ない例などから、おおよそは想像することができる。

発掘調査による例は、まず藤原京《ふじわらきょう》で確認された。どうも汲取式《くみとりしき》らしく、掘りこんだ穴に板をわたし、そこにまたがって排便したらしい。一定程度たまると捨てるわけだが、まだ肥料として使用するという習慣はないから、川か溝に捨てたのだろう。

トイレのことを「かわや(厠)」というように、川の水に流す水洗式もあった。結局は事態はそう変わるわけではなく、やはり水に流してしまうのであり、最後は処理なしで捨てられることになる。

●くさい都市

いずれにしても都市内部の水流などに、糞尿は放棄される。貴族たちのトイレは建物内の一部を区切り、樋殿《ひどの》などと呼んだ場所を使ったが、やはり最後は持ち出してどこかへ捨てた。汚れを嫌う貴族たちは、みだりに放棄するのを禁止しているが、なにしろ十数万人もの人口の排泄物《はいせつぶつ》が蓄積するし、処理せねばならないから、なりふり構ってなどいられなかったというのが本当であろう。かくて平安京は臭く、におう街でもあった。

これもしばらく前の、水洗トイレの発達以前の記憶のある世代には常識でもあるが、戦後すぐまではほとんどすべてが汲取《くみとり》式便所だったし、また長屋には共同便所があった。街そのものに糞尿は一定期間蓄えられていたわけで、汚い、臭いというイメージはないが、平安京とそう変わらないものだった。

お尻を紙で拭《ふ》けたのは、相当の階層である。紙は貴重品だし、何度も再利用したから、貴族以外は捨てる以外にしようがない尻を拭くのには使用しなかった。普通は糞《くそ》べらと呼ぶ木切れで用をすませた。官庁では使用済みの木簡《もっかん》を細長く切断して使い、トイレ遺構からはその木簡が出土している。

●街路での排便

さらに注目すべきは、街路も排泄の場所だったこ

街角で排便する庶民(「餓鬼《がき》草紙」東京国立博物館蔵)

とである。立ち小便の風習がいまでもあるように、市民間には、古くから住宅の外側で排便する習慣があった。住宅内ですると衛生によくないし、またあとの処分に困る。外だとその心配はないし、雨風が処理してくれることになる。

事実、絵巻物には、平気で街路で排便する姿が描かれている。おおらかといえばそれまでだが、そうでもしないと処理に困るというのが本当の理由であろう。やがて肥料としての利用が発見されると、貯《た》めておいて農地へ運ぶことになるが、そういう時代になるまでは単なる邪魔者だから、処理の面倒をさけて捨てるのである。

共同便所もあったようだ。いくらおおらかといっても臭気は夏場には我慢できないから、一定の場所を決めてトイレとしたのではないか。といっても覆屋はないし、青空トイレである。やはり街路の一部がそれにあてられたらしい。

トイレの研究は始まったばかりだが、ウンコは固形で残ることが多いから、それを分析すると何を食べていたか、どういう寄生虫にとらわれていたか、など人間臭いことがたくさんわかって、実に楽しいものなのだ。

「慕帰《ぼき》絵詞」に描かれたトイレ（上・西本願寺蔵）と、「伴大納言絵巻」に描かれた庶民（左・出光美術館蔵）

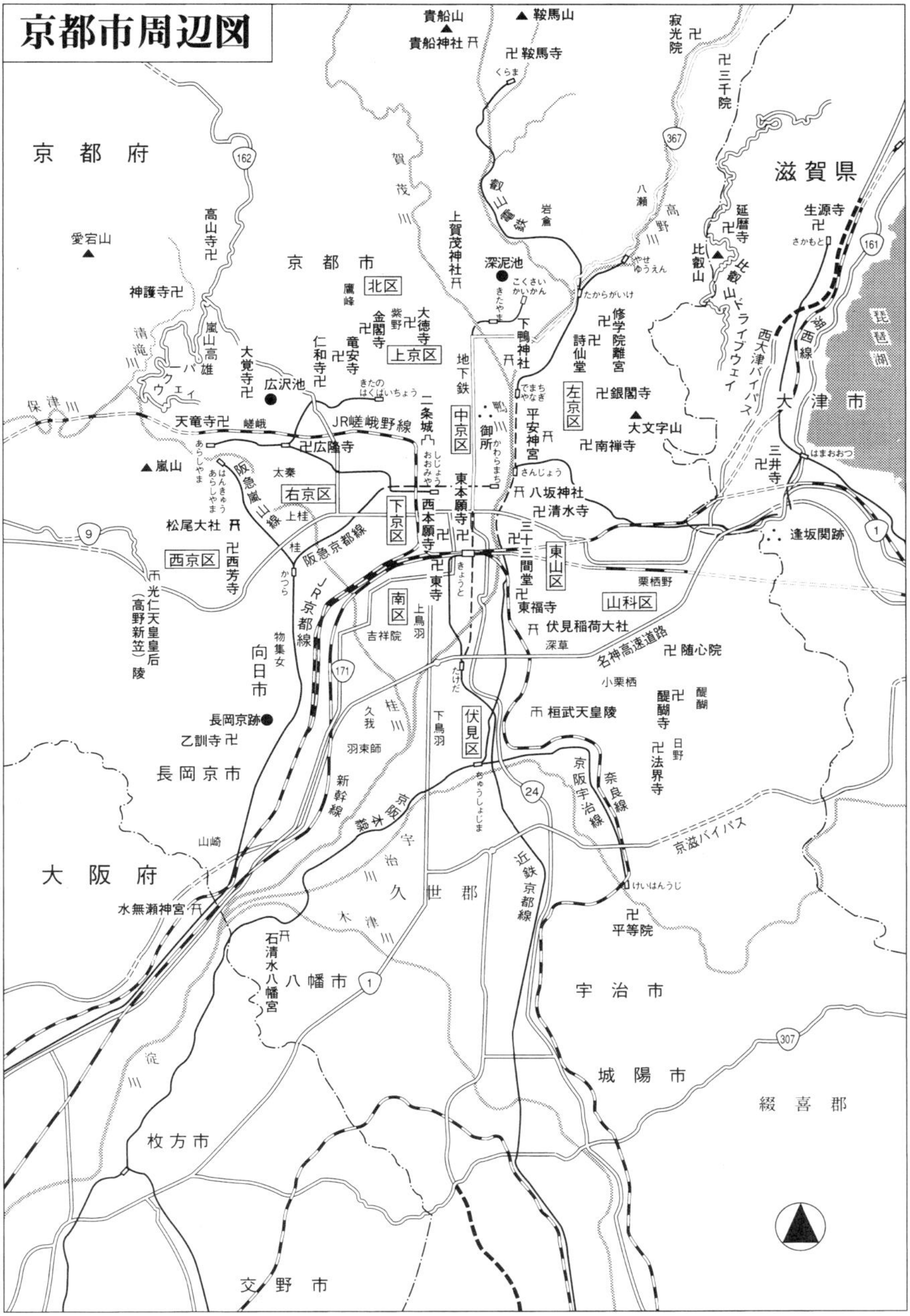
京都市周辺図
貴船山
鞍馬山
貴船神社
鞍馬寺
くらま
寂光院
三千院
京都府
滋賀県
高山寺
愛宕山
神護寺
清滝川
嵐山高雄パークウェイ
大覚寺
広沢池
保津川
天竜寺
嵯峨
JR嵯峨野線
広隆寺
嵐山
太秦
右京区
阪急嵐山線
上桂
松尾大社
西京区
西芳寺
光仁天皇皇后（高野新笠）陵
桂
かつら
阪急京都線
JR京都線
物集女
向日市
長岡京跡
乙訓寺
長岡京市
山崎
大阪府
水無瀬神宮
石清水八幡宮
八幡市
淀川
枚方市
交野市
京都市
北区
鷹峰
紫野
金閣寺
大徳寺
竜安寺
仁和寺
上京区
きたのはくばいちょう
二条城
しじょう
おおみや
中京区
下京区
西本願寺
東本願寺
東寺
南区
吉祥院
上鳥羽
きょうと
たけだ
久我
羽束師
下鳥羽
桂川
伏見区
新幹線
京阪本線
ちゅうしょじま
宇治川
木津川
久世郡
賀茂川
上賀茂神社
深泥池
こくさいかいかん
きたやま
地下鉄
下鴨神社
でまちやなぎ
鴨川
御所
かわらまち
さんじょう
平安神宮
八坂神社
清水寺
三十三間堂
東山区
東福寺
伏見稲荷大社
深草
桓武天皇陵
名神高速道路
叡山電鉄
岩倉
八瀬
高野川
やせゆうえん
たからがいけ
詩仙堂
修学院離宮
銀閣寺
左京区
大文字山
南禅寺
延暦寺
比叡山
比叡山ドライブウェイ
西大津バイパス
湖西線
琵琶湖
生源寺
さかもと
大津市
三井寺
はまおおつ
逢坂関跡
栗栖野
山科区
随心院
小栗栖
醍醐寺
醍醐
日野
法界寺
京阪宇治線
奈良線
京滋バイパス
近鉄京都線
けいはんうじ
平等院
宇治市
城陽市
綴喜郡
162
367
161
9
1
171
24
307

平安京と今の京都
▲太字が平安京関係
▒が平安京の区画
北区
上京区
中京区
平安京
北山殿
鹿苑寺(金閣寺)
円融寺
竜安寺
仁和寺
円乗寺
円教寺
円宗寺
御室
双ケ丘
法金剛院
(天安寺・双丘寺)
蚕の社
三条大路
二条大路
一条大路
土御門大路
近衛大路
中御門大路
大炊御門大路
宇多院
北野廃寺
平野神社
野寺(常住寺)
北野天満宮
大報恩寺(千本釈迦堂)
大将軍八神社
蓮台野
船岡山
知足院
雲林院
内野
大極殿
内裏
朝堂院
豊楽院
朱雀院
淳和院
神泉苑
聚楽第
世尊寺
冷泉(然)院
高陽院
空也堂
東三条殿
革堂
持明院殿
室町殿
上御霊神社
京極殿(土御門殿)
東北院
廬山寺
東朱雀大路
東京極大路
法成寺
下御霊神社
三条坊門殿
頂法寺(六角堂)
法興院
上賀茂神社
護王神社
京都府庁
京都御所
京都御苑
仙洞御所
京都大宮御所
京都市役所
京都文化博物館
行願寺(革堂)
二条城
同志社大学
立命館大学
花園大学
白峰神宮
相国寺
等持院
妙心寺
大徳寺
今出川通
千本通
丸太町通
堀川通
烏丸通
河原町通
西大路通
御池通
北大路通
紫明通
一条通
川端通
鴨川
高瀬川
天神川
紙屋川
御室川
JR嵯峨野線
京福北野線

四条大路
五条大路
六条大路
七条大路
八条大路
九条大路
右京区
西京極大路
木辻大路
道祖大路
西大宮大路
皇嘉門大路
羅城門
朱雀大路
壬生大路
大宮大路
西洞院大路
東洞院大路
東京極大路
鳥羽作道
西市
西鴻臚館
東鴻臚館
西寺
東寺
六孫王神社
西八条殿
東市
亭子院
綜芸種智院
河原院
六条院
吉祥院天満宮
南区
下京区
葛野大路
京都外国語大学
阪急京都線
新幹線
梅小路蒸気機関車館
中央卸売市場
西本願寺
東本願寺
龍谷大学
渉成園（枳殻邸）
六波羅蜜寺
六波羅
（六波羅北庁）
（六波羅南庁）
豊国神社
方広寺
京都国立博物館
三十三間堂
法性寺
伏見稲荷大社
後白河天皇陵
東福寺
地下鉄烏丸線
近鉄京都線
京阪本線
京福嵐山線
琵琶湖疏水
桂川
天神川
西高瀬川

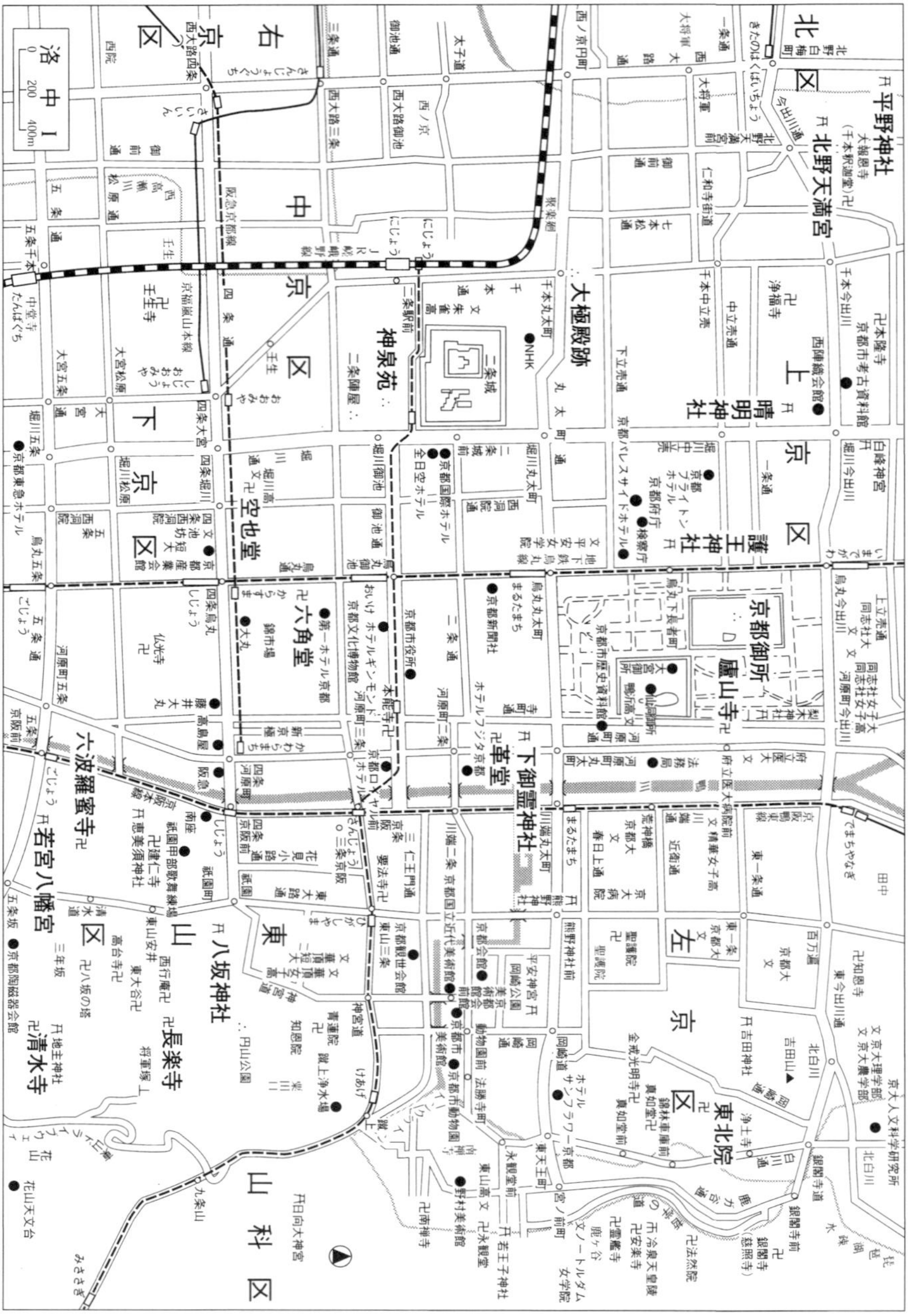
洛中 I
0 200 400m
北区
上京区
中京区
下京区
右京区
左京区
東山区
山科区
平野神社
北野天満宮
晴明神社
護王神社
京都御所
廬山寺
大極殿跡
二条城
神泉苑
六角堂
空也堂
革堂
下御霊神社
六波羅蜜寺
若宮八幡宮
八坂神社
長楽寺
清水寺
東北院
壬生寺
本能寺
京都市役所
京都府庁
京都駅前
円山公園
平安神宮
吉田神社
銀閣寺
南禅寺
知恩院
建仁寺
京都大
同志社大

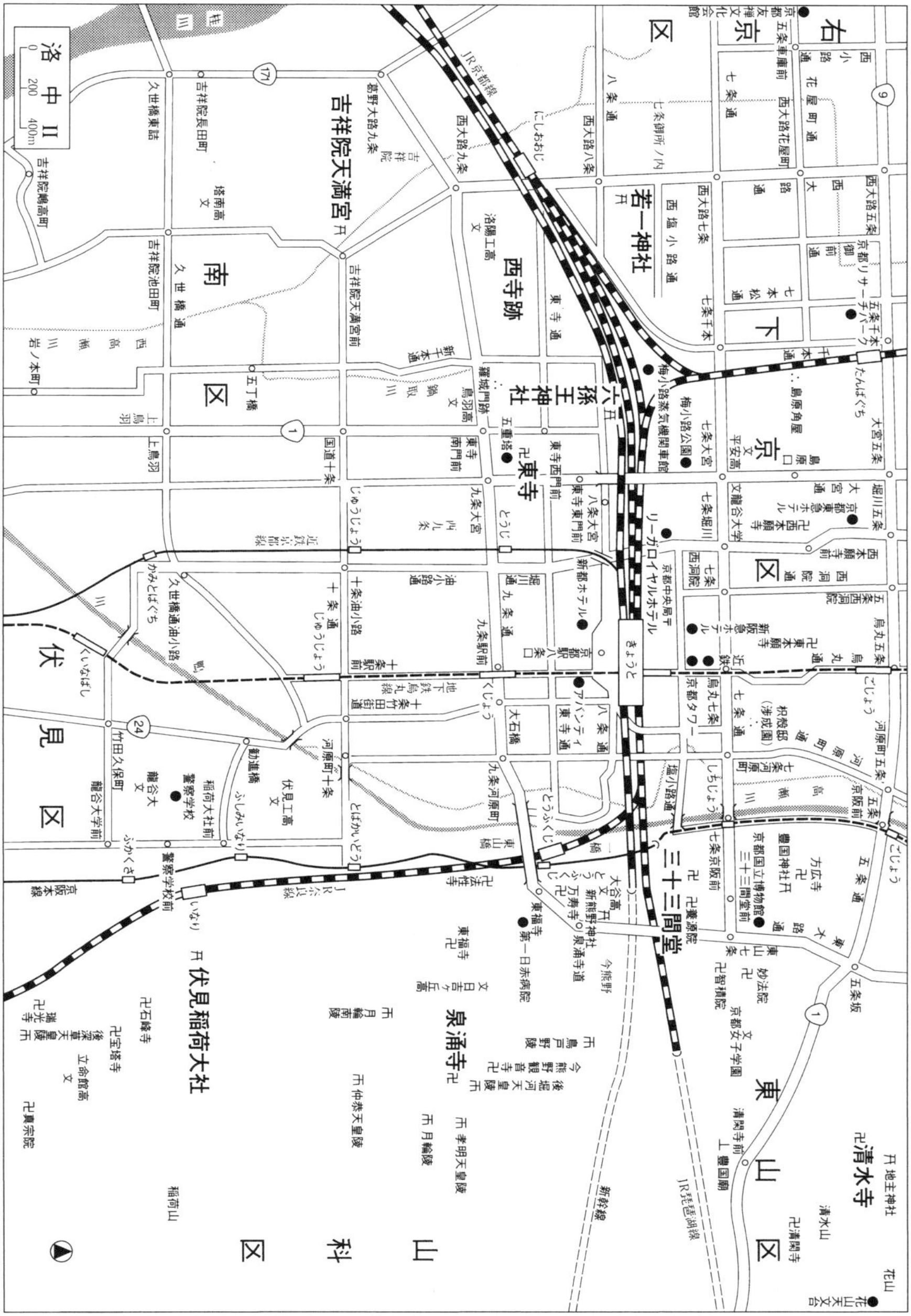
洛中 Ⅱ
0 200 400m
右京区
下京区
南区
伏見区
東山区
山科区
吉祥院天満宮
西寺跡
若一神社
六孫王神社
東寺
三十三間堂
泉涌寺
伏見稲荷大社
清水寺
JR京都線
JR琵琶湖線
新幹線
京阪本線
近鉄京都線
JR奈良線

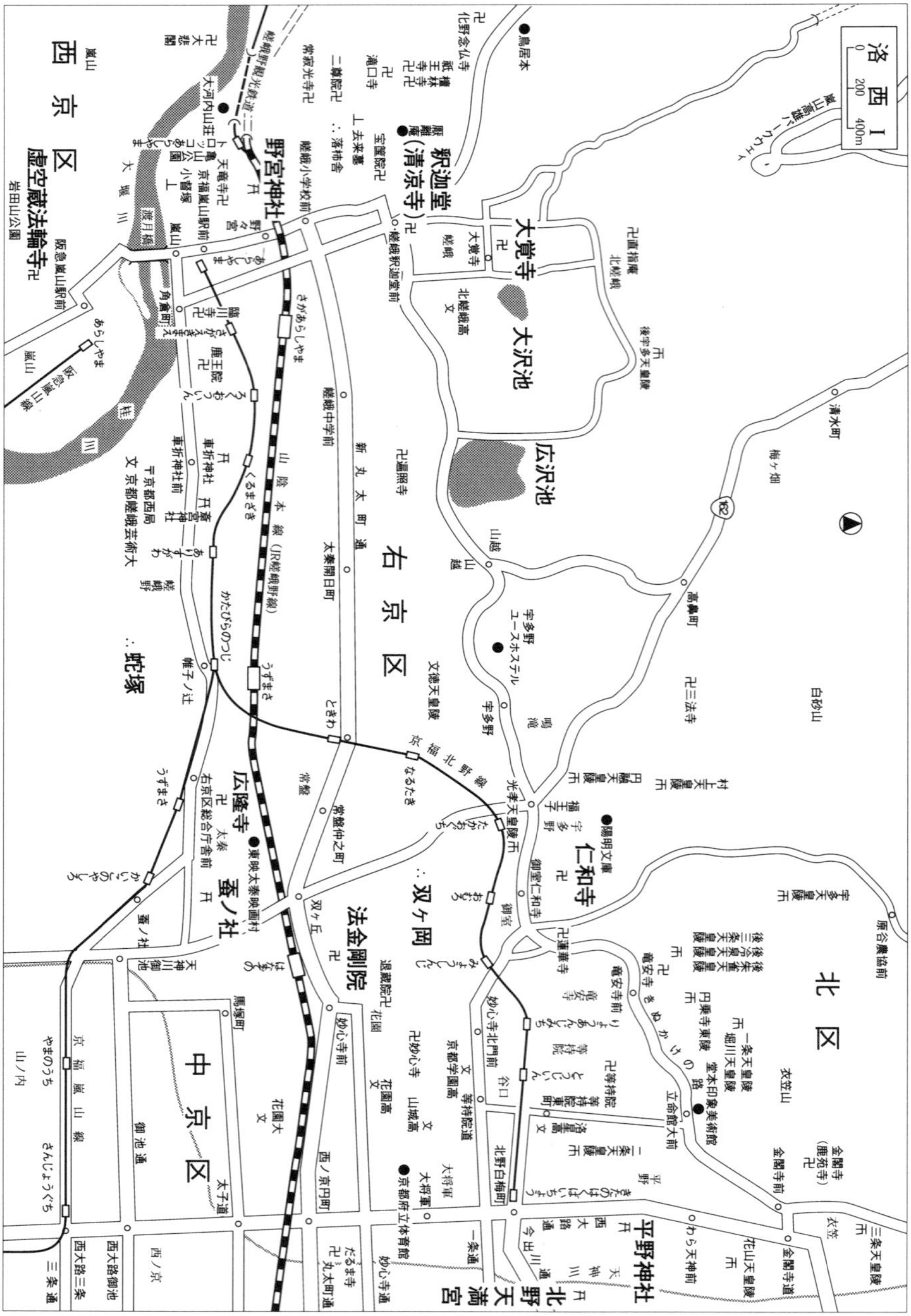
洛西 I
0 200 400m
西京区
虚空蔵法輪寺
右京区
北区
中京区
野宮神社
釈迦堂(清涼寺)
大覚寺
大沢池
広沢池
仁和寺
双ヶ岡
法金剛院
広隆寺
蚕ノ社
蛇塚
平野神社
北野天満宮
嵐山
大悲閣
大河内山荘
亀山公園
天龍寺
渡月橋
桂川
大堰川
嵐山駅前
阪急嵐山駅前
阪急嵐山線
あらしやま
岩田山公園
角倉町
臨川寺
鹿王院
車折神社
車折神社前
斎宮神社
京都嵯峨芸術大
京都西局
嵯峨野
帷子ノ辻
太秦
右京区総合庁舎前
嵯峨野観光鉄道
山陰本線(JR嵯峨野線)
京福北野線
京福嵐山線
さがあらしやま
うずまさ
ときわ
はなぞの
新丸太町通
嵯峨中学前
太秦開日町
常盤
常盤仲之町
嵯峨釈迦堂前
遍照寺
化野念仏寺
祇王寺
檀林寺
滝口寺
二尊院
常寂光寺
厭離庵
宝筐院
去来墓
落柿舎
嵯峨小学校前
鳥居本
直指庵
北嵯峨
北嵯峨高
後宇多天皇陵
山越
清水町
梅ヶ畑
162
高雄町
宇多野
宇多野ユースホステル
文徳天皇陵
鳴滝
三宝寺
白砂山
村上天皇陵
円融天皇陵
光孝天皇陵
福王子
陽明文庫
御室仁和寺
御室
宇多天皇陵
鷹峯街道
蓮華寺
龍安寺
後朱雀天皇陵
後冷泉天皇陵
後三条天皇陵
一条天皇陵
堀川天皇陵
円乗寺
衣笠山
妙心寺
妙心寺北門前
退蔵院
花園
花園高
花園大
京都学園高
等持院
等持院道
等持院東町
立命館大前
堂本印象美術館
金閣寺(鹿苑寺)
金閣寺前
金閣寺道
わら天神前
北野白梅町
大将軍
京都府立体育館
山城高
馬塚町
御池通
太子道
西ノ京円町
丸太町通
西大路三条
西大路御池
三条通
山ノ内
天神川御池
一条通
西大路通
今出川通
天神川
三条天皇陵
花山天皇陵
衣笠
きぬかけの路
西ノ京
妙心寺道
だるま寺
東映太秦映画村

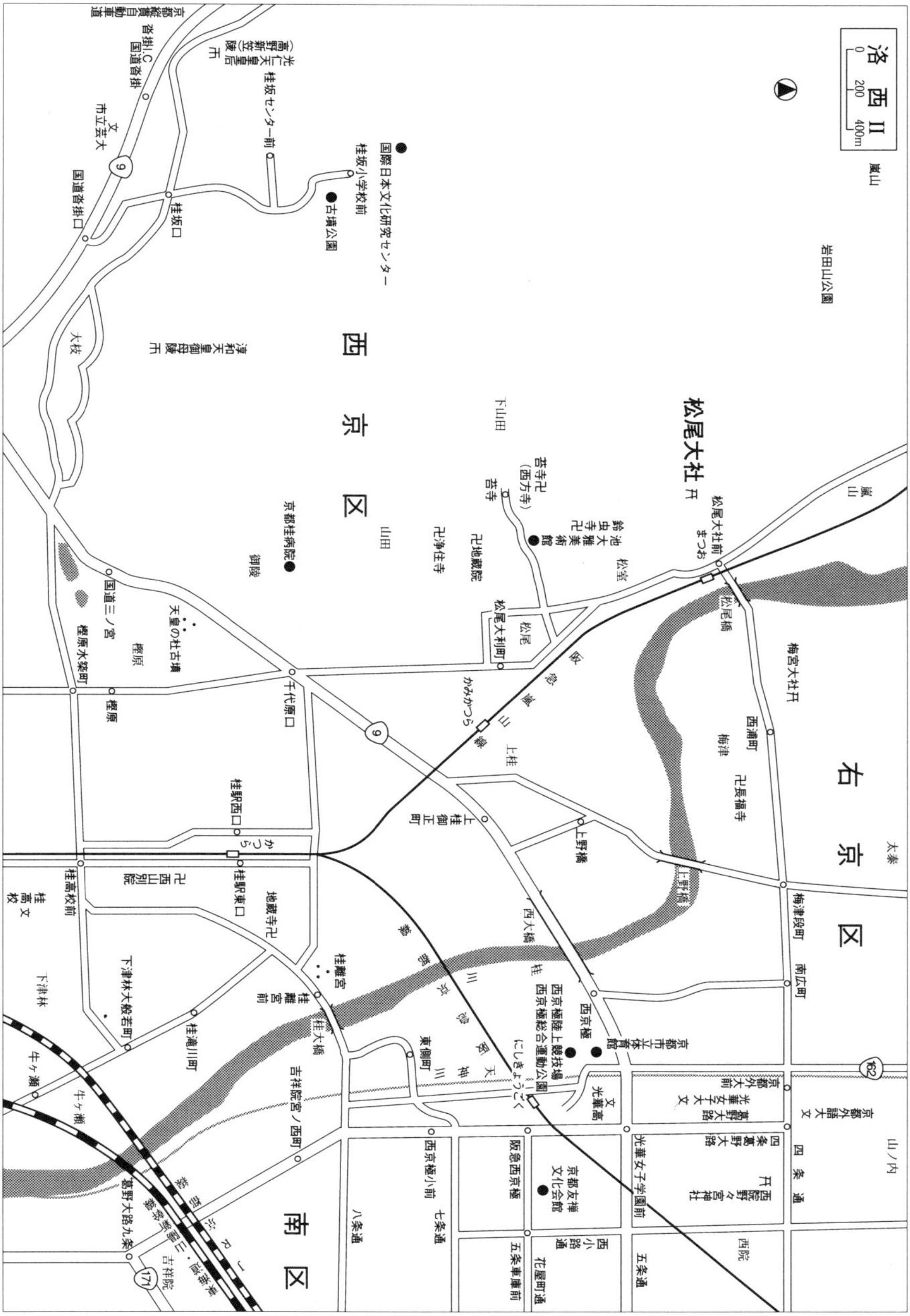
洛西 II
0 200 400m
西京区
右京区
南区
松尾大社
嵐山
岩田山公園
国際日本文化研究センター
桂坂小学校前
古墳公園
桂坂センター前
桂坂口
国道沓掛口
京都縦貫自動車道
淳和天皇御母陵
京都桂病院
鈴虫寺
池大雅美術館
苔寺(西芳寺)
地蔵院
浄住寺
松尾大社前
松尾大利町
松尾橋
梅宮大社
西浦町
長福寺
阪急嵐山線
上桂
桂御正町
上野橋
千代原口
桂駅西口
かつら
桂駅東口
西山別院
地蔵寺
桂離宮
桂大橋
西大橋
梅津段町
南広町
西京極
京都市立体育館
西京極総合運動公園
西京極陸上競技場
にしきょうごく
京都外国語大
光華女子大
西京極小前
京都府立文化芸術会館
阪急西京極
五条通
七条通
八条通
西小路通
花屋町通
梅宮神社
牛ヶ瀬
下津林大般若町
桂高校前
桂瀬川町
吉祥院宮ノ西町
東側町
天神川
桂川

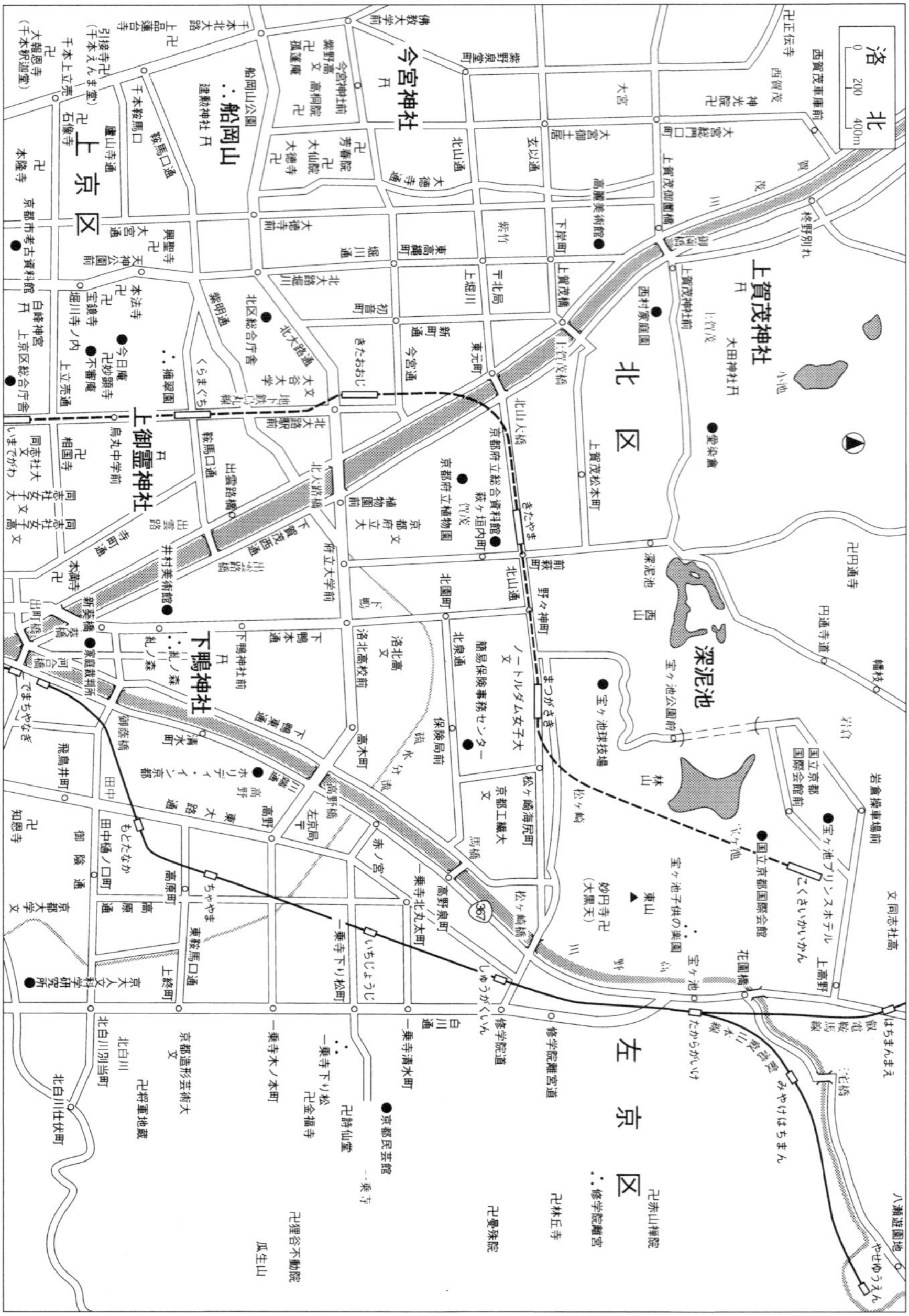
洛北
0 200 400m
今宮神社
船岡山
上京区
北区
左京区
上賀茂神社
下鴨神社
上御霊神社
深泥池
宝ヶ池
京都府立植物園
京都府立総合資料館
ノートルダム女子大
京都工繊大
国立京都国際会館
宝ヶ池プリンスホテル
京都民芸館
詩仙堂
曼殊院
修学院離宮
赤山禅院
狸谷不動院
瓜生山
八瀬遊園地
大徳寺
相国寺
同志社大
京都大学
京都造形芸術大

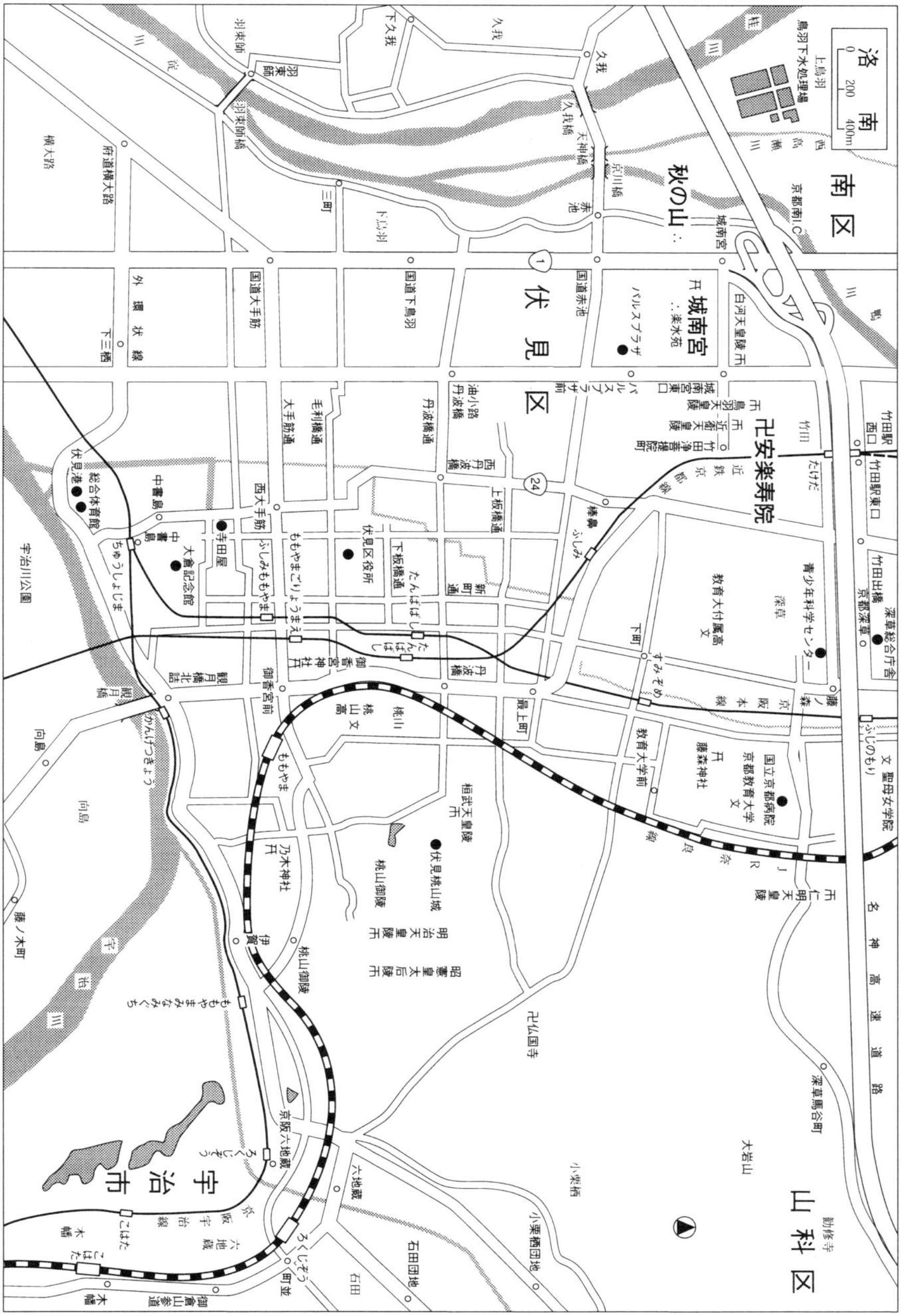
洛南
南区
伏見区
山科区
宇治市
秋の山
城南宮
卍安楽寿院
伏見区役所
伏見桃山城
桃山御陵
乃木神社
御香宮前
藤森神社
京都教育大学
京都教育大学附属高
卍仏国寺
大岩山
宇治川公園
中書島
寺田屋
大倉記念館
総合体育館
伏見港
京都南IC
竹田駅
竹田駅東口
竹田駅西口
名神高速道路
京阪本線
近鉄京都線
JR奈良線
京阪宇治線
深草総合庁舎
聖母女学院
明治天皇陵
昭憲皇太后陵
桓武天皇陵
六地蔵
石田団地
小栗栖団地
国道大手筋
国道下鳥羽
国道赤池
府道横大路
外環状線
宇治川
鴨川
桂川

平安時代略年表

西暦	年号	できごと
七九四	延暦一三	長岡京から新京へ遷都。「平安京」と命名する。
七九六	一五	和気清麻呂《わけのきよまろ》、造宮大夫《ぞうぐうたいふ》となる。
七九八	一七	清水寺《きよみずでら》創建か（八〇五年、公認）。
七九九	一八	布施《ふせ》内親王、斎宮《さいぐう》となり伊勢神宮に向かう（斎宮群行の始まり）。
八〇一	二〇	征夷大将軍 坂上田村麻呂《さかのうえのたむらまろ》、蝦夷《えぞ》を破る。
八〇三	二二	坂上田村麻呂、志波《しば》城を築く。
八〇四	二三	最澄《さいちょう》・空海《くうかい》、遣唐使に従って渡海。
八〇五	二四	遣唐使・最澄ら帰国。
八〇六	大同一	桓武《かんむ》天皇没（七〇）。空海、帰国。
八〇七	二	伊予親王事件（親王とその母吉子自殺）。
八一〇	弘仁一	藤原薬子《くすこ》の変（平城上皇・薬子・仲成《なかなり》らの企て失敗）。
八一一	二	坂上田村麻呂没（五四）。
八一四	五	嵯峨天皇の皇子・皇女に源姓を与える（嵯峨源氏）。『凌雲集《りょううんしゅう》』成る。
八一五	六	『新撰姓氏録《しんせんしょうじろく》』成る。
八一六	七	空海、高野山《こうやさん》に道場を開く。
八一八	九	最澄、「天台宗年分学生式」を定める。『文華秀麗集』成る。
八二二	一三	最澄没（五七）。比叡山《ひえいざん》に大乗戒壇設立が勅許される。
八二三	一四	空海、教王護国寺（東寺）を賜る。一乗止観院に延暦寺《えんりやくじ》の寺号を賜る。
八二四	天長一	干害、疫病流行。空海、神泉苑《しんせんえん》で雨乞い祈禱。
八二七	四	『経国集《けいこくしゅう》』成る。延暦寺戒壇院を建立。
八三五	承和二	空海没（六三）。

天皇	桓武 — 平城 — 嵯峨 — 淳和 — 仁明
院政	

八四二	九	承和《じょうわ》の変(伴健岑《とものこわみね》・橘逸勢《たちばなはやなり》ら配流)。
八六三	貞観五	神泉苑で疫病鎮圧の御霊会《ごりょうえ》行われる(御霊会の始め)。
八六六	六	応天門の変(伴善男《よしお》ら配流)。藤原良房《よしふさ》に摂政の詔(摂政の始め)。
八七三	一五	清和天皇の皇子・皇女に源姓を与える(清和源氏)。
八七六	一八	藤原基経《もとつね》に摂政の詔。
八八〇	元慶四	この年、地震頻発。在原業平《ありわらのなりひら》没(五六)。
八八四	八	藤原基経に関白の詔(関白の始め)。
八八七	仁和三	諸国大地震。
八八八	四	阿衡《あこう》事件(勅書中の「阿衡」の文字に基経反発)。仁和寺《にんなじ》の金堂供養。
八八九	寛平一	桓武天皇の曽孫高望《たかもち》王らに平姓を与える。
八九四	六	菅原道真《みちざね》の進言により遣唐使廃止。
八九九	昌泰二	藤原時平が左大臣、菅原道真が右大臣になる。
九〇一	延喜一	菅原道真、大宰権帥《だざいのごんのそち》に左遷される。このころ『竹取物語』『伊勢物語』。
九〇三	三	菅原道真没(五九)。
九〇五	五	紀貫之《きのつらゆき》ら『古今《こきん》和歌集』を撰上。
九〇七	七	中国で、唐が滅び、五代十国始まる。
九三〇	延長八	宮中の清涼殿に落雷。
九三五	承平五	平将門《まさかど》、平国香《くにか》を殺す(承平《じょうへい》・天慶《てんぎょう》の乱始まる)。『土佐日記』成る。
九三九	天慶二	源経基《つねもと》、将門らの謀反を奏上する。藤原純友《すみとも》、南海で反乱。
九四二	五	このころ飢饉激し。京中には群盗横行、人心の不安つのる。
九四七	天暦一	菅原道真が北野に祀られる(北野天満宮の始め)。
九五一	五	醍醐寺五重塔完成。

文徳 — 清和 — 陽成 — 光孝 — 宇多 — 醍醐 — 朱雀 — 村上

平安時代略年表

九六〇	天徳四	内裏が初めて焼亡する。
九六一	応和一	源経基没(四五)。このころ『宇津保《うつほ》物語』『蜻蛉《かげろう》日記』。
九六九	安和二	安和《あんな》の変(源満仲《みつなか》らの密告で、源高明《たかあきら》大宰権帥に左遷される)。
九七〇	天禄一	このころから、祇園《ぎおん》御霊会行われる。
九七二	三	空也《くうや》没(七〇)。
九七六	天延四	内裏焼亡。円融天皇、藤原兼通《かねみち》の堀川第に移る(里内裏《さとだいり》の始め)。
九八五	寛和一	源信の『往生要集』成る。このころ『落窪《おちくぼ》物語』。
九九〇	正暦一	藤原道隆《みちたか》の娘定子《ていし》、中宮となる。
九九五	長徳一	藤原道長に内覧《ないらん》の宣旨《せんじ》下る。
九九九	長保一	藤原道長の娘彰子《しょうし》、女御《にょうご》となる。
一〇〇〇	二	藤原定子皇后に、彰子中宮になる。定子没(二五)。
一〇〇一	三	このころ、清少納言の『枕草子』成る。
一〇〇五	寛弘二	安倍晴明《あべのせいめい》没。このころ、紫式部、宮廷に出仕。
一〇〇八	五	このころ、紫式部の『源氏物語』成る。
一〇一七	寛仁一	藤原頼通《よりみち》、摂政となる。道長、太政大臣となる。
一〇一九	三	刀伊《とい》(女真族)の入寇《にゅうこう》。この年、道長、法成寺《ほうじょうじ》の造営に着手。
一〇二七	万寿四	藤原道長没(六二)。
一〇二八	長元一	平忠常の乱起こる(源頼信ら活躍)。
一〇五一	永承六	前九年の役起こる(源頼義ら活躍)。
一〇五二	七	この年、末法《まっぽう》に入る。頼通の宇治の別業を仏寺とし平等院と号す。
一〇五三	天喜一	平等院阿弥陀堂(鳳凰堂《ほうおう》)成る。
一〇六三	康平六	源頼義、鶴岡八幡宮を鎌倉に勧請《かんじょう》。

村上 — 冷泉 — 円融 — 花山 — 一条 — 三条 — 後一条 — 後朱雀 — 後冷泉

一〇七七	承保四	法勝寺《ほっしょうじ》創建。
一〇八三	永保三	後三年の役起こる(源義家ら活躍)。
一〇八六	応徳三	白河上皇、洛南鳥羽《とば》に後院を建設し、政務をとる(院政の始め)。
一〇八七	寛治一	白河上皇、久我《こが》水閣を訪ねる。
一一〇五	長治二	藤原清衡《きよひら》が平泉に中尊寺を建立。
一一二九	大治四	白河法皇没(七七)。
一一四〇	保延六	西行、出家する。
一一五六	保元一	鳥羽法皇没(五四)。保元の乱起こる(崇徳《すとく》上皇配流、源為義ら死刑)。
一一五八	三	後白河上皇の院政始まる。
一一五九	平治一	平治の乱起こる(平清盛、藤原信頼・源義朝追討の宣旨を受ける)。
一一六四	長寛二	後白河上皇、清盛が造営した蓮華王院(三十三間堂)を供養。
一一六七	仁安二	平清盛、太政大臣従《じゅ》一位となる。
一一七五	安元一	源空《げんくう》(法然)、専修念仏《せんじゅねんぶつ》を唱える(浄土宗)。
一一七七	治承一	京都大火(太郎焼亡)。鹿ケ谷《ししがたに》事件(平氏打倒の謀議が発覚)。
一一八〇	四	源頼政挙兵(宇治で敗死)。清盛、福原京へ遷都。源頼朝・義仲挙兵。
一一八一	養和一	(翌年にかけて)京都大飢饉、死者多数。
一一八三	寿永二	平氏都落ち。義仲の軍、備中水島で平氏軍に敗れる。
一一八四	元暦一	源範頼《のりより》・義経《よしつね》軍入京。義仲、近江国の粟津《あわづ》で敗死。一ノ谷の戦。
一一八五	文治一	屋島の戦。義経、壇ノ浦《だんのうら》に平氏を滅ぼす。
一一八六	二	後白河法皇、洛北大原の寂光院《じゃっこういん》に建礼門院徳子を訪ねる。
一一八九	五	藤原泰衡《やすひら》、義経を殺す。頼朝の軍に攻められ、奥州藤原氏滅ぶ。
一一九二	建久三	後白河法皇没(六六)。源頼朝、鎌倉に幕府を開く。

●—安徳—●高倉—●●二条—●後白河●●崇徳●●堀河—●白河●
六条　近衛　鳥羽　後三条
—後鳥羽—●　高倉
○—後白河—○—○ ○—後白河—○ ○-鳥羽-○—白河—○

人名索引

あ行

か行

さ行

た行

な行

は行

ま行

や行

わ行

事項索引

あ行

か行

あとがき

井上満郎

わが平安京散策は、とにかくも終わる。

王朝、華麗、源氏物語、大宮人、数々のイメージで彩られている平安京だが、本当は実に雑然とした都市だった。その雑然さが、平安京のエネルギーであった。きれいで、華やかな平安京だけを見ていたのでは、京都の真実はわからない。

人物と史跡に焦点をあわせて考えてきたが、述べたかったのはそこであり、市民が生まれ、暮らし、やがて死んでいく、そういう人間生活と不可分の都市・京都の様相を描きたかった。

その目的を達したかどうかは、お読みいただく方々の判断にゆだねるほかないが、わたし自身京都に生まれ育ち、いつも平安京は近くにあった。一二〇〇年前の時代に自分を置き、その視点・視覚から歴史と文化を眺めることはそう簡単ではなかったが、平安京の場に生きた雑多な市民、という観点を大事にしたつもりではある。

このことと深く関係するが、平安京の人物と史跡をながめ、古代京都が活力のある〝地域〟だったことに特に重心を置いたわたしの試みは、その観点こそが、これからの京都を考え、地域づくり・街づくりをしていくのに必須だと考えるからである。一二〇〇年前という遠い過去を述べてはいるが、同時にこれからの京都、未来・将来の京都への展望をめざしたものでもあることを読み取っていただければ、これに過ぎる幸せはない。

●〈監修〉上田正昭（うえだ　まさあき）
一九二七年生まれ。京都出身、京都大学文学部卒業、京都大学教授、京大教養部長、京大埋蔵文化財研究センター長などを歴任。京都大学名誉教授。文学博士。著書に『日本古代国家論究』（塙書房）、『日本神話』（岩波書店、毎日出版文化賞）、『京都千年』（毎日新聞社）、『藤原不比等』（朝日新聞社）、『大仏開眼』（文英堂）、『古代伝承史の研究』（塙書房、江馬賞）ほか多数。

●〈執筆〉井上満郎（いのうえ　みつお）
一九四〇年生まれ。京都出身、京都大学文学部卒業、京都大学大学院文学研究科博士課程修了。現在、京都産業大学教授。京都市歴史資料館館長。日本古代史専攻。著書に『研究史平安京』（吉川弘文館）、『平安時代軍事制度の研究』（吉川弘文館）、『渡来人』（リブロポート）、『平安京再現』（河出書房新社）、『桓武天皇』（ミネルヴァ書房）などがある。

▼写真・図版協力者一覧（五十音順・敬称略）
飛鳥園　安楽寿院　石山寺　一乗寺　出光美術館　石清水八幡宮　上田正昭　延暦寺　北野天満宮　京都国立博物館　京都市埋蔵文化財研究所　京都文化博物館　京都リサーチパーク　京都市歴史資料館　久保惣記念美術館　光芸荘　革堂　広隆寺　古代学協会　五島美術館　小松真一　金戒光明寺　西教寺　坂本写真研究所　サントリー美術館　ＣＰＣ　四天王寺　寂光院　小学館　神宮徴古館　神護寺　神泉苑　静嘉堂文庫美術館　晴明神社　清凉寺　世界文化フォト　千手　大映　大覚寺　田中くめ子　田中家　中央公論社　中尊寺　長講堂　長楽寺　東京国立博物館　東京大学　東京大学史料編纂所　東寺　唐招提寺　西本願寺　仁和寺　八宝堂　林原美術館　平等院　弘川寺　藤田一男　藤田美術館　平安神宮　便利堂　法界寺　法金剛院　ボンカラー　前田育徳会　妙法院　山岡正剛　陽明文庫　楽音寺　六孫王神社　六波羅蜜寺　廬山寺

——古代の三都を歩く
平安京の風景　新装版

一九九四年七月二〇日　第一刷発行
二〇〇六年八月二〇日　新装第一刷印刷
二〇〇六年九月　一日　新装第一刷発行

監修者　上田正昭
著　者　井上満郎
発行者　益井英博
印刷所　中村印刷株式会社
発行所　株式会社　文英堂
東京都新宿区岩戸町一七　〒162-0832
電話　〇三(三二六九)四二三一(代)
振替　〇〇一七〇-三-八二四三八
京都市南区上鳥羽大物町二八　〒600-8691
電話　〇七五(六七一)三一六一(代)
振替　〇一〇一〇-一-六八二四